经济新闻报道研究丛书

电视财经栏目研究

The Study of
TV Business Programs

蔡海龙 著

中国传媒大学出版社
·北京·

目 录
CONTENTS

绪　论

　　在新媒体传播快速发展的时期,电视在整个传播生态系统中的影响力虽然受到了一定的冲击,但其作为家庭媒体的地位仍然未受到根本性动摇。中国的电视媒体已经进入了一个频道专业化和品牌化的时代,电视经济频道、财经频道以及电视财经栏目就是中国电视频道专业化、品牌化建设的一个突出表现。本书致力于对目前国内知名电视财经栏目进行研究,希望对财经媒体的从业者以及经济新闻传播领域的学术研究有所助益。

一、大众传播的经济功能观

　　电视是典型的大众传媒,从事的是大众传播活动。就大众传播所发挥的社会功能而言,传播学发展史上有几位特别重要的研究者对其进行过归结,并强调了其中的经济功能。

1.H.拉斯韦尔归结为传播的环境监视功能

　　在传播学研究史上,最早对传播的社会功能作出较为全面分析的是H.拉斯韦尔。他在1948年发表的《传播在社会中的结构与功能》一文中,将传播的基本功能概括为三个方面:(1)环境监视功能;(2)社会协调功能;(3)社会遗产传承功能。其中环境监视功能是指:自然与社会环境不断变化,只有及时了解、把握并适应内外环境的变化,人类社会才能保证自己的生存和发展。在这个意义上,传播对社会起着一种"瞭望哨"的作用。① H. 拉斯韦尔概括的传播的社会功能中,"社会环境"当然也包括与人们日常生活息息相关的经济环境,因而,新闻媒体的"环境监视功能"就包括对经济环境的监视。

2. W. 施拉姆归结为传播的经济功能

传播学的集大成者 W. 施拉姆曾在 1982 年出版的《男人、女人、讯息和媒介》(中译本为《传播学概论》)一书中,从政治功能、经济功能和一般社会功能三个方面对先前的传播功能观进行归结。

施拉姆对大众传播的社会功能所做的归结包括:

(1)政治功能:监视(收集情报);协调(解释情报,制定、传播和执行政策);社会遗产、法律和习俗的传递。

(2)经济功能:关于资源以及买和卖的机会的信息;解释这种信息、制定经济政策、活跃和管理市场;开创经济行为。

(3)一般社会功能:关于社会规范、作用等的信息,接受或拒绝它们;协调公众的了解和意愿,行使社会控制;向社会的新成员传递社会规范和作用的规定;娱乐(消遣活动,摆脱工作和现实问题,附带学习和社会化)。②

与先前其他传播研究者提出的传播功能观不同,施拉姆传播功能分类法的重要贡献是明确地提出了传播的经济功能,在施拉姆的大众传播功能中指出了大众传播通过经济信息的收集、提供和解释,能够开创经济行为。

施拉姆还对大众传播社会功能中的"经济功能"做了进一步说明:"没有任何经济学家以类似的专一性写过关于经济体系中传播功能的文章,但是,从一些像博尔廷这样的经济学家的著作中,还是有可能拼凑出一套经济功能的。首先,传播必须满足绘制环境的经济图表的需要,以至每个人和组织都能构成自己对在特定时刻的买和卖的机会的印象。这种印象的一部分将通过广告完成,一部分通过对价目表和生意的分析完成。其次,经济政策必须或者是通过个人和组织,或者是通过国家起关联作用。市场必须加以管理和控制,制造商、商人、投资者和消费者必须决定怎样进入市场。最后,必

---

① 郭庆光.传播学概论[M].北京:中国人民大学出版社,1999:113.
② 同上书,115.

须提供技术方面的指导和对经济行为的展望。"①

二、我国大众传媒经济功能的发挥

改革开放之后,在"以经济建设为中心"的思想指导下,我国的新闻媒体为适应社会发展的大趋势,做出了相应的改变和创新,为国家的经济建设、人民经济生活条件的改善、公司与个人的投资行为贡献自己的力量。伴随着始于1978年的改革开放,中国的经济已经奇迹般地持续了近40年的高速增长,成为世界经济舞台上举足轻重的力量。2010年,中国经济总量就已超越日本,成为世界第二大经济体。从改革开放至今,中国的市场经济环境已经逐渐成长起来,市场经济体制及其相应的规范也基本建立并日趋完善,伴随着整个国家经济的繁荣,国民的财富也得到了快速增长。在这样的经济环境中,企业的活力得以增强,企业并购重组频繁上演,国内外的资本市场也空前活跃,普通民众积极投身各类经济活动中,投融资渠道也在扩大。在这样的背景下,民众对经济信息的需求、对与经济现象和经济问题相关报道、分析、评论的需求变得更加突出,这催生了经济新闻报道以及经济类媒体的诞生与蓬勃发展。

随着改革开放以及中国经济的崛起,在经济建设蓬勃发展的大潮中,在全球经济一体化的发展趋势下,我国新闻媒体充分发挥其经济信息传播功能,努力探索,不断提升着自己的经济信息传播能力。具体表现在以下几个方面:

1. 综合类新闻媒体加大经济报道的力度

在国内众多的综合类新闻媒体中,经济新闻报道成为仅次于时政报道的重要报道类型。无论是传统的综合性大报,还是消息汇总式的广播新闻栏目或电视新闻栏目中,经济新闻报道都占有较大比重。除此之外,各家报社、广播电台、电视台还纷纷创办经济新闻版块或经济新闻栏目,或是创办

---

① 威尔伯·施拉姆,威廉·波特.传播学概论[M].陈亮,周立方,李启,译.北京:新华出版社,1984:
32-33.

经济领域针对某一具体产业的版面,如房地产的专版、汽车专版等。这些内容都丰富了综合类新闻媒体中经济新闻报道的形态与数量。

2.纷纷创办专业的经济类媒体

伴随着改革开放后中国经济建设的快速发展,出现了大批经济类媒体。其中,既包括大量经济类报刊、电台经济频率的创办,也包括从中央电视台到地方各级电视台财经频道、经济频道、经济生活频道的创办。

以创办经济类报刊为例,1979 年 10 月,由人民日报社主办的《市场报》创刊;1981 年 7 月,由新华通讯社主办的《经济参考报》创刊;1983 年由国务院主办的《经济日报》创刊;1987 年 1 月,由中国国际贸易促进委员会主办的《中国贸易报》创刊;1987 年 5 月,由中国人民银行、中国工商银行、中国农业银行、中国银行、中国建设银行、中国人民保险公司、交通银行、中国实业银行等八家主要金融机构主办的《金融时报》创刊;1989 年,由全国工商联主办的《中华工商时报》创刊。在从 1989 年至 1999 年的十年中,我国又陆续创办了一系列财经报纸,如 1991 年 7 月由国家财政部创办的《中国财经报》;1994 年 11 月由国务院发展研究中心主办的《中国经济时报》创刊;1991 年 7 月 1 日,由新华通讯社创办的《上海证券报》创刊,这是新中国第一张以提供权威证券专业信息为主的全国性证券类日报,也是中国证监会指定的披露上市公司信息报纸和中国保监会指定披露保险信息报纸;1993 年 1 月由新华通讯社主办的《中国证券报》创刊,这是中国证监会指定的披露上市公司信息报纸;1993 年,中国证监会指定的披露上市公司信息报纸《证券时报》创刊;1995 年 4 月,由国家发展计划委员会主管(2003 年政府改革,改为国家发展与改革委员会)主办的《中国经济导报》创刊。

2000 年之后,以《21 世纪经济报道》《经济观察报》《第一财经日报》《财经》《财富》《理财周刊》等为代表的一批新兴市场化财经媒体开始加入经济类媒体的竞争之中。其中 2001 年 1 月 1 日南方报业集团旗下的《21 世纪经济报道》创刊,2004 年《第一财经日报》诞生。

在当下网络传播、移动互联网传播兴起的背景下,各门户网站、不同种类的新闻客户端也都专门开设了"财经""经济"频道,或者股票、汽车、房地产等与经济相关的更为细分的频道。

3.电视经济栏目与经济频道的发展

作为传统媒体中最具竞争力的电视,在这一波经济媒体的发展浪潮中,也有自己不俗的表现。这体现在从中央电视台到地方各级电视台对经济节目的重视上,除了在日常新闻报道中加大经济报道的分量之外,还纷纷开办专门的经济栏目;随着电视台经济报道、经济栏目的发展,各级电视台又纷纷创办经济频道或经济生活频道,并积极打造自己的电视经济栏目与频道品牌。随着频道专业化、品牌化战略的推进,各级电视台又在之后的改版中将频道呼号改为"财经频道"。

就各级电视台创办的电视财经栏目而言,综合考虑其内容与形态特征,可以将其分为以下几种类型:资讯类电视财经栏目、专题类电视财经栏目、评论类电视财经栏目、深度报道类电视财经栏目以及谈话类电视财经栏目。

三、国内电视财经栏目与财经频道的发展

(一)中央电视台财经频道的发展历程

中央电视台财经频道(CCTV-2)正式创建于 1973 年 5 月(以下简称"央视财经频道")。在 20 世纪 90 年代之前,由于技术上的"开路"优势,一直作为央视一套的辅助和补充,是中央电视台仅有的两大综合频道之一。时至今日,历经四十余年的发展与若干次改版,央视二套已经形成"财经频道"的呼号与定位。在对央视财经频道的知名栏目进行描述与分析之前,我们先对其发展历程做一个简要梳理。

央视财经频道的发展与我国政治、经济发展的大背景是息息相关的。1978 年中国共产党的十一届三中全会以后,全党和全国工作的重点转移到以经济建设为中心的轨道上来。在这一历史背景下,1984 年以来中央领导同志多次指示,中央电视台要加强电视经济宣传,为建设有中国特色社会主义市场经济服务,为改革开放服务。面对国内和世界形势的变化,中央电视台适时开办了一系列经济栏目,不断强化经济宣传。

1. 央视经济部的成立与《经济生活》栏目的创办

1984 年 12 月,中央电视台成立经济部,专门负责制作经济方面的节目。当时,上级明确规定经济部的工作方针是:开发信息资源,服务四化建设。

1985 年 1 月 1 日,由中央电视台经济部主办的《经济生活》栏目,通过中央电视台第一套节目向全国播出。这是中央电视台第一个宣传经济的电视栏目。《经济生活》节目的主要内容是介绍国内外经济、科技发展动态、经验、行情以及提供各类社会服务。每周二、四 19:00 在第二套节目播出,每周一晚上在一套节目播出,每期 20 分钟,主持人为张宏民、卢静。①

1986 年,根据中央领导的指示精神,广播电影电视部在青岛召开"中央电视台第二套节目向全国传送会议",专题研究经济宣传和中央电视台第二套节目向全国各省、自治区、直辖市传送的问题。会议提出,中央电视台第二套节目应以传播综合经济信息为主要特点。在这次会议上还决定 1987 年 2 月 1 日中央电视台正式通过国际卫星向全国传送经济节目。

青岛会议后,中央电视台经济部经过短时间的筹备,在《经济生活》的基础上创办《综合经济信息》栏目,栏目长度由原来的 20 分钟增加至 40 分钟。

1987 年 2 月 1 日,中央电视台第二套节目开始向全国播放,《综合经济信息》正式开播。《综合经济信息》栏目的宗旨是:"宣传党和政府的经济政策;传播国内外信息和商品行情;沟通城乡和国内外产、供、销渠道;当好企业和消费者的参谋,为四化建设服务,为人民服务。"《综合经济信息》栏目内设有:"经济新闻""市场信息""经济博览""世界经济窗口""消费者之友""周末热门话题""外汇牌价""广告"等版块。

《综合经济信息》栏目每天的节目内容除了一般的新闻消息,从周一到周日每天还分别安排《经济纵横》(周一)、《经济博览》(周二)、《世界经济窗口》(周三)、《科技与效益》(周四)、《企业家园地》(周五)、《信息发布会》(周六)、《消费者之友》(周日)。中央电视台第二套节目向全国传递综合经济信息是我国广播电视发展史上的一件大事,是电视加强经济宣传的重大措施。

---

① 赵化勇.中央电视台发展史(1958—1997)[M].北京:中国广播电视出版社,2008:148.

《综合经济信息》开播以后，主要宣传了党和政府的改革开放政策，包括物价政策、特区政策、外贸政策、企业承包政策、乡镇企业政策、国家财政金融政策等。[①] 这个经济栏目的创办，得到了各级经济主管部门、企业界和全国各地方电视台的大力支持，开办后受到观众特别是经济界人士的欢迎。到1988年4月初，全国已有130家省级、地市级电视台以及相当多的县级电视台收、转这个栏目。1987年2月，央视二套向全国传送以后，仅一年半的时间，全国转播《综合经济信息》节目的城市就达到145个。

2.《经济半小时》《经济信息联播》栏目的创办

1989年12月18日，中央电视台开播了专门的经济新闻栏目《经济半小时》。时至今日，《经济半小时》仍然是中央电视台制作的非常优秀的电视经济栏目，在国内观众中具有较高的知名度和美誉度。

1992年，央视二套节目创办了《经济信息联播》，但后来由于种种原因停播了一段时间。在恢复播出后，《经济信息联播》栏目逐渐发展成为央视财经频道的龙头栏目。

3. 央视二套的历次改版

从20世纪90年代中期开始，随着频道化建设的推进，央视二套逐步确立了经济频道的定位。

1995年年底，中央电视台明确提出，改版第二套节目，使之成为以经济为主的综合频道。改版后的第二套节目将以突出经济特色为宗旨，由财经报道、经济评论、经济服务等囊括经济生活各方面的内容和各式各样的节目样式所构成。

1996年，根据中央电视台的安排，经济节目发生了自创办《经济生活》以来又一次大的调整和变化。1996年6月，经济部由新闻中心划归广告经济信息中心。

1996年7月，中央电视台全面调整为以经济节目为特色的频道，开启了央视二套节目的频道专业化改革。

① 赵化勇. 中央电视台发展史（1958—1997）[M]. 北京：中国广播电视出版社，2008：150.

根据经济节目规划,1996 年 7 月 1 日,央视经济部在二套节目中集中推出了《经济半小时》(新版)、《财经报道》(每次 10 分钟)、《生活》(每次 30 分钟)、《金土地》(每次 30 分钟)、《环球经济》(每次 30 分钟)、《企业家》(每次 30 分钟)、《供求热线》(每次 20 分钟)、《欢乐家庭》(每次 30 分钟)等八个经济类新栏目,并筹办《商务电视》(每次 30 分钟)栏目,形成了中央电视台第二套节目以经济节目为特色的格局。央视二套在完成对《经济半小时》栏目全面改版的基础上,推出《生活》栏目,同时实现《中国财经报道》的全天滚动播出。这些栏目的创办,使央视二套经济节目的播出时长由过去的每天首播 60 分钟增加到 180分钟,也使中央电视台经济报道栏目专业结构更加合理,特色更加鲜明;经济节目从品种到质量都有了一个突破性的发展。央视二套形成了以经济节目为主的综合频道,奠定了中央电视台经济专业频道的基础。当然,时至今日,其中不少栏目已经从央视财经频道播出的节目中消失了。

1997 年 5 月 5 日,央视第二套节目又全面调整。观众从此可以每天从早上到夜间收看完整而系统的经济节目。其中,《经济半小时》《生活》《财经报道》三个经济栏目进入黄金时段。这次调整和规划的具体安排是:《财经报道》更名为《中国财经报道》,由原来每天滚动播出四次增加到六次。《中国财经报道》以全方位报道发生在中国及世界的重要经济新闻为主旨,突出信息的及时性、权威性、知识性、服务性。栏目由《财经要闻》《今日专访》《沪深股市》《证券市场》《财经人物》《每周调查》等小栏目组成,力求准确把握中国市场脉搏,及时扫描全球财经动态。《经济半小时》栏目为经济节目的主干,其宗旨是关注社会经济生活中的重大热点、难点、焦点,展开追踪报道和深入评析。[①]

央视第二套节目开创以经济为特色的频道,是继央视第一套节目《东方时空》新闻改革之后形成的又一种新的电视频道的改革模式。这样的改革,使中央电视台的经济节目实现了节目形态多样化,栏目系列化。频道整体上包括四个结构单位:(1)深度报道(《经济半小时》);(2)经济新闻节目(《中国财经报道》与《世界经济报道》);(3)服务类节目(《生活》《商务电

---

① 赵化勇.中央电视台发展史(1958—1997)[M].北京:中国广播电视出版社,2008:352.

视》）；（4）专业对象节目（《金土地》《经营有道》）。①

随着香港回归和市场经济改革的深入，根据中央领导关于加强电视经济报道的指示精神，中央电视台在1997年专门成立了经济宣传顾问委员会，以指导电视经济报道工作。1997年7月8日，中央电视台经济宣传顾问委员会成立大会暨第一次全体会议在北京举行，中央12个部委办领导和14位著名经济学家、企业家应邀担任中央电视台经济宣传顾问。他们都表示要积极支持中央电视台办好经济节目，向全民普及经济知识，为改革开放和建设社会主义市场经济竭诚尽力。至此，从1984年到1997年，经过12年努力，中央电视台经济部已经发展成为实力雄厚、制度健全并有专业策划队伍的经济节目制作部门。②

2000年，央视二套节目专业化建设进一步加强，经过详尽的调研和设计，央视二套于2000年7月3日对所属时段进行改版与调整，频道呼号为"经济·生活·服务频道"。频道的定位为：经济政策的宣传窗口、经济成就的展示平台和经济生活的联系纽带。此次改版的三大原则是：节目内容设置与目标观众要求相统一，加大经济生活服务类节目比重；节目播出时间与电视观众收视规律相符合，对原有名牌栏目的播出时间进行调整；节目形态与观众欣赏习惯相一致，新推出的栏目更具平民性和服务性。此次改版后经济类栏目的布局是"十老八新"，即十个老栏目重新定位、全面改进，八个新栏目按需设计、全新推出。原有的十个老栏目，即《经济半小时》《中国财经报道》《生活》《商界名家》（原《经营有道》）《幸运52》《商务电视》《金土地》《欢乐家庭》《商桥》《中国市场信息》（原《供求热线》），进行了重新定位包装，使之焕发新的活力。新推出八个适应时代需求、创意独特、制作手段先进的新型栏目，即《证券时间》《地球故事》《开心辞典》《对话》《证券之夜》《清风车影》《中国房产报道》《互联网时代》。随后又推出《艺术品投资》这一专业性栏目。这次改版使经济频道增加了经济类节目的比重，确立了以大经济为主的频道基本风格，使央视二套节目收视率排名在前十位的栏

①　赵化勇.中央电视台发展史（1958—1997）[M].北京：中国广播电视出版社，2008：353.
②　同上书，354.

目当中,经济类栏目由改版前只占二至三个席位,升为改版后稳占七至八个席位,并稳居收视率排行第一的位置。① 此次改版,使央视二套频道整体风格更加大众化、多样化,节目的服务性、娱乐性增强,为观众构建了全方位、便利的经济生活服务信息网络,成为受众了解、从事经济活动的参谋。②

进入 2002 年,央视二套节目更加注重品牌节目的延伸,不断提升频道形象。《中国经济年度报告》《中国经济年度人物评选》节目的推出,进一步凸显了经济专业频道的定位。经济类节目比重的大幅度增加,初步确定了以"大经济"为主的基本风格。

2002 年元旦,央视二套(经济·生活·服务频道)播出了《CCTV2001 中国经济年度报告》,梳理、解读中国经济,全景式勾勒和评点本年度的重大经济事件。《CCTV 2001 中国经济年度报告》还在京、沪、穗等代表中国不同地域特色和经济发展水平的六大中心城市进行了居民消费调查,并由特邀评论员在节目中作精彩点评和分析,使节目在当时众多的年度经济报道中独树一帜,是一次以完全电视化的手段"撰写"中国经济年度报告的全新探索。此后至 2006 年每年举办一次。2006 年起,经济频道在原来的《中国经济年度报告》的基础上,推出了"CCTV 经济生活大调查"活动。2006 年度的"经济生活大调查"和国家邮政局联手,利用全国邮政网络,把调查问卷印制在10 万张免邮资明信片上,并在国家统计局的指导下,科学划分投放区域和投放对象,对全国 31 个省、自治区、直辖市,300 多个县,104 个城市样本地区百姓的经济观点和评价进行调查,这在国内媒体尚属首次。③

2002 年,央视二套在将频道定位为"经济·生活·服务"频道的同时,重新启播《经济信息联播》,并改版了若干经济栏目,开始朝着经济频道方向迈进。同年 7 月,《经济信息联播》栏目以直播的形式恢复播出,同年 11 月,《今日证券》和《证券时间》两个栏目整合为《中国证券》,两个栏目强强联合,优化了资源配置。

时至 2003 年,中国电视发展逐渐显现出一种新的态势。多频道时代不

① 赵化勇.中央电视台发展史(1998-2008)[M].北京:中国广播电视出版社,2008:140.
② 吴信训.新编广播电视新闻学[M].上海:复旦大学出版社,2012:117.
③ 赵化勇.中央电视台发展史(1998-2008)[M].北京:中国广播电视出版社,2008:146.

容置疑地到来了,频道资源已经不再稀缺。而与此同时,一直困扰央视二套的难题是"频道定位模糊,频道形象含混"。于是在 2003 年 10 月 20 日,央视二套再度全面改版,以更鲜明的"经济频道"的定位取代原先"经济·生活·服务频道",着力打造国家级的经济频道。根据新的频道定位,中央电视台经济频道对栏目的设置与编排进行了全新的整合。首先,对不符合频道新定位的栏目进行调整:取消《东方时空》《新闻 30 分》《新闻调查》《实话实说》《中国新闻》在中央电视台经济频道的重播;《精品赏析》《正大综艺》《人民子弟兵》《夕阳红》等栏目调出;周六、周日的《体育赛事》不再设为常规节目。其次,以大经济观、大资讯观和实效信息观为理念基础,使新推出强势栏目与原有品牌栏目形成有机结合:将《经济信息联播》《经济半小时》互相捆绑,强力打造频道龙头,在早间、午间分别推出《第一时间》《全球资讯榜》两档资讯节目,配合晚间龙头,合力塑造频道主干。《互联时代》《中国房产报道》《清风车影》于 2003 年 2 月正式整合为《前沿》栏目,由原来的三个栏目交替播出,变成了同一个栏目周一至周六连续播出,增加了旅游、教育和服装等消费方面的内容,使栏目的服务性更强。①

　　这次改版推出的央视二套并不是完全专业化的财经频道,而是以经济资讯为核心内容,具有专业特色的服务频道,即"大经济观"理念下的经济频道。所谓"大经济观",是以"大众、综合、实用"作为频道定位的核心理念。在内容上,新版央视二套精心打造了五大版块:(1)资讯版块:覆盖早间、午间、晚间三大时段。早间栏目《第一时间》、午间栏目《全球资讯榜》与晚间龙头栏目《经济半小时》《经济信息联播》构成经济频道的主线,主打经济资讯。(2)服务版块:包含《生活》《前沿》《健康之路》《为您服务》,这类栏目主要为受众的生活服务。(3)财经版块:《中国财经报道》主打财经评论;《中国证券》实时连接市场,财经、证券讯息同步传递;培育《艺术品投资》《鉴宝》等新兴栏目。(4)深度资讯版块:涵盖《对话》《经济与法》,透过人物,深入解读经济事件;展开话题,多方面阐释背景观点。(5)益智娱乐版块:全新设计两档娱乐竞技栏目《非常 6+1》和《绝对挑战》,与《开心词典》《幸运 52》共同营造

① 赵化勇.中央电视台发展史(1998—2008)[M].北京:中国广播电视出版社,2008:141.

都市观众的周末快乐时光。①

2003 年 10 月 20 日,央视二套进行的第三次改版,为国家级电视台办经济频道迈出了开创性的一步。这期间各省市电视台也纷纷开办经济新闻频道,比如 2003 年 7 月在上海成立的第一财经频道等。②

2005 年,在新的"专业频道品牌化"发展战略的部署下,央视二套进一步强化经济特色和品牌影响力,倾力打造《经济信息联播》《经济半小时》《对话》《中国财经报道》四档有影响力的品牌栏目,使之成为频道的龙头与主干,成为频道经济的特色品牌和鲜明形象。在节目编排上,形成经济资讯、专栏、生活服务三大版块。2005 年 3 月 28 日,央视二套进一步强化经济特色,扩大品牌影响力,推出《超市大赢家》《财富故事会》《交换空间》《今晚》四档新栏目。③

在充分总结 2003 年 10 月及 2005 年 3 月两次改版成功经验的基础上,2006 年 5 月,央视经济频道形成了"强化经济特色,放大经济品牌;优化频道结构,丰富节目品种;创新节目编排,灵活应对市场"为基本思路的"内涵式微调"改版方案,并于 2006 年 8 月 7 日实施。从周一至周日每晚黄金时段 21:00—23:00 播出纯经济类节目,因此被形象地称作电视节目的"中央商务地段"。经济频道在改版后的这个时段中,除了保留原有的品牌栏目《经济信息联播》《经济半小时》《对话》以外,还把《中国财经报道》《鉴宝》《绝对挑战》等经济特色鲜明、实用性强、内容与形态独具个性的经济类节目分布在其中。④ 通过编排调整,以版块聚集同类节目,在时段和概念上给观众的收视提供明确指向,前后节目的分布有利于观众流的顺畅过渡,有利于吸引相应收视群体锁定经济频道,从而达到强化频道特色、塑造频道形象的目的。⑤

2009 年 8 月 24 日,中央电视台经济频道正式更名为财经频道,定位为"全球视野、全球市场、全球资源、全球智慧",并大量使用全球多点连线直播,让观众了解全球市场。

---

①② 吴信训. 新编广播电视新闻学[M]. 上海:复旦大学出版社,2012:112—113.
③ 赵化勇. 中央电视台发展史(1998—2008)[M]. 北京:中国广播电视出版社,2008:143.
④ 赵化勇. 中央电视台发展史(1998—2008)[M]. 北京:中国广播电视出版社,2008:144.
⑤ 同上书,145.

　　总体来看,20 世纪 90 年代以来,先后开播的《中国财经报道》《经济信息联播》《对话》《第一时间》《全球资讯榜》等栏目与已有的《经济半小时》一起构成了中央电视台经济报道的主力军,并在实践中不断调整自己的报道风格,以高品质的经济节目服务于快速发展的社会经济生活。①

　　如今,央视二套以"大众、综合、实用"作为频道定位的核心理念,集中体现出"为百姓大众,为中国经济"的宗旨,各栏目之间互相合作,显示频道的整体优势。当前,央视二套着眼于频道资源整合,充分加强各栏目之间的联动。例如,《经济信息联播》和《经济半小时》就经常采用联动的方式,在晚上21:00、22:00 的收视时段,把大家关注的重大新闻事件,以第一时效再加纵深解读的方式传达给观众。央视财经频道还根据不同观众的收视习惯,合理安排各个栏目及其播出时间,在栏目设置上体现了"早要新,午要精,晚要丰"的"三餐原则"。以资讯版块为例,早上是《第一时间》,在第一时间提供国际国内最新的经济生活资讯;中午是《全球资讯榜》,以"说新闻"的方式体现节目的精当;晚上是《经济信息联播》《经济半小时》,既有信息荟萃,又有深度分析。②

　　经过四十余年的发展,在经历多次改版之后,目前,央视财经频道的经济栏目设置如下:

早间时段:资讯栏目《第一时间》

《第一时间》以凌晨以后发生的最新国内、国际新闻为主,偏重经济视角。节目开篇有记者早间出镜,整个节目突出人物,突出故事性,突出评论员。相同的新闻,不同的说法,以适用于电视的表达方式来重新梳理报纸媒体的热点。

午间时段:资讯栏目《全球资讯榜》

《全球资讯榜》在正午时段为观众提供以国际为主、国内外融通的全球经济资讯,汇聚国内外权威新闻网站的排行,聚焦全球媒体的热点报道,播报方式采用新颖的分类新闻排行榜的形式。

---

① 赵化勇.中央电视台发展史(1998－2008)[M].北京:中国广播电视出版社,2008:130.
② 王曦.CCTV-2 栏目解析[J].国际公关,2008(4):76-77.

晚间时段：资讯栏目《经济信息联播》与深度报道栏目《经济半小时》

《经济信息联播》节目编排形式分为特稿、国内新闻、国际新闻三部分，国内新闻报道范围包括政策、行业、经济生活、科技、专利等与中国经济发展有关的新闻；国际新闻的特点则是选择能体现世界经济发展动态和趋势的新闻加以报道。

《经济半小时》选择重大经济事件、业界风云人物作为报道的焦点，深度报道经济事件、透彻分析经济现象。具有重要意义的是，作为中央电视台经济时事的深度报道性栏目，它的权威性和深度透析力，给国家宏观经济的决策层提供了生动鲜活的参考价值。

(二)第一财经频道的发展历程

1. 第一财经传媒有限公司

2003年7月7日，号称中国第一个跨媒体的专业财经资讯平台——"第一财经"(China Business Network，简称CBN)在上海宣告成立。这一事件的意义不仅仅在于它将专业频道的概念再次拔高为中国广电业改革最充满希望的理想诉求，更重要的是，凸显了国内媒体在国际化与数字化压力下，力图突破旧制度的藩篱、重塑一个全新的经营形态的目标策略。[①]

上海第一财经传媒有限公司是上海文广新闻传媒集团旗下的全资子公司，于2003年8月中旬注册成立，10月正式开始公司化运作，拥有电视、广播、日报、期刊、数字媒体中心、研究院等平台，致力于为中国广大投资者、商界与经济界人士，以及全球华人经济圈提供实时、严谨、专业的财经新闻和信息服务。

第一财经传媒整合了上海文广新闻传媒集团旗下原上海电视台财经频道和原上海东方电台财经频率的经营性资产，实现了广播与电视在人力资源、信息资源和品牌资源上的共享。在增强核心竞争力的同时，积极拓展产业链，搭建起统一品牌下的广播、电视、报纸、网站在内的四大媒体平台，还

---

① 韩斯霞.从"第一财经"看频道专业化发展[J].中国记者，2004(1)：71-73.

积极涉足财经数据产品提供以及财经公关服务领域。通过跨地域、跨行业的经营,第一财经力图把自己打造成为一个拥有跨媒体信息传播渠道的财经资讯以及财经服务供应商。

2005 年 4 月 14 日,"第一财经"还与道琼斯指数签署协议,合作推出道琼斯第一财经中国 600 指数的行业蓝筹股指数系列:道琼斯第一财经中国 600 行业领先指数。该指数系列于 2005 年 6 月份正式面世。这不仅如上海文广新闻传媒集团总裁、第一财经公司董事长黎瑞刚所讲的那样,该指数的发布对于第一财经拓展产业链、开发衍生产品具有重要战略意义,而且,对中国经济界也是一件富有创建中国经济"晴雨表"深远意义的壮举。[①]

2. 第一财经旗下的其他媒体

2003 年 7 月,经国家广电总局批准,上海电视台财经频道和东方广播电台财经频率的呼号统一改为第一财经。之后,第一财经传媒不断扩大自己的成员阵营,2004 年 11 月 15 日,《第一财经日报》创刊;2008 年 2 月,《第一财经周刊》创刊。

(1)《第一财经日报》

由上海东方传媒集团、广州日报报业集团、北京青年报社联合主办。目前在北京、上海、重庆、沈阳、济南、南京、杭州、广州、深圳、成都印刷。记者覆盖国内外主要商业城市。《第一财经日报》致力于打造一份权威、主流的全国性财经日报,面向中国社会中最具影响力、消费力和决策力的"三最"人群,关注全球背景下中国经济的发展和社会进步,提供财经新闻和政策,力图成为一份深具决策参考价值和投资指南价值的报纸。

(2)《第一财经周刊》

《第一财经周刊》是一本新闻性商业周刊,以轻松、有用、时尚的报道服务广大公司人群,自 2008 年 2 月创刊以来迅速成为中国财经商业杂志市场的知名品牌。

---

① 吴信训.新编广播电视新闻学[M].上海:复旦大学出版社,2012:119.

(3)第一财经网站

第一财经网站整合电视、广播、日报、周刊、研究院等内容资源,为投资者提供不断更新的财经新闻。同时充分利用网络手段,在线实时提供投资理财信息服务。每日有众多读者通过网站在线收听、收看第一财经广播和电视节目。第一财经网站未来的定位是:囊括影响中国金融市场和商业活动的重要国际、国内新闻;面向机构和企业量身定制财经资讯产品和商用数据服务;整合第一财经电视和广播的音视频内容资源,打造独特的多媒体营销平台;推出第一财经富有亲和力和易于检索浏览的数字报和手机报。

3.第一财经频道的创办与发展

(1)第一财经频道的创办

2003年7月7日,"第一财经"频道在上海宣告成立。虽然创建时只是上海的一个地方频道,但其理念及宗旨目标都是创办一个志在"跨区域"的电视财经媒体。而且,还以其为核心,同步规划创办"第一财经频率"、《第一财经日报》,使电视、广播、报纸互相呼应,成为中国第一个跨媒体、跨区域的专业财经资讯平台。"第一财经"的问世,不仅反映了传媒对经济新闻发展的现实空间与前景的乐观判断和信心,同时也反映了中国社会随经济转型中经济生活的活跃状态,以及社会大众对经济新闻的进一步期待。随着中国经济的发展,城市居民的消费需求得到满足之后,投资、理财的需求就日益强烈,经济从政治层面上、公共领域内的问题转变为与民生息息相关的话题。[①]

第一财经频道主打财经资讯节目、市场交易节目和财经专题视频节目,力图成为经济的风向标,致力于为中国投资者创造价值。第一财经频道总部设在上海,在北京、深圳等地拥有演播室,部分节目通过宁夏卫视覆盖全国,内容涵盖经济、金融、贸易、投资等各个领域。

第一财经电视下辖三个频道:第一财经(地面频道)、宁夏卫视(卫星频道)和东方财经(数字电视频道)。

---

① 吴信训.新编广播电视新闻学[M].上海:复旦大学出版社,2012:119.

第一财经三个频道实行差异化竞争,可以使第一财经具有充分的施展空间。卫视频道是大众财经频道,针对全国观众;第一财经是地面频道,面向上海观众;东方财经是收费频道,面向专业投资者。①

第一财经(地面频道)在上海、南京等城市实现全网覆盖,并通过香港NOW宽频电视覆盖在港的88万电视用户。宁夏卫视(卫星频道)通过中星6b卫星覆盖上海、北京、重庆、广东、江苏、浙江等31个省、市、自治区,有效收视人口近4亿。东方财经(数字电视频道)覆盖全国31个省、市、自治区。

第一财经电视旗下拥有一批品牌栏目,包括《财经早班车》《财经夜行线》《今日股市》《公司与行业》《谈股论金》《市场零距离》《头脑风暴》《波士堂》《中国经营者》等。

(2)第一财经频道的跨区域发展战略

财经专业频道的性质是分众窄播,它的内容提供指向与电视天然地追求受众最大化的法则相背,要解决两者的矛盾,唯有竭尽所能地向全国甚至全世界拓展目标受众市场。② 因而,第一财经这样的专业财经频道的基因中就先天具有跨区域发展,尽最大可能扩大受众的因子。从创办开始,第一财经频道就在政策允许的范围内,采用各种策略,让自己的频道或新闻节目"上天入地"。例如,2010年2月8日,第一财经借助宁夏卫视的平台,实现了曲线上星。③

(3)第一财经频道的栏目设置与编排

第一财经频道开办有若干档较为专业的财经栏目,如《今日股市》《谈股论金》等。其中,《今日股市》栏目周一至周五18:00播出,是上海最受欢迎的证券谈话节目,收视率居第一财经电视频道首位。栏目旨在倡导"把握趋势、理性投资",为市场的参与主体选用券商、机构和散户的观点供投资者参考。栏目版块分为"股市评述""市场声音""券商机构看市""深圳演播室""B股时间"等五个部分。

---

① 单文婷. 第一财经频道的"第一梦想"——访第一财经频道总监谢力[J]. 视听界,2011(4):47-50.
② 韩斯霞. 从"第一财经"看频道专业化发展[J]. 中国记者,2004(1):71-73.
③ 单文婷. 第一财经频道的"第一梦想"——访第一财经频道总监谢力[J]. 视听界,2011(4):47-50.

《谈股论金》栏目周一至周五 19：00 播出，是市场投资者积极参与的谈话类互动股评节目。节目汇聚上海滩一批有鲜明特色的个人投资者，以及北京、深圳的股民，对每天盘面发表各自的观点，是"马路沙龙"的集大成者。栏目借助互联网和短信等方式，使"互动"成为该档栏目最重要的表述方式。

《第一地产之今夜播报》（以下简称《第一地产》）播出时间为周一至周五的 22：30。《第一地产》是目前中国最具专业性及参考价值的房地产专栏节目。《第一地产》的当日市场信息数据由上海市房屋土地资源管理局提供，及时展示楼市行情。栏目拥有由 20 多位专业人士组成的顾问团队，第一时间解读楼市政策、解析市场行情。万科地产、大华集团等中国楼市最具影响力的开发商均与节目建立了长期战略合作。

（4）第一财经频道的节目内容特征

第一财经频道虽然致力于打造一个专业的频道，但其节目内容也适当融入了娱乐元素，以降低节目的"硬度"。对此，第一财经频道总监谢力曾经谈道，原来的第一财经更偏向于像 CNBC 之类的资讯类节目，节目样式比较单一，产品线不全。国外的财经节目比较"素"，如果照搬过来不适合中国观众，因为中国观众更爱看热闹的节目。我们将宁夏卫视办成中国特色的财经频道，寓教于乐，节目形式更加丰富、产品线更加全面，比如《股市大天向上》，就是一个炒股真人秀，给投资者的娱乐节目；《中国职场好榜样》，融入了娱乐元素，倡导正确的职业观和职业道德。我们还做房地产、红酒、收藏、读书节目，都是从投资角度出发，节目尽量做得生动，以后还要投资做财经电视剧、财经室内剧、财商类的《百家讲坛》等等。[1] 第一财经频道有专门的研发队伍，和节目制作队伍一起做原创节目，尽量丰富产品线，关注各个投资主体。

（三）北京电视台财经频道的发展历程

北京电视台财经频道是北京电视台开办的专业频道之一，是一个以传播财经知识、解析经济热点、服务观众理财为特点的专业财经频道。

---

① 单文婷. 第一财经频道的"第一梦想"——访第一财经频道总监谢力[J]. 视听界，2011（4）：47-50.

自成立以来,北京电视台财经频道以"专业化、大众化、权威化"的频道定位,实行不断创新的频道发展战略。

目前,北京电视台财经频道形成了以财经资讯栏目和证券节目为主体,以深度经济报道、经济类专题栏目、理财服务性栏目为主要框架的频道架构。频道拥有《首都经济报道》《财富故事》《天下财经》《理财》《经济法眼》等知名栏目。

与央视财经频道不同,北京电视台财经频道是北京电视台若干地面频道中的一个,其在节目选题、风格方面与北京市民的经济文化生活更加接近。北京作为首都,是中国的政治、文化中心,同时,作为文明古都,北京丰富的文化积淀和独特的地方文化特色也为本地媒体生存、发展提供了基础。因而,北京电视台财经频道的节目注重围绕首都历史文化背景和贴近百姓生活的内容进行经济类节目的采制。

第一章

资讯类电视财经栏目的代表及特征

资讯是指消费者能够及时获得并利用,从而在相对较短的时间内给自己带来价值的信息。资讯有时效性和地域性,它必须被消费、被利用。① 电视经济资讯节目是指通过电视媒介手段对国内外经济领域的现象、活动、问题等方面信息进行反映的电视节目。② 在不同种类的电视财经类栏目中,资讯类电视财经栏目是主体,其以经济领域的消息报道为主,为观众提供时效性强、信息量大的内容。

国内资讯类电视财经栏目中,较有知名度的是中央电视台财经频道的《经济信息联播》。北京电视台财经频道的《首都经济报道》则是地方电视台财经栏目中办得较好的一档资讯类栏目。本章将以这两档栏目为个案,梳理其创办的历程,分析其栏目理念、形态、选题等方面的特征。

一、央视财经频道《经济信息联播》的创办历程及栏目特征

《经济信息联播》是于 1992 年 8 月 31 日在央视二套开播的一档资讯类栏目,栏目时长 30 分钟,日播节目,周一至周日播出。栏目理念为"大众、综合、实用、权威、及时"。栏目口号为"给您有用的新闻"。《经济信息联播》作为中央电视台财经频道的旗舰栏目,是央视二套的第一个经济新闻直播平

---

① ② 孙凤毅.电视经济新闻[M].北京:中国传媒大学出版社,2008:104.

台,在这个直播平台上随后诞生了直播资讯节目《第一时间》和《全球资讯榜》,与《经济半小时》共同构成了财经频道的主框架,为财经频道的未来发展奠定了坚实基础。

(一)《经济信息联播》栏目的创办历程

1.天津会议与《经济信息联播》栏目的创办

邓小平同志南方讲话给全国人民提出了改革开放更新、更高的要求,同时也给从事电视经济宣传工作的人员指明了方向,确立了重心。为了更好地学习落实邓小平同志的讲话,1992 年 5 月,全国电视经济座谈会在天津召开,26 个省、自治区、直辖市,28 个计划单列市、省会电视台负责经济宣传工作的 90 名代表参加了会议。天津会议提出一个设想:中央电视台开办一个类似《新闻联播》的《经济信息联播》栏目。为确保这个栏目能够顺利开播、健康发展,此次会议要求各级电视台都要加强经济宣传部门的组织建设,会议决定,《经济信息联播》于 1992 年 8 月正式向全国播出。

天津会议后,中央电视台经过研究,决定在继续办好《经济半小时》栏目(1989 年创办)的前提下,加强与全国各省、市电视台的广泛合作,开办《经济信息联播》栏目。

1992 年 8 月 31 日,在中国共产党"十四大"召开前夕,在全国各地方电视台的大力合作和支持下,《经济信息联播》在中央电视台第二套节目中正式开播。开播后,《经济信息联播》每期时长 30 分钟,每天 18:30 在二套首播,第二天在一、二套分别重播一次。《经济信息联播》每天平均播出信息 70 多条。它的信息大都是微观信息,讲求实用性,单位时间内的信息量比较大。它以传播各类经济技术信息为主,汇集国内外经济技术信息,力图形成电视经济信息的传播风格,沟通产销渠道,为繁荣市场牵线搭桥。《经济信息联播》注重信息的权威性、实用性、知识性、国际性、服务性,直接为生产、经营、消费各领域服务。这个时期的《经济信息联播》由市场指南、信息国道、供求热线、产品大世界、企业之星、国际大市场、国际经济信息、股市行情等若干定期或不定期的小栏目组成。①

《经济信息联播》栏目的宗旨主要是传播各类经济信息，以沟通产供销渠道，为繁荣社会主义商品经济服务，成为生产者的参谋、经营者的顾问和消费者的知音。

《经济信息联播》问世后，受到了观众的普遍欢迎，收视率不断上升。1992年10月21日，邓小平的秘书曾打电话给中央电视台转达他的意见。邓小平称赞：“《经济信息联播》专门谈经济，开办得及时。《经济信息联播》时间虽然不长，仅有30分钟，但每期的内容丰富，节奏明快，信息量大，对我国经济发展，社会主义市场经济的发育，将会起到积极作用。”②

中央电视台原台长赵化勇在《努力搞好电视经济宣传——从〈经济半小时〉〈经济信息联播〉的先后开办谈起》一文中曾说道，《经济信息联播》的播出，顺应了我国当前发展经济的大趋势，是以经济工作为中心在电视宣传中的实际体现。该栏目的开办和播出，标志着我国电视宣传以经济建设为中心思想的确立和全国电视经济协作网的初步形成，具有重要的意义。

2.《经济信息联播》的停播与新生

让人遗憾的是后来由于经济节目调整，《经济信息联播》于1996年6月30日停播。2002年，《经济信息联播》栏目又获得了新生。2002年3月25日，《经济信息联播》栏目重新恢复并进行组建，2002年7月30日开播，时长30分钟，每周六期。节目采取全程直播形式，开设了“要讯”“特稿”“国内新闻”“国际新闻”“媒体速览”等版块，并加强了与全国各地方电视台和国外电视新闻机构的合作。

恢复播出后，《经济信息联播》致力于第一时间真实、准确、鲜活地报道国内外重大经济新闻，当日新闻比例超过90％，并在“头条”版块中对全球的重大经济事件进行深度报道。栏目准确把握中国及世界经济的脉搏和趋势，客观勾勒世界宏观经济运行概貌，及时翔实地报道国内外的微观经济新闻动态，成为中国经济界最具影响力的经济新闻栏目。

---

① 孙凤毅.电视经济新闻[M].北京：中国传媒大学出版社，2008：7.
② 赵玉明.中国广播电视通史[M].北京：中国传媒大学出版社，2006.

2003 年 10 月 20 日,随着央视二套的改版,《经济信息联播》由每周六期改为每周七期,并不断丰富和细化栏目,增加了"权威"和"及时"的栏目宗旨。栏目力图以专业的见地、客观公正的立场,通过对公众广泛关注的题材进行独家角度的报道和解读来树立权威,强调以当日新闻为主,第一时间提供有效资讯,揭示新闻背后的内涵,对国际国内重大突发新闻保持高度的敏感和快速反应。①

2005 年 3 月 28 日,《经济信息联播》再次改版,在栏目片头中明确提出了"每晚 9 点,看有用的新闻"的理念,要求每条新闻都要贴近普通百姓,突出新闻的实用性和服务性,满足观众把握经济环境、学习经济知识和经济运行规则的需求,坚持用经济的视角来解读"有思想的新闻",不仅要给观众实用的经济信息,还要体现经济思维的精髓,并陆续推出了"联播观点""声音"等带有评论色彩的新版块,极大提高了经济舆论引导能力。另外,在传播语态上也力求做到贴近观众,杜绝官话、套话,表达精准,加强口语化传播。②

从 2007 年 7 月 9 日起,《经济信息联播》栏目扩版,栏目时长从每天 30 分钟延长到 35 分钟,进一步拓展了经济内容的传播平台。首先,加大信息量,增加成组深度报道。每天播出的新闻由 18—19 条增加到 25 条左右,同时为深度报道提供更多空间。其次,增加国际经济新闻数量。每天组织一组国际经济新闻报道,并将国际新闻作为一个独立版块进行编排。随着《经济信息联播》栏目影响力的逐步提升,带动广告收入连年增长,平均每年广告收入的增幅都在 30% 以上,成为继《经济半小时》之后,中央电视台专业频道中又一个年广告收入超亿元的栏目。③

(二)《经济信息联播》栏目的特征

1. 栏目宗旨为"大众、综合、实用、权威、及时"

(1)大众:《经济信息联播》把一切渴求经济信息,并想以此提升自己经

---

① 赵化勇.中央电视台发展史(1998—2008)[M].北京:中国广播电视出版社,2008:132—133.
② 同上书,133.
③ 同上书,133.

济地位的人都视为栏目的潜在观众,因此《经济信息联播》栏目秉承"大经济"的概念,报道能够反映中国经济脉动和趋势的信息,而不是某几个专业领域的新闻。在栏目宗旨中,"大众"是由栏目服务对象的广泛性决定的,它解决的是为什么人服务的问题,这是经济节目存在的基本前提。电视经济新闻节目的目标受众应该是大众,而非"窄众"。另外,央视财经频道作为一个上星频道,其赢利主要还是依靠广告收入,这样的节目传播渠道和赢利模式决定了其制作、传播的内容需要尽可能多的观众,这是其生存的前提,也是其节目影响力的基础。所以,在《经济信息联播》栏目的宗旨中,"大众"是基础。"大众"实际上也是《经济信息联播》栏目在受众定位方面的表述。

(2)综合:在内容上,《经济信息联播》秉承大资讯与信息总汇的概念,做经济信息的总装厂。来自国内外、台内外、频道内外的信息都是栏目的资源。"综合"是由经济生活的多样性决定的,是节目中要表现的内容,经济新闻不能只局限在财经、产经等专业领域,一些政治新闻、社会新闻也有经济的背景和内涵,因此,经济新闻要不断扩大和拓展报道面。另外,《经济信息联播》栏目是一档时长较长的综合经济信息栏目,一档具有全国视野,甚至是国际视野的经济信息栏目,所以,栏目报道所涉及的经济现象、经济问题不仅涉及我国经济领域各个方面的内容,也涉及国际上各个国家、地区的经济现象与问题。同时,值得肯定的是在该栏目的报道中,充分体现出这样一种理念——经济新闻报道中的经济不仅是一个领域,也是一种报道视角与新闻解读视角。对于社会上各种各样的问题,我们都可以通过"经济"这个视角去认识、解读,或者从经济的角度去展现其一个侧面。"综合"更多的是体现出《经济信息联播》在内容选取、集纳方面的理念,是该栏目在内容定位方面的表现。

(3)实用:《经济信息联播》在新闻特点上秉承"实效信息观"的概念,力争做有用的新闻。这是经济新闻报道功能定位的体现,从观众角度来说,也是这类电视新闻栏目"有用性"的直接体现。这类电视节目,对于观众收视需求的满足,并不同于电视剧、电视综艺节目、电视娱乐节目、电视体育节目、电视文艺节目,也不同于普通的时政新闻、社会新闻。经济新闻主要满足的是观众对经济信息的及时了解,对经济现象、经济问题的认知,这些内容,会对观众的经济决策、经济行为产生直接影响。

在发表于《电视研究》上的一篇名为《大众视角 实用落点——谈电视经济新闻报道的价值取向》的文章中,《经济信息联播》栏目负责人在回顾两年来的实践时,写道:我们深刻感受到,电视经济新闻不能过于追求所谓的"专业"和"高端",应该面向最广泛的收视人群,以观众为本位,努力满足各类观众的不同需求,让普通观众喜闻乐见。要做到这一点,就必须在经济新闻的实用性上下功夫。"实用"是电视经济新闻的根本价值所在。突出实用性的一个直接途径是增加实用价值明显的实用资讯。为了体现栏目的"实用"功能,在《经济信息联播》的版块构架中,栏目为这类报道专门设计了一个"商机"版块,重在开发信息的实用功能,力求以商机为诉求点,以产品为切入点,以财富为落点,反映经济社会中人的商业智慧,在满足实用性需求的基础上,形成独特的内容优势。具体说,相关题材包括:有市场推广价值的新发明、新专利,展示其中的智慧含量与实际功用,给人以商机和启发;有经济效益,能够帮助人们改善生活品质的科技新闻;积压但有需求、紧缺但能保证供给的商品信息,既要反映供求失衡状况下多数人的利益和命运,又能直接促进流通;人才和劳动力供需信息;挖掘新闻事件蕴藏的商机,如灾区救灾物资紧缺;成功且富有启发的创业案例等。

2003 年央视财经频道改版后,《经济信息联播》的栏目宗旨中又增加了"权威"和"及时"的理念。

(4)权威:"权威"是对内容品质的要求,是由中央电视台作为国家电视台的地位和性质所决定的。权威的基础是节目对大众的影响力,是节目在促进经济发展中发挥的作用。作为中央电视台经济频道晚间黄金时段的一档资讯类节目,《经济信息联播》必须抓住当天的经济大事,保证内容的新颖。

当然,"权威"也与《经济信息联播》报道的风格相关,虽然栏目也强调报道的亲和力,但这并不是以牺牲报道的权威性为代价的,所以,该栏目并未采用当下不少新闻栏目采用的说新闻、聊新闻的报道形式,仍然是比较传统的播报形式。当然,栏目报道的权威性也与记者在完成每条报道时所秉持的态度、所付出的努力相关。这又体现在报道的具体内容方面,如报道采访对象的选择上。以 2014 年 7 月 26 日的报道"关注整治医疗器械质量：中小企业占九成 医疗器械价格战成顽疾"为例，这条报道是从全国整个医疗器械产业的高度来做的。这条报道不仅在中国医疗器械企业比较集中的浙江做了采访，还到山东青岛做了相关采访。为了让报道更客观公正，报道隐去了相关企业的名称，如采访浙江某医疗器械企业董事长方明时、采访青岛某医疗器械企业生产经理都正杰时，都没有标出其企业的名称，而是用"某企业"代替，这也是一种值得肯定的做法。

（5）及时："及时"是《经济信息联播》作为新闻栏目价值的一个基本保证，也是该栏目所做新闻报道在时效性方面的追求。

2. 栏目的编排特征

《经济信息联播》由要讯、特稿、动态新闻、地方新闻、国际新闻、媒体速览几个版块构成。

每天的《经济信息联播》都设置有重要的"联播头条"与轻松的片尾。《经济信息联播》每天的节目开始都设计有"联播头条"。这是一些主题重大、新闻性强、内涵丰富的新闻。如 2014 年 7 月 26 日的联播头条关注的是医疗改革。这条报道中记者到甘肃敦煌市实地采访甘肃力推中医来推动医改的实际情况。采访中，记者了解到，由于中医诊疗的成本低，再加上老百姓看中医可以报销，所以当地走上了以中医带动医改的因地制宜的路子。

对于《经济信息联播》来说，除了每期节目开始的"联播头条"比较特别之外，每期节目的片尾也是它的一个特点。最后一条报道通常是关于国内外的一些较为轻松、有趣的新闻事件的报道，这与当期节目之前的那些相对较为实用、比较"硬"的报道刚好形成一个对比，让观众在观看了长时间较为严肃的经济新闻报道之后，可以得到片刻的放松，也让自己的心境再回到有趣的生活中来。

3. 栏目的选题特征：兼顾国内外

在发表于《电视研究》上的一篇名为《大众视角 实用落点——谈电视经济新闻报道的价值取向》的文章中，《经济信息联播》栏目负责人陈述了栏目在选题方面的思路：在选题方面，《经济信息联播》抓住"民生"和"国计"的结合点选择题材。从"民生"的视角看"国计",在满足观众了解总体经济形势需求的同时,关注其利益在这些新形势中的变化。因此,栏目确定了优先报道的题材:贴近市场、贴近百姓的民生题材,如房价波动、就业难、汽车降价、民工讨薪等;能体现栏目权威性、牵涉多数人利益、影响经济生活方面的重大经济政策变动,如水、电、药品价格调整等;涉及消费欺诈、行业垄断、责任事故、国资流失、公共安全等方面的监督报道,维护消费者权益,维护市场经济秩序;涉及行业纠纷、体制冲突的题材,如"煤电之争"等;预示经济生活重要变动的新政策、新法律和新趋势,如新的道路交通安全法实施、网络免费邮箱大战、高考经济等;从普通人的利益角度解析中外经济互动的新闻,如反倾销;国际国内突发新闻、重大灾难等。

以 2013 年 5 月 22 日的节目为例,其内容主要涉及:汇率、人民币升值、李克强出访亚欧四国、资本市场("资本风向标")、光伏双反案、苗木价格大涨、河北廊坊水污染调查(有现场、暗访)、英国央行就是否扩大量化宽松存分歧、香港暴雨 股市停摆、央视财经频道推介会在杭州举行、全球市值最大银行工商银行换帅。从此期节目来看,《经济信息联播》以提供全球范围内的经济资讯为主,但资讯的主要内容是国内的经济报道。该栏目中也有的报道是从广义的"经济"视角来做的,如河北廊坊水污染调查,该报道涉及当地的电镀厂,主要关注这些电镀厂随意排污对当地环境造成的污染,而最后一条报道是关于世界花卉展览的,带有比较强的趣味性。

《经济信息联播》在选题上还注意突出国际视野,每期节目的内容以国内经济新闻为主,同时兼顾国际上的重要经济新闻信息。以 2014 年 7 月 26 日的《经济信息联播》为例,其中国际报道就包括:

(1)马航 MH17 坠毁事件追踪 马交通部长:初步调查已结束 187 具遗体已送往荷兰

(2)巴以停火 12 小时 加沙民众排长龙购物

巴以实现长期停火仍任重道远

(3)美国:亚利桑那州遭遇沙尘暴袭击

(4)美国:加州山火致大批民众撤离

(5)加拿大:乘客吵架威胁飞行安全 客机被迫返航

4.栏目的体量特征:突出大信息量

《经济信息联播》是国内外重要经济信息的总汇。目前,其每期节目的时长为50分钟,这50分钟的内容主要都是经济资讯或者与经济相关的新闻消息。以2014年7月26日的节目为例,其报道就包括以下内容:

(1)江苏无锡90平方米以上住房取消限购

(2)偏远乡村医院年收入四万元 中医下乡诊疗增加

(3)中小企业占九成 医疗器械价格战成顽疾

　　过半医疗器械企业需整改 多数为中小企业

(4)关注海南灾后恢复:海南文昌 海水养殖受损 或推高虾苗价格

　　关注海南灾后恢复:海南文昌 耕地遭浸泡 当地加固防范工程调整产业

　　关注海南灾后恢复:海南文昌 台风过后垃圾堆积 农场数十辆车加紧清理

(5)中药材周期调查:安徽亳州 党参价格跌七成 经营户亏损连连

　　安徽亳州:党参跌得快卖得慢 交易量萎缩

　　中药材周期调查:甘肃定西 连续8年扩种党参 药农赚钱药商赔钱

　　走进安徽亳州:药厂分批入市抄底 党参价格回稳

(6)甘肃武都:百万亩花椒将产4千万斤 行情看好产值16亿

(7)河南兰考县:泡桐木里的财富故事

(8)申银万国合并宏源证券营收排第一 交易估值722亿

(9)复兴航班坠毁 第一撞击点或为防护林

(10)阿航AH5017航班坠毁

　　阿航坠机现场画面首度公布

(11)马航MH17坠毁事件追踪 马交通部长:初步调查已结束 187具遗体已送往荷兰

(12)巴以停火12小时 加沙民众排长龙购物

(13)美国:亚利桑那州遭遇沙尘暴袭击

(14)美国:加州山火致大批民众撤离

（15）加拿大：乘客吵架威胁飞行安全 客机被迫返航

（16）卡车越野赛画面配激昂的音乐

5. 报道的视角特征：注重用经济视角报道各类新闻事件

《经济信息联播》的栏目口号是"给你有用的新闻"。栏目突出"大众视角，实用落点"的取向，强调新闻的实用性并非只有实用资讯才能报道，对于更大量的新闻来说，经济新闻的处理方式应该带给观众一个清晰的落点，让观众看到新闻与日常生活之间的关系，对自身利益的影响。这种新闻处理方式被归纳为"大众视角、实用落点"。它的要点是：以大众的眼光看经济生活，加强对经济事件、经济现象的剖析和解读；从大众的关注点看经济生活，重点盯住财富的创造和流动、利益的分配和冲突；追求每一条新闻的实用落点，拉近经济信息与受众的距离，突出题材中与受众利益有关联的部分，给观众一些行动建议；以经济视角报道其他领域的新闻，特别是热点政治、社会新闻，充分挖掘社会生活的经济内涵。

《经济信息联播》用经济视角关注各类新闻事件，使节目可以从经济角度对各类国内外重要的新闻事件进行差异性报道，既做到重要新闻不缺位，同时也体现出自己的经济报道特色。

有的重要新闻事件，乍一看属于时政新闻、社会新闻、科技新闻或者是社会新闻的范畴，但《经济信息联播》通过报道视角的选择，从经济的角度对新闻事件进行报道或解读，也能做出优秀的经济新闻报道，因而扩大了选题资源。

6. 报道形式多样

作为一档日播的经济资讯栏目，《经济信息联播》每天报道的新闻条数较多，这使得节目蕴含的信息量较为丰富。另外，就节目播出当天的部分重点选题，栏目会做相应的"组合报道"，通过若干条报道的组合，对一个选题进行多角度深入报道。如 2014 年 7 月 26 日的节目，其中关于医疗器械企业的报道、关于海南灾后恢复的报道以及关于中药材周期的调查都使用的是组合报道。这样的节目形式，在一定程度上使传统资讯类栏目更具有深度，每期节目都有轻有重，形成了节目的节奏感。同时，也充分使用了有价值的选题,对其进行有深度的开掘,而不是点到为止,简单报道便转到下一条新闻。否则,就这么一档长时间段的日播栏目而言,其选题内容处理得不好,就会对栏目的日常运作产生不利影响。

以 2014 年 10 月 24 日《经济信息联播》的节目内容为例,该节目就多次使用"组合报道"的形式,针对一个选题,采用多条消息报道的形式,在一期节目中形成几个小专题。以下内容是根据 2014 年 10 月 24 日《经济信息联播》节目的文本,梳理出当日栏目报道选题构成的情况。

2014 年 10 月 24 日《经济信息联播》报道的内容

10 月汇丰中国制造业 PMI 初值为 50.9 创 7 个月新高(使用图表报道)

联播头条:

聚焦日益严重的大气污染治理(成组报道)

北京听证"停车超 3 分钟熄火"如何执行是难点

北京:多数司机停车不熄火(记者调查)

香港:停车超过三分钟不熄火将被罚款

石家庄:雾霾频繁侵扰 呼吸病凶猛来袭

和田玉乱象调查(成组报道)

和田玉价格三十年涨了上千倍

高端玉身价暴涨 一块籽料 150 万

中低档和田玉价格缩水

赌石赢家:三十万原石卖出千万天价

原石也可造假 十万元买回一堆塑料

名目繁多 杂玉"傍大款"水涨船高

河南镇平:高仿玉镯玻璃造 每只成本不过一块多

北京:地铁 10 号线今日再出故障 早高峰乘客大面积滞留

国际要闻

美国监控丑闻继续发酵：

默克尔也被监听了！美国遭欧洲多国"围攻"

默克尔致电奥巴马 要求美澄清

欧洲多国曝出"监控"美国解释忙

英国小王子受洗礼 王室经济再迎高峰

泰国东北部车祸致 21 人死亡

秘鲁：海豚成捕鲨诱饵 血腥视频惨不忍睹

世界第一"胖国"墨西哥对含糖饮料收重税 对战肥胖

聚焦西博会

台湾精品新颖实用 表现"抢眼"

移动支付市场调查

盛大推出新版"Youni 有你"叫板微信

移动支付市场规模巨大 安全性成关键门槛

黄达获中国经济理论界最高奖项

CEO 行踪

麦道克：未来三年沃尔玛将在中国新设 110 个新址

业绩不佳 明治奶粉退出中国市场

这期节目的片尾是带观众一起到巴西看热气球锦标赛，节目所使用的画面、音乐都很美，节奏也与之前的新闻报道不同，变得非常柔和。总体上看，这期节目有若干选题采用成组报道的形式，每个选题下都辅以几条相关报道，形成成组报道的新闻报道形态。

《经济信息联播》的节目形态虽然是经济资讯，但也会对一些重要选题采用调查性报道的形式，如 2014 年 7 月 26 日的节目中就用到了调查性报道的形态，这使得这档资讯为主的栏目也呈现出一定的深度和思想性。

在《经济信息联播》的节目中，对于一些重要的经济新闻，如经济政策的变动,由于缺少合适的画面内容,栏目在报道时也会采用口播这种特殊的形式进行报道,如2014年7月26日的第一条报道,内容涉及江苏无锡90平方米以上住房取消限购的政策变动,就是由主持人口播进行报道的,并配合使用了一定的示意图和字幕。

《经济信息联播》栏目的一个特色是每期节目结尾的MV。在节目结尾之前的内容,基本上都是较为严肃的、理性的内容。节目结尾的MV,则选择国内或国外某项重要赛事或活动,配上与之风格类似的音乐,对画面进行特效处理,从而给观众带来别样的视听享受,让观众在观看了近一个小时的严肃新闻报道之后,能够放松片刻。片尾的MV与"联播头条"形成首尾呼应之势,前者是用严肃的形式来报道重要经济信息,后者则是采用丰富的影视语言呈现略带娱乐色彩的内容。

(三)栏目现存的问题

作为国家电视台财经频道的一个龙头栏目,《经济信息联播》的报道内容比较丰富,但报道专业财经内容的程度还比较有限,尤其是在国际财经报道方面,专业性尚需提升。

二、北京电视台财经频道《首都经济报道》栏目的特征

北京电视台是北京市属的新闻传媒机构,财经频道是北京电视台各专业频道中的一个。频道口号是:创新成就梦想,远见开启未来,智慧创造财富。北京电视台财经频道致力于构建一个以传播财经知识、解析经济热点、服务观众理财为特点的专业财经频道,"专业化、大众化、权威化"为其频道定位。

与央视财经频道不同,北京电视台财经频道是首都电视台的一个地面频道,在节目选题、节目风格方面与北京市民的经济文化生活靠得更近。从节目选题看,在北京电视台财经频道播出的节目中,如《上山寻核》就与老百姓对麻核桃的收藏、把玩喜好有关,而《千里追寻黄花梨》则与收藏品有关。

北京电视台网站上的视频点播排名也反映出网民关注的经济节目类型。2013年9月在北京电视台财经频道的网页上可以看到本月视频点播排行依次是:《上山寻核》(上)、《千里追寻黄花梨》(上)、《千里追寻黄花梨》

(中)、《难得！黄花梨》(下)、《提笼架鸟、家乡味道——麻辣川菜》(上)、《上山寻核》(下)、《巧淘二手表、家乡味道——麻辣川菜》(下)、《乐活农夫》(上)。从 2013 年 9 月北京电视台财经频道网页上的点播情况看,往期视频点播排行分别是:《姚记炒肝》、《城市》核桃探奇(一)、《城市》核桃探奇(三)、《城市》胡同里的藏宝图(下)、《城市》核桃探奇(二)、《"核"心价值》(上)、《片面之瓷》、《手串的玩赏与收藏》、《探秘赌青皮》、《阿拉善玛瑙——点石成金》。从点播情况看,与餐饮、收藏、文玩相关的节目比较受网民欢迎。

从北京电视台财经频道节目的报道形式来看,与其他地方电视台的地面频道不同,其语言风格体现出浓厚的"京味"。

北京电视台财经频道的主体架构是由若干新闻栏目与专题栏目构成。从 2013 年 9 月北京电视台财经频道网页中"财经空间 TOP9"看,各栏目点击量排名依次是:《天下财经》《财富故事》《理财》《首都经济报道》《拍宝》《经济法眼》《成长在北京》《财经锋汇》《微财经》。

在北京电视台财经频道的各档栏目中,《首都经济报道》是北京电视台财经频道的一档日播电视经济栏目,周一至周日播出。该栏目的宗旨是"关注百姓身边的新闻,透视新闻背后的经济"。《首都经济报道》也是北京电视台目前唯一一档直播经济资讯栏目。节目采用主持人"脱口秀"的形式,从百姓的视角来报道首都市民经济生活的方方面面,为电视观众提供内容实用鲜活、形式丰富多彩、节奏明快简洁的经济资讯,收视表现在财经频道中一直表现突出。

(一)《首都经济报道》栏目的特征

1.选题与首都市民的经济生活密切相关,比较接地气

《首都经济报道》的选题比较接地气,贴近首都老百姓的日常生活,较为实用,如冬季采暖、珠宝玉石的购买、柴鸡蛋的真假辨识等。

以 2013 年 11 月 1 日的节目为例,节目时长 50 分钟,栏目自采报道一共 4 条,分别是:(1)供暖进入倒计时 条件具备随时可点火;(2)互联网金融首站金博会;(3)专家解密金生锈 珠宝造假有新招;(4)记者调查(上):所谓"柴

鸡蛋"究竟柴不柴？这四个选题都与首都市民的经济生活息息相关,如第一条报道涉及的是冬季采暖问题,由于北京天气越来越冷,供暖的问题是时下首都市民关注的焦点。第四条报道的选题与民众的生活贴得更近,购买的柴鸡蛋到底是真是假,是很多人都会关心的问题。另外,柴鸡蛋与普通鸡蛋营养价值的异同也是人们在日常消费中会考虑到的问题,但一直没有一个明确的结果。《首都经济报道》的这则调查性报道,就贴合了这一热点。类似的经济领域的热点问题不是宏观的,而是微观的,但通过扎实的前期采访,报道为观众解答了其所关心的问题,节目内容体现出很强的接近性和实用性。在这条电视经济新闻的调查性报道中,记者首先采用偷拍暗访的方式对售卖鸡蛋的商户进行调查,并从不同商店买回柴鸡蛋进行对比。随后,记者在网上搜索,发现事情没有那么简单。记者从网上查到了如何鉴别假柴鸡蛋的方法,之后又到真正的柴鸡蛋基地探查柴鸡散养、产蛋的情况,并采访鸡场的负责人。鸡场负责人在镜头前为记者展示了他们养的柴鸡所下的鸡蛋,在颜色、大小上都不一样。记者还就此话题采访了北京农业大学的教授,该教授告诉观众不能说白皮的就是柴鸡蛋。记者进而追问:柴鸡蛋的营养是不是就比一般鸡蛋的要高？它们的营养有多大差别？值不值得我们花高价购买？之后,记者请北京农学院食品学院实验室的实验员帮助对几种不同鸡蛋的营养成分进行检测,经检测证明几种鸡蛋的营养成分相差不大。但北京农学院的教授也说了柴鸡蛋的好处,如柴鸡生活在蓝天白云下,它吸收的污染物质少,也不用打抗生素等。

2. 节目形态新颖

在节目形态方面,《首都经济报道》以演播室为中心,通过两位主持人对报道内容的播报串联,和一位主持人对网络热点新闻的串联构成。节目不再是过去单纯的消息报道的叠加,或者消息报道＋主持人演播室简单点评串联的形式,而是在消息报道之后加入三位主持人之间大量的交流、讨论内容。当然,从节目制作成本的角度考虑,通过在各条新闻报道之间穿插演播室主持人的评论、讨论,可以起到填充节目时间的作用。在节目制作经费、人员、设备有限的情况下,对于一个日播一小时的新闻节目而言,这也不失为一种可取的节目制作策略。从节目叙事的角度看,这样的编播方式也有助于调整节目节奏。

3.播报语态自然、亲切

《首都经济报道》的播报风格与电视民生新闻的播报风格相似,并且汲取了时下较受欢迎的网络用语。如2013年11月1日的节目中,节目主持人站立进行播报,对网络热点新闻内容进行介绍梳理。主持人在播报中把观众称为"各位亲",这样的称呼无疑是受时兴的网络流行语的影响,体现了电视传播者更加亲民的一种取向。

《首都经济报道》的播报形式更加轻松。在演播室设置上,没有过去那种显示演播室气势的大桌子,就一个小圆桌在两个人之间,整体风格上显得亲切、轻松。播报语态也更有亲和力,两位主持人偶尔还会结合新闻报道的内容彼此调侃,营造轻松、幽默的播报氛围。

4.注重用经济视角报道、解读新闻事件

《首都经济报道》是北京电视台财经频道的龙头栏目,自然要体现"财经"的频道定位与"经济报道"的栏目定位。因而,在直接对首都市民身边的经济现象、经济活动进行报道的同时,栏目也注重从经济的角度,对其他新闻事件进行解读,如从投入成本的角度报道北京马连道拆除违建LED广告牌,从广告代言费及赔偿的角度深入解读柯震东、房祖名涉毒被抓事件。这样的电视新闻报道方式,既抓住了当下的新闻热点,同时也凸显了频道与栏目的定位。

(二)《首都经济报道》栏目的革新方向

北京电视台财经频道《首都经济报道》栏目在节目形态、播报风格、选题等方面都比较有亲和力,但面对当下新闻传播生态的变革,尤其是受众媒介接触习惯的改变,栏目还是需要不断进行革新。革新的前提是必须对观众的财经内容观看平台及内容选择偏好进行研究,在确保正确的舆论导向前提下,以差异化策略应对央视财经频道、第一财经频道资讯栏目的竞争。同时,栏目也需要通过社交媒体、视频直播平台等渠道,提升栏目影响力,扩大栏目的传播力。

第二章

专题类电视财经栏目的典型案例及特征

电视专题节目指主题相对统一，能对主题作全面、详尽、深入的反映，与综合节目相对应的一种电视节目。[①] 专题类电视财经栏目则是电视专题这一节目形态在经济报道领域的运用。它是采用非虚构的艺术手法，对各种经济现象和经济事实进行系统分析报道的电视节目形态。专题类电视财经栏目是财经频道除资讯类栏目之外最常见的节目形态，是对资讯类电视财经报道的拓展和深化，它可以从多角度、多层次阐述相关经济现象与问题。

中央电视台财经频道的《生财有道》栏目，以及北京电视台财经频道的《财富故事》栏目都是专题类电视财经栏目中比较典型的栏目。

一、央视财经频道《生财有道》栏目的特征

中央电视台财经频道《生财有道》栏目是一档致力于服务百姓致富，专注于各类致富故事，挖掘具有指导性的致富经验，力图为观众学习交流致富经验提供实际帮助的栏目。栏目的口号是"致富，从这里出发"。

---

① 高鑫,周文.电视专题[M].北京:中国广播电视出版社,2008:1.

(一)《生财有道》栏目的特征

1.选题侧重养殖业

《生财有道》作为一档知名的电视经济栏目,在讲述人物创富经历的同时,在节目选题方面也注重突出趣味性。在现实社会中,生财之道各式各样,但《生财有道》的选题侧重于养殖业,因为与其他生财之道相比,养殖业的对象主要是动物,更具可视性与趣味性。节目拍摄过鳄鱼、竹鼠、蛇、狮头鹅、泥鳅、鹧鸪、野猪、鲤鱼、甲鱼、鳝鱼、孔雀、藏獒、金钱龟、海参、虾、狐狸、獭兔、珍珠等的养殖。观众对于这类节目具有一定的好奇心,而与之相关的养殖环境、培育过程、加工处理、市场行情等方面的情况,大多数观众都比较陌生,节目则能为观众提供这些内容,使观众开阔眼界,增加对相关事物的了解。因而,此类选题不仅与经济相关,还具有一定的趣味性,拥有较强的收视基础。同时,该类节目把电视作为影像书写工具的优势也发挥了出来。

2.注重故事化叙述和人物塑造

《生财有道》栏目的节目在介绍养殖物种的同时,编导会有意塑造"财富故事"当事人的性格特征,如坚持、不轻言放弃、执着等。在讲述他们的创富故事时,节目也都注重把人物的经历用一波三折的方式叙述出来。节目拍摄的人物基本都是在经历了诸多人生波折、阻碍,克服重重困难之后获得成功的。如从事养殖业的创富者,在刚开始从事相关养殖时总会遭遇不顺,如引进的种苗会遇到疾病,大量死亡。在这样的情况下,家人或是朋友会劝说他们放弃养殖项目。但他们总是坚持自己的想法和追求,并在四处询问、不断摸索的情况下,使问题最终得以解决,随后,他们的事业不断发展壮大,企业经营状况也日渐好转。

以2014年2月25日的节目《"懒汉"叼来的财富》为例,节目突出了贵州省雷山县竹鼠养殖者石华文如何在家人一开始不理解、不支持的情形下,克服各种困难,在周围朋友的帮助下,跌倒后再爬起来,在总结失败教训的基础上,规模养殖本地竹鼠成功的故事。而在这个创业故事讲述的过程中,编导有意强调了石华文年轻时所看的电影《古惑仔》对他创业成功的积极影响,那就是电影中所传达的"要干,就下定决心干,下蛮劲干,赌一把。赢就赢了,输就输了,就是这么一种干劲"的精神。这期节目的片名——"懒汉"叼来的财富,是根据石华文养殖竹鼠的缘起来拟定的,在一定程度上增加了悬念感,便于吸引观众收看。从片名看,编导就设置了一个小小的悬念——"懒汉"是谁?它为什么会"叼来财富"?其实在后面的节目中观众会逐渐明白,"懒汉"是本期节目的主人公石华文所养的一条土狗。正是因为它与主人在贵州山里玩的时候,帮助主人找到了一窝小竹鼠,从而引发主人石华文走向了专业养殖竹鼠的创业道路。这期节目所塑造的创业榜样石华文也比较特别,他原来不是那种规规矩矩、老老实实的人,年轻时候经常跟人打架,进过监狱,但他通过自己后来的努力,最终创造了一个"浪子回头金不换"的故事。这也在一定程度上激励着那些曾经在人生道路上有过坎坷、有过不堪往事的人在自己的人生道路上不自暴自弃,认准方向,不断努力,开创人生的新篇章,最终获得家人、朋友的认可。这期节目围绕石华文这个核心人物,讲述他养殖竹鼠的缘起、过程,刻画了这么一个深受电影《古惑仔》影响的创业者,同时,围绕这一核心人物,还简单刻画了其他两个关键人物,即支持、帮助他养竹鼠的两个好朋友——同乡杨应鑫和画家苗耀升,他们的不离不弃与支持,帮助石华文的养殖事业走向成功。石华文的父母则是这期节目的另外两位相关人物。由于担心父母不支持,石华文一开始是瞒着父母养竹鼠的,后来父母知道真相后,一直反对他做养殖竹鼠的事情,而石华文则一直坚持,没有因父母的反对而放弃自己的选择。

《生财有道》在叙述中会介绍受访对象与其养殖物种结缘的经历,如《神奇的狮头鹅》这期节目中就对狮头鹅养殖户吴炳雄养殖狮头鹅以及推出相关产品的缘起做了介绍。吴炳雄是广东揭阳人,当兵退伍后开了一家卤鹅馆,为了方便提供原料,他开始养殖狮头鹅,在克服了重重困难后,他的养殖场终于迎来丰收。但是,当地的狮头鹅养殖户已经不少,并且通过压价和以次充好在进行恶性竞争,在这样的背景下,吴炳雄受到朋友送的全羊礼盒的启发,于是,开始对狮头鹅进行深加工,在做了深入的市场调研之后,他发现目前的市场上,把狮头鹅做成礼盒还是空白,于是下定决心开发狮头鹅礼盒产品。之后,他们开始把狮头鹅分割开,用礼品盒包装起来,以每盒450元的价格投放市场。这款产品很快取得了不错的销量。

3.注重记者现场出镜报道

每期节目,《生财有道》栏目的记者都会到养殖户所在的地方进行现场出镜采访,栏目组记者的脚步基本覆盖了全国各地。在节目拍摄现场,出镜记者会近距离去接触这些养殖的动物,无论是鳄鱼,还是蛇、竹鼠等。如2014年8月15日的节目《神奇的狮头鹅》,记者就站在养鹅场里介绍当期节目的受访人物。

虽然进行了组织拍摄,但《生财有道》栏目的记者在现场体现出很强的亲和力,表现较为随和,在讲述、介绍创富故事时,不是教导的口吻,而是用轻松、活泼的方式向观众讲述有趣的创业故事。

4.以情景再现等叙事手法丰富节目表现形式

《生财有道》的节目在进行创富故事的叙述时,大部分事情已经时过境迁,为了再现当时的情景、人物状态,节目会采用情景再现的方式来进行叙述。如《神奇的狮头鹅》中,主人公吴炳雄养殖狮头鹅遇到鹅苗大量死亡的问题,于是他去湛江拜访广东海洋大学的专家贾教授,贾教授帮他诊断问题所在,并最终帮助他解决了狮头鹅肠道感染的问题。这一部分是叙述过去发生的事情,但是对于节目情节发展来说又不可或缺,于是编导使用了情景再现的叙事方法。

5.注重向观众传达致富经验

《生财有道》栏目虽然注重叙述在当下社会环境中成功人士的创业故事,但在节目中也注意围绕经济这个焦点体现相关企业的经营状况。《神奇的狮头鹅》这期节目中,创业故事的主人公吴炳雄就通过节目告诉观众,他们公司目前的收入构成包括鹅苗、商品鹅、餐馆、专卖店这四大部分。就2013年加起来的情况看,年营业额达3 000多万元。现在的目标就是走公司加基地的路子,然后带动一片农户,把产业做大。这期节目的出镜记者肖薇在节目最后出镜说:"我问吴炳雄他之所以能够走到今天,关键是什么?他说只有两个字,那就是'坚持'。坚持对于吴炳雄来说具有特殊的意义,按照吴炳雄自己的话来说,那就是狮头鹅的养殖过程当中,一定会出现问题,出现问题就必须想办法解决问题,按照他以前军人的思维方式来解释,就是遇到敌人,绝不能轻易地举白旗,要想尽一切办法突围出去,看好的项目,认准的目标,就要心无旁骛地一门心思往前走,终有登顶的那一天。"这期节目不仅介绍了吴炳雄养殖本地品种狮头鹅的经验,而且还介绍了他如何在激烈的市场竞争中开拓狮头鹅市场,对产品进行深加工的经验,以及他对该产业未来发展的设想。

《生财有道》每期节目最后,栏目都不忘提醒观众:养殖有风险,投资需谨慎。

(二)栏目存在的问题

1.选题类型过于集中,偏向养殖业

由于养殖方面的选题拍摄的画面生动、有趣,对观众而言较有吸引力,因而,《生财有道》栏目的选题常常从这个领域产生,但这也带来选题的局限性问题,以及由此导致的选题资源问题,如关于野猪养殖、毒蛇养殖、鳄鱼养殖的选题就多次出现在节目中。

2.部分环节摆拍过于明显

在《生财有道》的节目中,创富故事缔造者的介绍部分,最常使用的叙事手法就是在拍摄现场的"摆拍",这样的拍摄方式留有较为明显的痕迹,也略显生硬。

3.叙事方式模式化

虽然《生财有道》栏目注重用故事化叙事的方式报道创富故事,每期节目都突出表现一位核心人物,但总体上看,这个栏目的叙事方式存在模式化的问题。该栏目的叙事模式可以概括为:记者在采访现场出镜,与当期节目的创富人物相遇;创富人物向记者介绍其事业的情况(如养殖);采用插叙方式回顾创富人物与该创业项目结缘的背景;创业人物对该项目执着的追求;项目发展不顺(如养殖领域的病疫问题);通过创富人物的坚持与攻坚克难、

战胜困难,赢得市场,创造可观的经济收益。虽然叙事的模式化可以保证节目的批量生产,使节目的整体质量较为稳定,但容易给观众带来一种刻板印象,使各期节目在形式上显得较为单调。

《生财有道》在节目叙述中注意理性与感性的平衡,在这样的节目中,如果节目叙述过度理性,则显得生硬,缺乏亲和力,而过度感性,对于投资养殖类的节目来说又是不合适的。节目如果直接用理性的眼光、完全的投资养殖的理念来叙述,对普通观众来说则不如把叙述的重点放在养殖者的故事上更具吸引力,另外,在讲述养殖者创业故事的过程中,节目还可以融入与该物种养殖有关的知识、市场行情。

二、北京电视台财经频道《财富故事》栏目的特征

《财富故事》是由北京电视台财经频道制作播出的一档在北京地区较为知名的日播专题类电视财经栏目。

(一)《财富故事》栏目理念

财富故事的栏目理念为:讲述与财富相关的人和事。节目以故事为载体,展现、品评在中国经济发展、时代变迁的宏观背景下,有代表性、启迪性的财富故事。故事的讲述从大处着眼,从小处入手,通过展现大背景下的小人物,小人物身上的大乾坤,反映时代纵深及其与个人命运的关系。《财富故事》记录财富梦想实现的过程,关注因财富带来的命运变迁。栏目题材涉及文玩、收藏、商战故事、行业探秘、区域经济以及风云人物等类别。节目注重用观点影响社会,用调查支撑观点。对市场经济条件下关乎民生的普遍现象、重大话题和事件以及市场格局、重大资本现象等进行深入调查、研究和解读。

(二)《财富故事》栏目的特征

1.选题偏重与北京社会文化相关的内容

虽然栏目名为"财富故事",但由于是作为北京电视台非上星频道的一

个栏目,所以该栏目在选题上比较"接地气"。栏目选题主要立足于与北京老百姓经济生活相关的内容,采访的人物以北京地区的为主,采访地也主要集中在北京。

2.重视收藏领域的选题

据北京电视台财经频道《财富故事》栏目组成员介绍,由于主要受收视率考核的影响,栏目较为关注收视表现不错的收藏品市场的选题,而且是与北京市民的收藏爱好相关的选题。对此,北京电视台财经节目中心一位负责人在接受访谈的过程中曾经说过,由于北京拥有一个巨大的收藏市场,而这一类节目在北京电视台财经频道的收视率不错,同时台领导、阅评人的评价也很好,所以,他们还会持续关注这方面的内容。另外,该位负责人还提到,由于古今中外都有收藏方面的问题,以后仍然会有,所以从长远来看,这方面的内容是有收视基础的。

3.注重实地采访

《财富故事》虽然也使用演播室,但演播室主要是通过主持人的讲述、评论发挥串场作用,节目的主体内容则是通过外拍来获取的,基本上每期节目的编导、摄像都会到拍摄对象所在的现场进行采访拍摄。节目中常出现的现场包括拍摄人物的商铺、工作室、餐馆、家庭环境等。如《开年横菜》这期节目就是通过大量实地采访来体现的。在这期节目的第一部分介绍高峰山和儿子高树所开的卤煮店中最受欢迎的酱肉时,节目首先呈现的是编导和摄像采访前来这家店吃酱肉的顾客,之后对高峰山进行现场采访,并到后厨拍摄制作酱肉的过程以及所使用的材料。接下来,通过在小店的实地采访,编导从高峰山父子那里得知他们开办小店的缘由,以及由此带来的他们生活的变化。

4.节目叙述上的"京味"

《财富故事》栏目在叙述上体现出较强的本地色彩,"京味"浓厚。以2015年1月1日的节目《开年横菜》为例,节目开篇使用的音乐就是具有浓郁北京文化色彩的"三弦"。节目开篇解说词"横菜不胜数,最让咱北京人馋虫拱动的,都有些什么呢?"片头过后,进入演播室,主持人卢迪的主持风格也在语言使用上体现出"京味",给观众一种"地道"的本地感觉,从而产生亲近感。如卢迪第一段演播室主持词是这么说的:

"看财富故事,破解财富密码。列位啊,您刚才也看见了,这又是烤肉,又是羊腿,还有炖吊子,总之,咱北京人到了冬天,就得吃点挡口的横菜,才能给寒冷的身体储存能量。老话讲叫什么呢? 冬令进补,开春打虎。那这个肉类,它毕竟是进补的,它毕竟是进补的一个主要的食材,是不是? 外面温度那么低,您看见一盘冒着热气、散发着肉香的横菜,往前头这么一放,这一瞬间呐,把什么减肥都扔到脑袋后头去了。所以说,如果您是这铁杆的肉食者,今明两天这节目,千万别错过。为什么?《财富故事》的记者,为您搜寻了京城绝佳的吃肉小馆,定会让您是流着口水,过足吃肉之瘾呐。毕竟我们的口号就是:不吃饱了,哪有力气减肥呢!?(配合使用调皮的字幕与音效)话不多说,出发!"

(三)栏目存在的问题

1.栏目选题过于集中

在《财富故事》栏目的实际运作中,有的节目选题并不符合栏目原先的定位和理念,有的则与之存在一定距离。如在栏目运作中,题材主要涉及文玩、收藏类,但商战故事类、行业探秘类、区域经济类、风云人物类的选题所占比重则微乎其微。另外,对于市场经济条件下关乎民生的普遍现象、重大话题和事件、市场格局以及重大资本现象的选题则比较有限。

栏目过于注重收藏方面的选题,这与社会上的收藏热是密切相关的。但当收藏热开始降温的时候,栏目的收视就会受到一定的影响。

2.观众对于栏目认知的模糊

由于栏目偏重收藏方面的选题,在一定程度上吸引了对收藏感兴趣的观众,但也带来一个问题,就是观众对于该栏目的定位认识模糊。观众对于栏目中"财富"的认识也有可能会出现偏差:到底什么是财富,是不是有收藏价值的物品才是财富? 这样的问题将是栏目在发展过程中必须面对的。

北京电视台财经频道《财富故事》栏目往期节目选题

2015 年 1 月 1 日　　开年横菜

2015 年 1 月 2 日　　收藏家——张德祥

2015 年 1 月 5 日　　寻宝新市场（一）

2015 年 1 月 6 日　　寻宝新市场（二）

2015 年 1 月 7 日　　寻宝新市场（三）

2015 年 1 月 8 日　　开门见宝

2015 年 1 月 9 日　　收藏家

2015 年 1 月 12 日　　崖柏疯狂的背后

2015 年 1 月 13 日　　珠串上的别致色彩

2015 年 1 月 14 日　　古典家具——古典风范话京作

2015 年 1 月 15 日　　古典家具——诗意江南话苏作

2015 年 1 月 16 日　　收藏家——郝金明

2015 年 1 月 19 日　　奔跑的快递小哥（上）

2015 年 1 月 20 日　　奔跑的快递小哥（下）

2015 年 1 月 21 日　　给宝贝找个窝

2015 年 1 月 22 日　　老店·穿越的故事

2015 年 1 月 23 日　　收藏家——于瑞军

2015 年 1 月 26 日　　都市手工匠人

2015 年 1 月 27 日　　布茶席 品茶趣

2015 年 1 月 28 日　　菩提树下

2015 年 1 月 29 日　　炫技的复古手工艺

2015 年 1 月 30 日　　收藏家——王世襄

2015 年 2 月 2 日　　淘年货 过大年（一）

2015 年 2 月 3 日　　淘年货 过大年（二）

2015 年 2 月 4 日　　淘年货 过大年（三）

2015 年 2 月 5 日　　淘年货 过大年（四）

三、北京电视台财经频道《理财》栏目的特征

《理财》是北京电视台财经频道制作播出的一档在北京地区比较受观众欢迎的日播财经类专题栏目。

（一）栏目理念

《理财》栏目的风格融合了北京电视台原《天天理财》和《财富大家谈》两档节目的特点，以说理财、爱理财为节目宗旨，坚持轻松理财的节目方针，突出专业性、权威性，致力于为观众提供专业性的理财服务。

（二）《理财》栏目的特征

1.栏目选题以收藏、文玩为主

《理财》栏目在选题上与《财富故事》较为相似，收藏、文玩类的选题常常都是两个栏目共同关注的内容，如两个栏目都做过如玉石、玛瑙、手串、琥珀、水晶收藏市场等方面的选题。每期节目的开始与结尾，都会特别提醒观众：收藏文玩有风险，出手需谨慎。

2.注重实地拍摄

《理财》栏目时常会组织、策划与文玩市场相关的活动，并对活动内容进行拍摄，同时，栏目也注重实地拍摄。以 2015 年 1 月 18 日的节目《绚丽文玩五彩玛瑙》为例，这是《理财》的周末版节目，周日 20:55 播出。这期节目在当下玛瑙市场越来越火，价格越来越贵的背景下，去探寻原产地玛瑙的真实行情。为此，《理财》栏目组远赴内蒙古阿拉善地区，进行实地调查与拍摄。北京石商、玛瑙爱好者、记者一起驱车到距离阿拉善 5 个小时车程的地方捡拾玛瑙（节目用字幕提示观众：未经许可，不得随意捡拾玛瑙）。节目则对这个活动的过程进行记录，并且跟拍玛瑙爱好者到当地牧民家里收玛瑙原石的过程。在收料的现场，节目中的两位玛瑙爱好者还在镜头前为观众讲解他们所收的原石后期可以雕琢成什么样的物件。随后，节目记录了回北京之

后,玛瑙爱好者根据所收原石做的设计,以及加工雕琢过程,并调查了北京市场上商户开出的价格。节目还跟随玛瑙爱好者到位于北京东五环外垡头桥的奇石市场进行拍摄,对比其与内蒙古阿拉善奇石市场的价格。在这个过程中,镜头前的奇石爱好者还根据北京奇石市场里的商品,向观众介绍不同的玛瑙品种,以及它们的特征。

3.节目情节设计特别

《理财》栏目在节目叙事上注重凸显人物特征,并设计相应的情节,这在一定程度上增强了节目的吸引力。以2015年1月13日的节目为例,节目就设计了摄制组陪热心观众小耿携带自己亲人凑钱为爷爷买的紫砂壶到江苏宜兴进行鉴定的过程。这期节目从开始就跟拍出镜记者范红军与热心观众小耿在高铁上的画面,记录范红军对小耿的提问,交代了节目背景。这样的情节设计,比传统的记者到紫砂壶市场进行采访、调查更有亲和力,情节上有悬念,同时也有人情味,而不是简单的商品特性、价格的介绍。随后,记者与热心观众小耿在宜兴找到了紫砂制壶名家曹安祥,请其帮助辨识壶的真假。编导在进行叙述时,也没有急于告诉观众答案,而是先把鉴定现场各方人士对于这把壶的用料等做了介绍,但到底是真是假,编导却卖了个关子。通过叙述上悬念的设置,吊着观众的胃口。之后,再接入曹安祥对这把壶的鉴定结果:"这把壶是高仿。"为了强调鉴定结果,曹安祥说出鉴定结果的镜头被接连使用了两次,以起到强调的效果。摄制组为了帮小耿完成送爷爷礼物的心愿,提示他说出了买这把高仿壶的缘由。之后,在曹安祥母亲的劝说下,曹安祥答应为小耿现做一把紫砂壶,并免费送给他。在这期间,摄制组走访了宜兴一些与紫砂壶历史、文化有关的地方,拍摄了制作手工紫砂壶、模具壶的过程。紫砂壶制作的现场,专家还拿了样品,教给观众如何来鉴别两种不同工艺的紫砂壶。

4.从观众的视角出发提问

作为《理财》栏目的观众,大部分人不可能是相关领域的专家,因而,当面对这些收藏品的时候,应该如何来鉴定、辨别其好坏、优劣呢?《理财》栏目组的记者在节目制作中,经常围绕这样的问题,对节目现场的专业人士提问,比如怎样鉴定紫砂壶,如何辨识玛瑙原料的好坏等。虽然对专业人士来说比较简单,但这些问题实际上也是普通观众想知道的。

5.节目选题源自北京,但采访延伸至京外

虽然《理财》栏目的节目选题主要来源于北京地区,但是,在前期拍摄的时候,节目组采访所到达的地方却不仅局限于北京。因为,以收藏为例来看,北京并不是很多藏品的直接生产地,而是一个集聚地、销售地,所以,当节目组需要了解这类藏品的生产供应情况、市场行情时,就需要离开北京到原产地进行采访。从这个角度看,节目焦点虽然在北京,但视野却覆盖全国。

总体上看,观众在看《理财》栏目的过程中,不仅可以看到有意思的故事情节,了解藏品的市场价格,还能通过记者、嘉宾之间围绕节目主题的讨论,学到与节目主题相关的知识。

北京电视台网站《理财》节目点击量情况

2013 年 9 月网站上点播 TOP9(按点击量排序)

我的琥珀我做主(上)

我的琥珀我做主(中)

察言观色辨别原石(上)

手腕上的财富(上)

珠串连连看之红木手串(下)

玛瑙新贵 战国红 察言观色辨原石(下)

文玩小核桃手中大乾坤(下)

珠串连连看之红木手串(上)

文玩小核桃手中大乾坤(中)

以往节目点播 TOP10

红木早市探行情

紫檀手串

黄花梨手串

淘宝三人行

沉香手串

南红手串珠

红木捡漏

水晶手串

热门理财产品全攻略

南红手串

(三)《理财》栏目存在的问题

虽然《理财》是北京电视台财经频道一档收视表现突出的栏目,但它也存在尚需解决的问题,如"理财"的栏目名称,以及其所属的财经频道都需要这档栏目成为传播"理财"知识,讲述理财故事,分享理财经验的栏目,但现实却是栏目将主要选题集中在收藏品市场领域。如果栏目要做到"名实相符",还需要将节目所涉及的题材进行扩展。

四、北京电视台财经频道《经济法眼》栏目的特征

(一)栏目概况

《经济法眼》是北京电视台财经频道开办的一档从法律角度报道、解读经济现象的专题栏目。该栏目是由北京电视台财经节目中心与北京市高级人民法院新闻宣传办公室、北京市人民检察院宣传中心合作完成的一档以经济、生活、商务领域典型案例分析、解读为主的法制经济类节目。节目的主要形态是举案说法,所举案例全部来源于百姓的经济生活。栏目的一个主要功能是通过剖析生动具体的经济案例,让百姓知法、守法、用法,以达到普及法律知识的目的。栏目秉持"任何社会现象都有经济背景,所有经济背景都有法理可循"的理念。

(二)《经济法眼》栏目的特征

1.注重从法律视角解读经济现象

2015 年 2 月 8 日的《经济法眼》片名为《儿媳的报复》,这期节目属于"法眼看剧"这个版块。节目故事情节由编剧完成,制作有导演和演员,虽然节目大部分的情节是在讲述一对小青年结婚后婆媳之间的关系不融洽,但随后延伸到房子的问题上。节目通过演员扮演,讲述婆婆从过世的第二任丈夫那里继承房产后,导致她与姐姐之间先前的赠与和借款问题变得白热化。最后由北京京润律师事务所张志同从法律角度对节目讲述的纠纷进行解释。他认为,老姐俩为了两笔款对簿公堂,那么在法律上,是如何来认定处理这两笔款项呢? 以前,姐姐看到妹妹生活困难,给予了很多的帮助,包括一些钱财和物品,那么,这种行为在法律上叫作赠与。赠与人给出的这些财产,它的所有权是从交付的时候进行转移。姐姐把这些财物交到妹妹手上的时候,这些财物就属于妹妹所有,没有法定的情形是不能够要回去的。所以,姐姐指出自己的妹妹隐瞒了自己得到价值百万的房产,还跟自己"装穷",所以,现在她要求把这个钱要回去,那么这种理由不属于法定可以撤销赠与的情形;对于另外一笔 100 万的债务,由于当时这 100 万是姐姐借给妹妹的,并且还有借条为证,它在法律上来说,就是债权债务关系。那么作为借款人,妹妹应当偿还相应的债务。虽然没有约定偿还的期限,但这不影响债务的成立,以及归还的义务存在。没有约定还款期限的,债权人可以随时要求债务的履行。如果逾期还不偿还的,债权人可以凭借当时的借条,以及取款的告知这些凭据,来向人民法院要求债务人及时归还相应的债务。

2.选题与民众的生活息息相关

《经济法眼》栏目的选题基本上是围绕老百姓在日常经济生活中有可能遇到的法律问题来展开的。节目通过故事化叙述手法,把涉及法律问题的经济现象以个案的形式展现在观众面前。如2015年2月3日"法眼看剧"版块的片名为《看好你的养老钱》。这期节目关注的是老年人养老钱被骗的社会现象,其中有短信诈骗,也有"朋友"给老年人下的套,让他们买理财产品,进而把他们的养老钱骗走的问题。这期节目把中国人民公安大学王大伟教授请到演播室,针对诈骗老年人的现象,他提醒大家:"现在骗中老年人的非常多,这叫街头诈骗案。爷爷好,奶奶好,出门捡个大元宝;钻石链、金手表,街头的骗术真不少。理财骗术恰恰是针对中老年人的诈骗里边的一个首选。理财产品很多,只要你不明白的,他(骗子)都可以骗你。他(骗子)往往是打着高额回报的诱饵。我们一般理财,一年有3%、5%回报就不错了,他(骗子)上来先说20%、25%,实际上你一听这个就应该知道它是一个骗局。他(骗子)会给你好多小恩小惠,比如说给你一些小礼物,甚至带你上哪玩玩,甚至还说过年过节给你免费体检。他(骗子)有很多个小招数,引着中老年人上钩,最后他(骗子)骗你一笔狠的。而且中老年人退休以后,形成一种亚文化,往往不听收音机里的,不看报纸上的,他就听隔壁老头、老太太的。这恰恰就是犯罪分子容易骗人的小招数。那么怎么办?我们跟普天下的人讲一句话:凡是便宜就是上当。人见利而不见害,鱼见食而不见钩。"

针对另外一种老年人容易遇上的街头骗术——碰瓷,这期节目的嘉宾王大伟教授也给观众们提了建议,告诉大家合适的处理方式。他说道,"碰瓷"是比较典型的一种骗术,就是过去人在车站码头,拿两瓶酒,从你旁边一过,那酒"啪"掉地上,讹上你了。这在我们的刑法中叫敲诈勒索罪。怎么应对这种情况?我们首先要知道,世界上有一种丑恶现象叫"碰瓷"。碰到这种情况怎么办?与此相关的就是我们要正确对待"箱子"。这个箱子学名叫"陌生包裹"。对待陌生包裹,我们从小受的教育是一定要把它打开,一定要看看里面是什么,然后再交给老师,得到表扬。这是我们传统的观念。而西方的观念则是:如果你看到一个陌生的包裹,不要触摸,保持镇静,赶快离开。所以,通过这个案子,教给我们的是,对待陌生包裹,要谨慎对待,千万不要去触碰和移动。

3.提醒观众面对、处理涉及违法的经济问题时应采取的策略与方法

《经济法眼》栏目不仅重视对涉及法律问题的经济现象进行个案式的叙述，同时在故事叙述的过程中或是相关故事结束之后，请专家对该现象进行分析，并针对该类情形，为观众提出相应的处理策略与具体应对方法。如2015年2月14日的节目《伸向单身女性的黑手》，内容是单身一人在外的女性，有可能遭遇抢劫、绑架，针对这类问题，专家提醒观众如何在面对突如其来的危险时保护自己的人身财产安全。

4.注重故事化叙述

《经济法眼》的每期节目都以故事的叙述为主，在讲述故事的同时，向观众传达应对这类问题的策略，或者是国家法律对这类问题的适用情况。如《伸向女性的黑手》这期节目，讲述了两个故事，都是与当下单身女性在外面临抢劫、绑架有关的。其中一个故事讲述的是在大街上，一个年轻姑娘正在打电话，一个男的趁其不备，从后面冲上来抢走了她正在使用的手机。她随即追了上去，当前面的抢劫者跑不动，停下来的时候，这个女孩追上了他。但让人没想到的是在面对路边围观的人群时，抢夺女孩手机的男的却把追上来的女孩叫做"老婆"，让她不要闹了，跟她回家，说"他错了"。女孩一下蒙了，但是面对周围的路人，她还是做了辩解。这时，围观的人群里有一对中年男女，帮助这个单身女孩，把那个男的赶跑了，并劝这个女孩坐他们的车回家。女孩没有戒备心地上了他们的车，上车之后，他们给她了一瓶矿泉水，让她喝。这时，女孩从车内的后视镜里观察到那男的眼神不对，这才警觉起来，没有马上喝那瓶水。之后，车门被司机锁上，车向前开了。女孩一直没有机会下车。好不容易等到那男的说要到加油站加油。这时，被绑架的女孩才找到机会，谎称自己肚子疼，要上厕所。下车之后，她马上向加油站的工作人员求援，说自己被人贩子绑架了。但那对中年男女仍然在众人面前演戏，称这位女孩是他们的妹妹，有精神问题，他们要带她回家。面对这样的情景，加油站的工作人员也不知所措。这时，女孩突然灵机一动，说车上的水有问题。于是，她拔腿跑过去迅速把水拿了过来，递给加油站的工作人员。但那对中年男女却辩称水没有问题。还好，加油站的小伙想到

让这对男女喝上一口,自证清白,他们立马傻眼了。此时,周围的人围了上去,把这对有问题的中年男女给摁住了。这期节目用这种扣人心弦的故事化叙事手法,把事件还原得有较强的吸引力和可视性。

(三)《经济法眼》栏目存在的问题

《经济法眼》是北京电视台财经频道一档以故事化叙事为主要手段,讲述经济领域法律问题的栏目。栏目具有较强的可视性与教育意义,但也存在一些尚待改进的问题,如节目为了吸引观众,片名常常表述得比较文学化,或者较为骇人,如《隧道里的生死时速》《永失我爱》《黄色诱惑》等。另外,《经济法眼》的小版块"法眼看剧"表演过于夸张,而且节目中并未说明编剧所写的这期节目的情节是否在现实中有原型。因而,节目中的一些情节看来比较离谱。当然,在"法眼看剧"的片尾字幕中,也会有相应的字幕提示观众:法眼看剧,纯属虚构,如有雷同,纯属巧合。

2013 年 9 月北京电视台网站上《经济法眼》栏目全部视频点播 TOP10

上学路上的绑架

百亿富豪离婚案

黄色诱惑

女明星难过感情关

永失我爱

导演鄢颇被砍

大兴灭门案(下)

侯门疑案(下)——侯耀文遗产案庭审全纪录

马琳离婚案落幕

扫黄风暴

2013 年 9 月北京电视台网站上《经济法眼》栏目每月点播 TOP10

偷玉的"海归"

4S 店藏獒伤人

"情圣"现形

笨贼一箩筐

离奇的死亡

危险的快递

广渠路车祸案

快递公司的"内鬼"

伸向"渐冻女"的黑手

奇怪的卖房协议

第三章

评论类电视财经栏目的典型案例及特征

在当下的传播生态中,媒体要做独家新闻越来越难,要做到"独家",往往只能在观点上下功夫,因而,新闻评论越来越成为媒体内容的重要构成部分。所谓新闻评论指配合新近发生的新闻而发表的评论,简明扼要地分析其发生的原因、影响、事件的性质。[①]

经济评论则是媒体对经济生活和经济工作中的现象、问题所发表的评论和言论,包括本国乃至世界范围的社会经济发展状况,如生产、流通、分配、消费、市场等,也包括基础设施建设、工农业生产、财政金融、招商引资、内外贸易、交通运输、服务业等。相比较于新闻报道主要对事实进行客观报道不同,新闻评论主要是"做观点"。鉴于"做观点"越来越成为财经媒体核心竞争力之所在,除了约请和采访各方面的专家之外,很多媒体还专门设置了"首席评论员""主笔"等职衔[②],以强化在相关领域的评论。电视经济评论是指电视媒体采用电视化的形式,针对有关新近(或正在)发生的经济事件、政策、趋势、现象中重大的或有典型意义的新闻事件与问题所发表的评论,表明电视台对经济领域新闻事实的立场、观点,它是在经济领域引导社会舆论、指导生活与工作的重要手段。

就国内各家电视台播出的评论类电视经济栏目而言,北京电视台财经

① 李良荣.新闻学概论[M].上海:复旦大学出版社,2014:134.
② 贺宛男.财经报道概论[M].上海:复旦大学出版社,2012:35.

频道的《天下财经》与第一财经频道播出的《今日股市》《谈股论金》栏目有一定的代表性。本书的这一部分将对这三档栏目的形态与内容特征进行分析。

一、北京电视台财经频道《天下财经》栏目的特征

《天下财经》是由北京电视台财经频道开办的一档专业性较强的栏目,在演播室内录制,以股市的分析、预判为内容,周一至周五18:15—18:55播出。

虽然栏目的定位是财经资讯栏目,但《天下财经》实际上是以观点性的内容为主体的。栏目作为北京地区唯一一档以资本市场为关注主体的栏目,融合了财经资讯、股市分析与投资参考为一体。该栏目力图"以最快的节奏和最权威的分析,为观众提供及时的国内外重要财经资讯,为投资者提供快捷的信息服务,充分反映资本市场和世界经济的发展状况"。但实际上栏目主要关注的是国内的股票市场,在每天股市收盘之后进行播出,对于股民的投资行为来说,观看这档栏目的价值主要是有助于对股市今后的走向进行分析判断。

《天下财经》是北京电视台财经频道的一档标配栏目,是作为财经频道的重要标志与象征存在的。虽然与《理财》《财富故事》《经济法眼》这样的专题栏目相比,收视率不算高,但根据北京电视台财经节目中心相关领导及其栏目制片人的介绍,这档栏目在2014年7月的网络点击量达到27万次,位列财经频道各栏目之首。为什么这样一档财经类栏目的网络点击量会在整个频道当中处于高位呢? 下面将对这档专业的财经栏目的特征进行总结,这些特征也许能在一定程度上对上述疑问作出回应。

1. 栏目的宗旨

《天下财经》的宗旨是"以最快的节奏和最权威的分析,为观众提供及时的国内外重要财经资讯,为投资者提供快捷的信息服务,充分反映资本市场和世界经济的发展状况"。作为日播栏目,节目内容主要是在整体梳理当日股市变动的基础上,对近期股市表现进行分析、解读,对股市未来的宏观发

展趋势进行分析、判断。

2.栏目的内容特征

电视的传播优势是"走出去",即电视与其他信息传播方式相比,它能够记录鲜活的现场、声画同步的事件发展过程,而不是在室内苦思冥想。电视能够延伸我们的视觉、听觉,让观众足不出户就可以看到、听到远方的景象,了解事件发展的过程。但《天下财经》这个栏目则是在演播室里录制完成的,栏目的传播优势在其内容上而不是传播形式上,即每期节目由嘉宾提供的对于股市发展的评价和预判,以及成功的投资者与观众分享投资经验。

《天下财经》由若干小版块构成,包括当日市场(归总当天股市行情)、资金动向龙虎榜(包括当日资金净流入、净流出的前五位、个股近五日资金流入排名前五位、个股近五日资金流出排名前五位)、个股揭秘、请您操盘、投资者说(请在股票市场上取得成功的人士讲解其投资策略与方法)等。以个股揭秘这个版块为例,栏目每期节目选择若干走势比较抢眼的股票,通过演播室大屏幕展现其股价变化,由主持人向现场嘉宾提问,请他们就个股的表现进行分析。以2014年8月22日节目播出的"个股揭秘"这个版块为例来看,分析由京放投顾的张利播讲,揭秘的是人民网(603000)缘何持续大涨,为什么该股票会出现5天3个涨停的情况。嘉宾张利解释,这源于一个利好消息,具体来说,消息面:周一(2014年8月18日)中央审议通过了《关于推动传统媒体和新媒体融合发展的指导意见》。该《意见》出台的规格很高,强调要着力打造一批形态多样、手段先进、具有竞争力的新型主流媒体,建成几家拥有强大实力和传播力、公信力、影响力的新型媒体集团。张利认为具有国资背景的媒体往往实力强大,其中人民网无疑是最有代表性的。这只股票是中央级的媒体机构,实力很强大,并涉及新媒体领域,另外也有持续外延整合的可能,比如已经进入了彩票领域。所以,人民网这只个股是最受益于这个消息刺激的。因而,从当周看,人民网是领涨传媒板块的。

2014年8月22日节目"个股揭秘"的第二只股票是西藏旅游(600749),这只股价连涨,创两年新高。节目播出中出现的栏目标题为:股价创两年新高,西藏旅游背后有何独特优势?嘉宾张利分析,该股近期的表现与消息面有关。消息面：2014 年 8 月 21 日，国务院下发《关于促进旅游业改革发展的若干意见》，对该股构成利好。公司拥有西藏自治区四个国家公园中的两个，包括雅鲁藏布大峡谷景区和阿里神山圣湖旅游区。该股是西藏旅游业的龙头个股，当然，该股的持续上涨，张利认为还有更深层次的原因，那就是 2011 年 4 月 28 日，公司以 14.5 元定增 2 413 万股，募资不超过 3.5 亿元，投资于西藏阿里神山圣湖旅游区一期工程。当年中报披露，景区一期已建成投入运营。但定增股票自解禁后到现在两年多股价一直低于增发价。随着景区的投入营运，公司的基本面转好，市场也存在着股价向定增价回归的预期。他认为这是股价近期上涨的一个内在的原因。当然，该公司也有一个看点，就是公司的总股本只有 1.89 亿股，股权分散，第一大股东持股比例仅 16.72％，存在并购预期。另外，由于该股股价不高，市值比较小，是存在并购预期的个股，一旦股市走出上升趋势，也往往能够走出一波中线的上升行情。从该股近两年的走势上看，经过低位整理之后，目前股价已经突破了长达两年的颈线位。节目中配合使用西藏旅游周 K 线图的画面。此时，节目标题为"西藏旅游：中长期上涨空间打开 逢低关注"。张利提醒投资人，由于该股短期涨势比较急，建议投资人可以等该股回落调整企稳的时候，再逢低进行关注。

《天下财经》栏目周五播出的节目中有一个版块名为"本周看图解盘"，由金梓播讲。以 2014 年 8 月 26 日的本周看图解盘为例，金梓先后就本周最抢眼港口股——营口港、本周最牛板块——教育传媒板块进行分析，并对教育传媒板块缘何集体抱团大涨，创业板连续大涨后如何选择方向等问题进行分析解读。

从节目播出情况来看，《天下财经》节目作为北京电视台唯一一档证券类节目，一直以来，都是周一至周五证券市场交易时间播出，每周周末是金融市场、资本市场的总结时间。但考虑到观众对于周末时段的财经节目也有着较强的收视需求，为此，《天下财经》在 2007 年增加周六的播出。由于周一至周五是市场的交易时间，因此这几天的节目内容主要以交易信息为主，周六节目以总结当周的国际国内金融市场、资本市场、商品市场为主要内容，深度挖掘，全面报道，为观众提供相关的评论。

3.栏目的形式特征

北京电视台《天下财经》节目的内容是在演播室内录制的,主要内容是主持人就如何在股市中进行成功操作与嘉宾问答交流,并请嘉宾介绍自己的成功投资经验。节目形式是演播室内主持人与嘉宾互动,看图解盘。作为一档在节目形态上没有特别之处的电视财经栏目,北京电视台《天下财经》为什么在网上点击量还不错呢?关键还在于节目内容的实用性。

每期《天下财经》都会把嘉宾请到演播室与主持人交流,针对近期股市情况发表自己的观点,节目表现为资讯与评论相结合的形式,语言较为口语化,期间有大量主持人代表投资者对演播室嘉宾、成功投资者提问。除此之外,演播室还把关注股市的有代表性网友的问题引入演播室,请专业人士解答。嘉宾的解盘、投资建议都是以观众的需求为出发点的,对投资者来说,具有较强的参考价值。以 2014 年 8 月 26 日的节目为例,现场请到三位嘉宾:郭海阳(中信建投证券高级投资顾问)、曲星海(广州证券投资顾问)、刘俊峰(中原证券北京广安门大街营业部)。主持人与三位嘉宾互动,请他们帮助解读、分析股市表现。对于参加"请你操盘"板块中选手的表现,这三位嘉宾也帮助观众进行解读、评析。如当天节目中的一个环节是"选手重仓持有浙报传媒 为何今日坚决加仓?"对于这一现象,就是由现场的一位嘉宾解读分析的。

《天下财经》栏目还推出"请您操盘"的大赛,并对此进行跟踪报道。通过栏目组织的这一活动,观众可以学习股民中成功者的投资理念、方法,吸取失误的教训,关注他们的重仓个股。很多股民都认为这一活动对个股操作很有价值。活动根据参赛选手的收益率进行排行,构建排行榜。

在节目播出过程中,观众如有疑问,可以通过栏目留给观众的手机号发送短信与栏目沟通。观众还可以通过扫描二维码,加入栏目的微信群,参与节目互动。例如,2014 年 8 月 26 日的节目,屏幕底端是由演播室探讨的话题、当日各只股票的涨跌情况,以及栏目与微信、博友之间的互动构成的。

4.《天下财经》的节目视角

通过对节目内容与节目形式的分析,我们不难看出,《天下财经》是一档意识形态色彩相对较淡,传播语态更具有对话特点的栏目,主要为股市投资者服务,以潜在股市投资者的视角为节目视角。节目并非以说教者的身份出现,而是站在投资者的角度,充当股票市场投资者的参谋,把有成功实际操作经验的投资者请到演播室,给观众介绍他们在股票市场上的投资理念与技巧。每期节目请到演播室的嘉宾基本上都是股票证券领域的专业人士,他们会给投资者未来的投资行为提供一些建议和投资策略。另外,栏目还组织股民见面会,或者通过微信请专业人士为股民做分析和预测。2014年 8 月 26 日的节目中,微信用户"善若水"就提出问题:老师您好! 请您揭秘中国宝安(000009)为什么会有四个涨停板,是什么原因让它有这么大的涨幅,后市如何分析? 栏目请到的专业人士京放投资顾问乐强对这一问题进行了解答,分析中国宝安的背景,包括其前身、现在的收入构成等,解答观众的提问。

　　总体上看,《天下财经》这样的栏目是专门针对股民制作的,其中涉及一些专业术语或者行话,所以,它不是面向非股民的一般大众传播。它的收视率也必然会受到其栏目定位的影响,但节目内容的相对专业性以及为股民投资服务的聚焦点,则会提高节目对于已有观众的黏性。

《天下财经》节目案例：2014 年 9 月 1 日

　　节目首先进入演播室,主持人介绍当天两市(沪市、深市)的情况。上证综合指数、深证成指、中小板指数、创业板指数情况,这些是关于大盘的情况。之后是关于上海、深圳两市上涨家数、平盘家数、下跌家数的统计数据。接下来由中方信富投资顾问罗晨宇介绍当天市场的资金流向,他根据 E 融财经终端的数据,介绍了当天市场上资金流入最多前三位的行业板块、净流入量以及连续流入时间。之后是资金流出最多的三个行业板块,以及个股近 5 日资金流入最多的前五位,净流出排名前五位的个股。

　　当天的节目把"请您操盘"月度冠军、四位实战高手请到演播室,节目请这几位股市投资实战高手介绍他们的成功经验,预判 9 月份的市场发展状况。

　　本期节目也介绍,在北京电视台财经频道组织的"请您操盘"大型公益活动中,8月份有3 000多名参赛选手,其中,正收益的选手占71.6%,负收益的选手占20.5%,零收益的选手占7.9%。

"请你操盘"请8月份月度冠军分享成功秘诀,他告诉观众,为了抓住热点,他每天会研读对股价有利好的上市公司的公报,从中再去挖掘一些公司的基本面,对于一些新兴的行业、高科技的,同时股价也不太高的公司,他会把它们列入可以买入的范围。对于表现比较弱的股票,他也会及时处理,避免亏损扩大。(标题为:月度冠军常海中一个月收益38%的秘诀是什么?)

主持人金梓对请到演播室的其他四位嘉宾的操作情况进行点评,并对他们提问。

这期节目请上述5位嘉宾对9月份的行情进行预测,发表他们的观点。但节目中并没有向观众具体推荐某只股票,而主要是方向性的投资建议。

节目接近尾声,主持人强调,嘉宾的观点只代表他们个人的观点,并不能作为买卖股票的唯一依据。节目也打出字幕,提醒观众:嘉宾观点,仅供参考。

总体上看,《天下财经》这档栏目的内容,主要还是以观点为主,而非以资讯为主。

二、第一财经频道《今日股市》栏目的特征

第一财经的《今日股市》是一档演播室节目,播出时间为交易日的18:00,每期节目时长60分钟。这档栏目是上海最受欢迎的证券节目之一,收视率居第一财经电视频道首位。

《今日股市》栏目旨在倡导"把握趋势、理性投资",针对市场的参与主体选用券商、机构和散户的观点供投资者参考。

栏目分为"股市评述""市场声音""券商机构看市""深圳演播室""B股时间"五个部分。

《今日股市》节目的形态是演播室内,主持人与四位嘉宾围绕近期股市

《今日股市》演播室录制现场

表现及未来股市走向,以问答形式推动节目进程。节目主要内容就是嘉宾发表对于股市变动的个人观点与判断。除了在演播室发表意见,嘉宾还会带上能够体现股市近期走势的相关图表,通过演播室大屏与观众分享,同时也作为自己观点的支撑材料。

节目的主要内容是嘉宾对近期股市表现的评价与预判。节目会配合使用与所谈内容相关的数据图表,如上证指数日 K 线、上证指数 60 分钟 K 线、创业板指日 K 线等。主持人会请嘉宾结合当前的市场情况,为投资者提供一些投资策略与建议。节目也会结合图表,向观众介绍当日主力资金净流出靠前的板块,以及"明日可申购新股"。栏目还设有微信调查版块,收集观众对于当天节目所设置问题的回答情况。通过微信公众平台,观众可以对节目设置的论题进行投票,在当期节目接近尾声时,主持人会对当日论题的网络投票情况进行公布。

三、第一财经频道《谈股论金》栏目的特征

第一财经频道《谈股论金》是一档日播的、演播室直播的、市场投资者参与的谈话类互动股评节目,交易日的 19:00 首播,节目时长 60 分钟。周日则

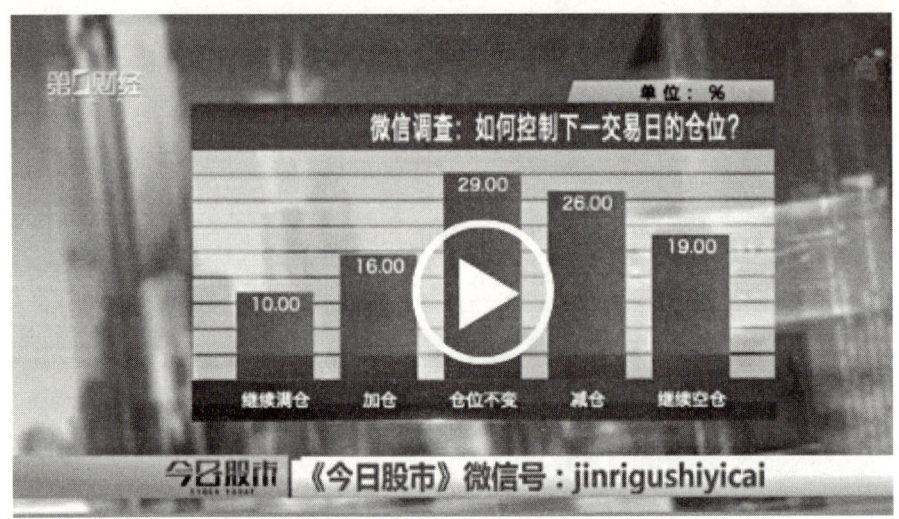

2017年5月26日《今日股市》关于如何控制下一交易日仓位的微信调查结果

是18:00开始的周末版节目。

从节目形态上看,《谈股论金》与《今日股市》存在相似之处,二者都是演播室制作的评论类节目。演播室内,主持人向到场的嘉宾提问,请他们在股市投资方面提供自己的建议、观点,但这并不是一个荐股类的栏目,嘉宾、主持人给出的建议更多是投资策略方面的,而非具体地向观众推荐某只股票。节目借助互联网和短信,使"互动"成为该档栏目重要的表述方式。

《谈股论金》的节目内容主要是围绕当日股市表现,在主持人的引导下,由嘉宾展开评论,发表个人的观点。结合近期股市表现及未来走势,主持人向三位现场嘉宾提出问题,请嘉宾发表自己的观点,演播室则配合使用大屏幕展现相关的数据图表。节目的内容主要以观点类的信息为主,围绕同样的问题,现场的嘉宾可以给出不同的判断。在节目中,嘉宾也会与观众分享自己的投资理念与方法。除了在演播室发表观点之外,嘉宾还会带一些与当期节目主题相关的图表到演播室,与观众分享,并佐证自己的观点和判断。嘉宾之间可以在演播室表达自己对对方观点的不认同,并进行相应的说明、论证。

《谈股论金》的节目版块设置包括:今日市场热点(主要是近期市场上消息面的情况汇编,包括上证综指、创业板指等情况)、大盘述评、板块掘金、股市聊聊吧、微信连连看、明日抢先报、有看投来了。

在演播室内嘉宾发表完意见之后，节目通过电话连线，提供场外嘉宾的观点。在节目进行中，栏目还通过字幕，不断提醒观众：节目嘉宾言论仅供参考，不代表第一财经观点。

《谈股论金》栏目除了分享嘉宾的观点之外，还注重传播与股票市场相关的知识，如"股市聊聊吧"版块就主要发挥这方面的功能。

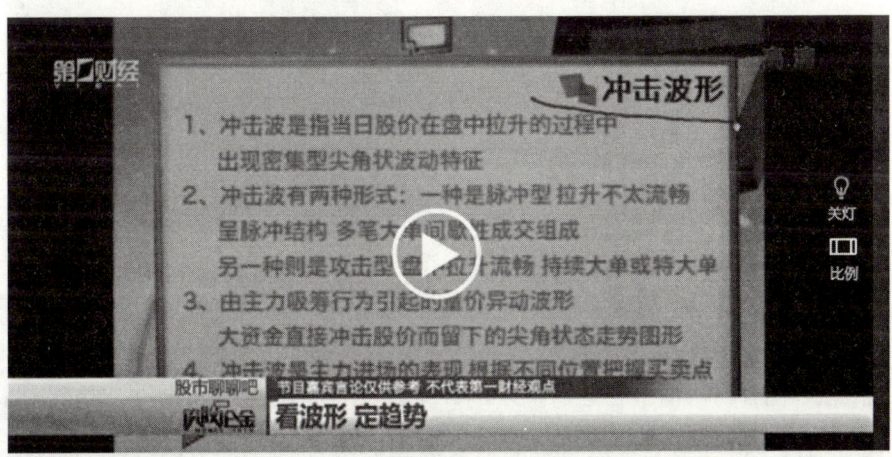

"股市聊聊吧"版块

与《今日股市》相似，《谈股论金》栏目也会通过微信来调查观众对于股市的观点，并在"微信连连看"版块公布当天节目的调查结果，并且播出微信上有代表性的观点。

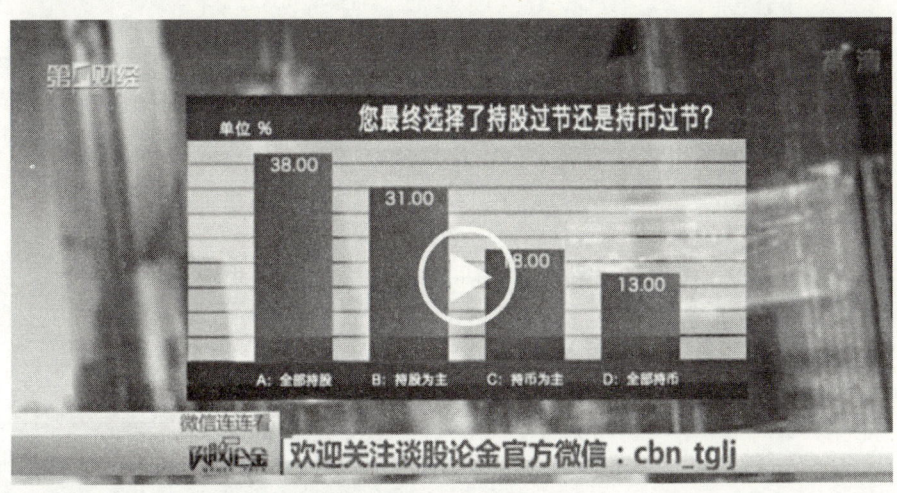

2017 年 5 月 26 日《谈股论金》微信调查结果

2017 年《谈股论金》与微信朋友的互动

对《谈股论金》节目感兴趣的观众可以在一财网上看到节目的直播以及往期节目的视频,但节目之后网友的评论却非常有限。由此看出,围绕节目内容与网友的互动是该栏目日后需要加强的地方,也是扩大节目影响力的重要着眼点。另外,观众可以通过添加栏目的官方微信 cbn_tglj,注册成为会员,获取更多与股市操作相关的知识、信息和资源。

第四章

深度报道类电视财经栏目的代表及特征

　　随着时代的发展，受众对经济报道的需求发生了很大的变化。他们已不满足对经济现象或经济活动过程的浅层次了解，不仅需要了解经济生活中"发生了什么"，还希望知道这类经济现象、经济问题是"怎样发生""为什么发生""将会怎样"等深层次的问题。从新闻要素的角度来讲，这样的需求变化需要新闻记者强化对 WHY 与 HOW 的报道、分析，而这正是深度报道的用武之地。

　　深度报道是抓住令公众关心的重大新闻事件、社会现象，以大量背景材料来揭示其发生的原因，分析其利弊得失、是非曲直的新闻报道类别。[①]

　　深度经济报道不是仅仅停留在传递某一经济事件、现象的表层信息，更要透析现象表面下所蕴藏的信息，分析原因，预测走势，让受众对经济事件的深层社会意义有所了解。[②] 深度经济报道对记者、编辑的采编提出了比一般消息报道更高的要求，它要求从事相关报道的新闻工作者以调查、理性分析的方式从事新闻报道。

　　近些年来，伴随着中国政治、经济的改革发展，中国的经济类媒体也随之蓬勃发展。在电视媒体领域，部分知名经济栏目也一直在坚持摄制高质量的经济深度报道节目，其节目质量也呈现不断提升的态势。在国内的电

---

① 李良荣.新闻学概论[M].上海:复旦大学出版社,2014:135.
② 孙凤毅.电视经济新闻[M].北京:中国传媒大学出版社,2008:142.

视财经栏目中,谈及专事深度报道并为业内人士与观众所熟知的是央视财经频道的《经济半小时》与《中国财经报道》两个知名栏目。

一、央视财经频道《经济半小时》栏目的发展历程及特征

(一)栏目发展历程

《经济半小时》栏目是中央电视台于 1989 年 12 月 18 日开播的一档经济栏目,每期节目时长 30 分钟,属于电视深度报道的范畴。在《经济半小时》开播之前,中国电视经济节目已经经历了一个初期的发展过程,《经济半小时》就是在这个基础上诞生的。

1984 年,为适应我国经济体制改革在城市全面展开的形势,中央电视台成立了"经济部"。经济部的工作方针是:开发信息资源,服务"四化"建设。经济宣传以介绍国内外经济、科技发展动态、经验、行情以及传递信息为主体,提供各类社会服务。

1985 年 1 月 1 日,由中央电视台经济部主办的《经济生活》栏目开播。这是中央电视台发展史上第一个以经济宣传为主要内容的专栏节目。它的诞生,打破了中央电视台没有经济性专栏节目的历史。随着创作群体的成熟,《经济生活》栏目在内容和形式上都有了改进和提高,到 1987 年,原《经济生活》栏目被《综合经济信息》取代,栏目的播出时间也由过去的每天十几分钟扩展为每天播出 40 分钟。

1989 年 12 月 18 日,中央电视台对经济节目的内容和形式进行调整,把原来每天 40 分钟的《综合经济信息》节目改名为每天 30 分钟的《经济半小时》,并将其作为中央电视台直接进行经济宣传的窗口。《经济半小时》栏目的宗旨是"紧紧围绕国家经济建设这个中心,宣传党和国家的经济方针、政策,表彰国内经济领域各行各业的先进人物;介绍先进的经营管理和致富经验;传播海内外各类经济信息;沟通产供销渠道,为繁荣我国社会主义商品经济服务,为广大消费者服务。"

《经济半小时》最初由若干小栏目构成,它们是:《经济信息》(每天都

有)、《桥》(周一)、《消费者之友》(周二)、《看市场》(周三、周四)、《经济博览》(周三、周日)、《开眼界》(周四)、《世界经济窗口》(周四)、《七十二行》(周五)、《经济透视》(周六),后来又增加了《祝您致富》《警示钟》《新书架》。《经济半小时》较早采用节目主持人对话串场的演播方式,从而缩短了它与观众的心理距离,开创了一种亲切自然的节目风格。这个栏目开播后,很快受到观众肯定,节目质量也在不断提高。到 1990 年 6 月下旬,全国有 1 400 多个县、市收看《经济半小时》。据统计,《经济半小时》开播仅六个月,收视率就在中央电视台第二套节目中跃居第二位。1989 年 12 月至 1992 年 8 月不到三年的时间里,《经济半小时》播出了许多优秀节目,从而奠定了这个栏目在社会上的地位。这些节目包括:《中国质量万里行》、《"3·15 国际维护消费者权益日"消费者之友晚会》、《架金桥 觅知音》、《话说老字号》(记者:王甫、王雪莲等)、《诱人的广告背后》(记者:汪文斌等)、《商战》(记者:汪文斌等)、21 集系列节目《八面来风》和百余集专题系列节目《改革特写》、《七十二行展播》等。① 其中,六集电视专题片《商战》曾获 1991 年全国电视优秀新闻评比一等奖,这是一部全面、客观反映中国商界深化经济体制改革,展开社会主义市场竞争的系列专题片。它把郑州股份制集体企业亚细亚商场,与其他五大国营商场之间的明争暗斗、扑朔迷离的情景,真实而生动地展示给观众,受到中央领导的好评。

《经济半小时》在打击假冒伪劣产品活动方面也做出不少努力。制售假冒伪劣产品已成为经济建设中的毒瘤,它严重损害了广大企业尤其是消费者的利益,污染了经济环境,危害了市场秩序和社会的稳定。为此,中央电视台经济部按照国务院领导的指示精神,在有关部门的配合下,于 1992 年初组成中国质量万里行采访组,挥师南下,途经八省市,行程万里。在近 40 天的时间里,拍摄了 57 期新闻专题节目,共计 250 分钟。党中央和国务院领导同志高度赞扬和肯定了中央电视台质量万里行的采访活动。朱镕基副总理在一次讲话时曾引用《中国质量万里行》节目中的一句话说:"质量万里行要天天行。"由于表现突出,《中国质量万里行》特别节目获 1992 年度全国电视

---

① 赵化勇.中央电视台发展史(1958—1997)[M].北京:中国广播电视出版社,2008:151-152.

社教节目经济类评比特别奖。①

为维护消费者权益，《经济半小时》自 1991 年起，连续举办《"3·15 国际维护消费者权益日"消费者之友晚会》。晚会采取现场直播的形式，并在现场开通了大量热线电话，从而保证了栏目组人员与观众的交流，加强了节目的现场感和真实感。这一节目注重倾听消费者的呼声，针砭时弊，将假冒伪劣产品曝光于世。

由于在经济报道领域的出色表现，1990 至 1992 年《经济半小时》连续三年被评为全国优秀栏目，并得到了经济界人士、新闻界同仁、影视界专家学者的高度评价。有关评论认为，《经济半小时》开拓了电视经济宣传的新思路，是一个开拓性、创新性的栏目，是对如何搞好经济宣传的成功探索。

1995 年年底，中央电视台明确提出，改版第二套节目，使之成为以经济为主的综合频道。改版后的第二套节目将以突出经济特色为宗旨，由财经报道、经济评论、经济服务等囊括经济生活各方面的内容和节目样式构成。

1996 年，中央电视台完成对《经济半小时》栏目的改版，改版后的《经济半小时》在内容方面，突出在权威性、重大性基础上强调选题的平民化，强调大众意识，并要求直接介入经济生活，而不能袖手旁观，冷眼以待；要真实地记录下我国由计划经济向市场经济转型时期，人们生活中发生的各种变化、各种现象、各种问题、各种冲突以及各种解决问题的探索和方法。在形式上，改版后的《经济半小时》进一步完善了电视化的表现手段，将经济类电视新闻深度报道做得更为成熟。

纵观《经济半小时》的发展历程，其报道领域呈现出阶段性变化的特征。1989—1996 年，栏目偏重与经济、市场、工作、生活、消费有关的各种题材，栏目设置有较强的主观性和计划性，与市场领域对口；1996—1999 年，偏重重大经济题材，专业性较强，选题的重大性被放在首位；1999 年至今，栏目更加关注民生领域的调查类报道以及关系人民切身利益的话题。栏目选取当下人们最关心的事件或当天最重大的话题进行深度报道，解读、反映社会问

---

① 赵化勇.中央电视台发展史(1958—1997)[M].北京:中国广播电视出版社,2008:153.

题,选择标准:多元化,兼顾批判、启蒙、守望、预警作用。① 就当下来看,《经济半小时》的栏目选题主要是突出重大经济问题、贴近性较强的经济问题以及经济视角下的社会问题。同时,《经济半小时》也不再单纯地关注经济发展问题,栏目的一些选题侧重关注社会经济发展中带来的负面问题,如工业发展与环境污染、生态破坏等问题。

　　《经济半小时》栏目创办之初,市场经济在中国还未发展起来,经济信息本身是观众需求的最主要内容。因此,在最初的几年里,《经济半小时》的报道领域主要集中在经济信息本身。当时电视经济报道的指导思想,总体上还是以信息传递为核心,无论这种信息是政策、事迹、典型人物,还是会议思想、知识或者其他实用信息,其核心的指导思想是自上而下的宣传,服务意识弱,相关内容比重相对较小。经过 10 年的改革开放,尤其是 1992 年之后,随着市场经济在中国的逐步确立以及媒介的迅速丰富,经济信息对于媒介受众而言,不再是稀缺资源,公众获得经济信息的渠道越来越多。而与此同时,媒介间竞争日趋激烈,为了重新吸引流失的注意力,《经济半小时》在此后的一个阶段,注重在经济领域里抓取能充分引起各方关注的重大话题进行系列报道。经济政策、经济趋势、经济问题、经济人物等,在"重大"和"显著性"标准的指导下,成为《经济半小时》栏目不断重复的报道领域。1996 年之后,观众的细分使电视经济节目从此走上专门化、专业化的道路。中央电视台二套节目改版为以经济节目为主的频道之后,随着《经济半小时》栏目的功能分化,《经济半小时》的报道领域转为与公众利益相关的新闻。②

　　2000 年以后,《经济半小时》明显加大了舆论监督的成分和力度,设立了"今日头条""个案追踪""上市公司调查"等固定的版块。曾担任过《经济半小时》制片人的张欣在评价当时的《经济半小时》时说:"《经济半小时》最大的骄傲就是可以发现许多冰点问题,并使之成为社会的热点问题。这也可以理解为引导舆论,甚至是制造舆论……当时的专题节目,选题较大……也

①　雷蔚真.名牌栏目的策略与衍变:《经济半小时》透析报告[M].北京:中国人民大学出版社,2005:6.

②　同上书,16.

是为了达到推动制度建设的目的。"①

2002 年后,《经济半小时》开始对新闻进行深度分析,提出"创造当日需求"的口号,每天"做透一条",进行一番有深度、有评论、有多元观点的报道。此时《经济半小时》开始进一步发挥舆论监督的功能,但不是仅仅对问题进行简单的揭露或曝光,更多的是反映各方面的声音。2003 年下半年,《经济半小时》明确提出了"我们关注公众利益"的价值观,着眼于事件背后制度层面深层次原因的探讨。正是这种多角度、全面的声音和观察视点,使得《经济半小时》的舆论监督不仅仅局限于鞭挞假、丑、恶,弘扬真、善、美,而是关注社会冰点、解读社会热点,引发社会思考。这种批判性的角色可能更能完整地反映事实的全貌,认真负责地实现其舆论监督的功能。②

媒体干预社会进程的正面作用在于:搭建信息的平台,架设沟通的桥梁,促进社会进步和制度完善。在《经济半小时》栏目的发展历程中,其通过经济领域的报道,促进了相关制度的建设。《经济半小时》栏目以前并没有明确本栏目新闻的社会功能,做的仅仅是如实记录,通过多年的调整,栏目找到了守望社会主义市场经济的新功能定位。这种功能的发挥是长期的过程,并不是为了刻意地去营造一种社会舆论,比如,对于产品召回制度的建设,几年间《经济半小时》共报道了五六次相关话题,比如作为充电器的召回、三菱车的召回等,最终促成了中国召回制度的确立。通过这些报道,还扭转了部分政府主管部门同志的观念。③

促进制度建设的另外一个重要方面是推进社会主义法制建设。"中国质量万里行"直接推动了两部法规的出台,一个是《中华人民共和国产品质量法》,一个是《中华人民共和国消费者权益保护法》。这两部法规的出台填补了我国在经济领域的法律缺席,不但明文规定了生产者应对产品质量负有的责任,规范了在社会主义市场经济链条中至关重要的生产环节,而且第一次将消费者的权利写入中国的法律,进一步解决了销售和使用产品中可

①② 雷蔚真. 名牌栏目的策略与衍变:《经济半小时》透析报告[M]. 北京:中国人民大学出版社,2005:16.
③ 同上书,18.

能出现的问题。①

(二)《经济半小时》栏目的特征

1.栏目定位:做"市场经济守望者"

电视栏目定位是一种战略目标选择,这种目标的制定和选择建立在对时代背景、生存环境以及栏目所要实现的社会职能进行科学分析的基础之上。② 对于电视栏目来说,栏目定位具有方向性、战略性的意义,它是栏目的立足之本。一般来讲,栏目定位应该包含以下几个方面的内容:认定该栏目的受众对象和范围,即栏目的受众定位;阐明该栏目的本体属性,也就是栏目功能上的定位;确定栏目的内容,明确栏目报道的领域和范围,即栏目的内容定位。③

《经济半小时》自创办以来,一直坚持着自己的核心理念,即保持对中国经济生活的高度关注,坚持以经济视角去记录和报道中国经济领域的问题、现象;配合政府做好经济建设和经济管理,扮演紧密配合、协同作战的角色,做"市场经济守望者";坚持经济特色,在满足观众对经济信息、经济现象、政策解读等方面做出坚持不懈的努力。以上内容既是对《经济半小时》栏目核心理念的表述,同时也是对栏目定位的概括。

2.报道视角:聚焦当前国内热点新闻,用大经济的视角选择选题

央视财经频道是作为国家电视台的一个开路频道面向全国观众传播的,所以其传播对象是全国范围的普通大众,而不是专门为财经界人士打造的小众化专业频道。《经济半小时》作为财经频道的一个重要栏目,并不是做专业的财经报道,而是采用"大经济的视角"关注社会热点问题,如自然灾难、就业问题、农村致富等社会现象与问题。这样的策略,让财经频道在重大新闻事件中做到不缺位,同时,报道视角的选择、解读角度的选择也使栏

---

① 雷蔚真.名牌栏目的策略与衍变:《经济半小时》透析报告[M].北京:中国人民大学出版社,2005:18.

② 冷冶夫,张亚平.21世纪的电视经营理念[M].北京:长征出版社,2002:237.

③ 徐龙河,张蕴.谈电视经济栏目的定位、定量与定式[J].电视研究,1998(5):17-18.

目与其他频道的新闻报道相区别,充分体现报道的经济特色。

3.报道形式:用系列报道、连续报道做透相关选题

在坚持电视深度报道基本形态的同时,对于一些社会热点、焦点问题,《经济半小时》常围绕相关报道主题,采用系列报道、连续报道的形式,把与经济相关的某一类问题做深、做透。当然,这些问题主要是与民众日常经济生活密切相关的内容。从2013年8月、9月、10月三个月的播出节目中,我们不难看出,系列报道与连续报道已经成为《经济半小时》时常采用的报道方式,使用频率颇高。

以2013年8月至10月的节目为例,其采用系列报道或连续报道的内容就包括:

贫困生上大学的选题

2013年8月3日　贫困生的大学梦(一)

2013年8月4日　贫困生的大学梦(二)

弱势群体劳动、生活方面的选题

2013年8月6日　走进高温里的棚户区

2013年8月7日　走进高温下的劳动者

国内产能过剩的选题

2013年8月13日　"超编"的水泥军团

2013年8月14日　变形的钢铁

2013年8月15日　唐山:一亿吨钢铁的忧愁

2013年8月16日　电缆过剩"李鬼"横行

东北洪灾的选题

2013年8月20日　抢险黑龙江

2013年8月21日　洪灾中的紧急营救

2013 年 8 月 22 日 　万人死守龙江大堤

棚户区改造与百姓住房的选题

2013 年 8 月 23 日 　蜗居里的搬迁梦

2013 年 8 月 24 日 　梦想照进民主路

2013 年 8 月 25 日 　闹市蜗居的最后岁月

2013 年 8 月 26 日 　探访南昌棚户区

2013 年 8 月 27 日 　棚户区的新房梦

2013 年 8 月 28 日 　酸甜苦辣的棚户区

电子商务的选题

2013 年 9 月 2 日 　指尖上的商机(一)商机无限

2013 年 9 月 3 日 　指尖上的商机(二)掘金之路

2013 年 9 月 4 日 　指尖上的商机(三)追逐梦想

2013 年 9 月 5 日 　指尖上的商机(四)打翻奶酪

2013 年 9 月 6 日 　指尖上的商机(五)数据时代

大学开学季的选题

2013 年 9 月 10 日 　带着父母上大学

2013 年 9 月 11 日 　校园里的父亲母亲

2013 年 9 月 12 日 　我的大学梦

2013 年 9 月 13 日 　大学梦背后的平凡人

东北洪灾的选题

2013 年 9 月 16 日 　东北洪灾过后:同江之忧

2013 年 9 月 17 日 　东北洪灾过后:鹤岗的难题

2013 年 9 月 18 日 　东北洪灾过后:嘉荫的冬天

2013 年 9 月 19 日 　延安:水灾过后 家园难建

2013 年 9 月 20 日 　东北洪灾过后:嫩江重建之困

2013 年 9 月 21 日　东北洪灾过后：抚远的难题

食品安全问题方面的选题

2013 年 9 月 24 日　谁抢了孩子的"第一口奶"

2013 年 9 月 25 日　揭秘奶粉伴侣（上）

2013 年 9 月 26 日　揭秘奶粉伴侣（下）

生命健康与环境保护相关的选题

2013 年 9 月 27 日　江苏如皋：污水包围长寿乡

2013 年 9 月 28 日　湖北：化工厂包围的长寿乡

2013 年 9 月 29 日　广西巴马：长寿乡走向何处？

与收藏相关的选题

2013 年 10 月 3 日　翡翠市场 冷暖之间

2013 年 10 月 4 日　天价沉香之谜

2013 年 10 月 5 日　小核桃 大财富

2013 年 10 月 6 日　走进"囤木者"

关注东北水灾的选题

2013 年 10 月 7 日　东北水灾再追踪（上）

2013 年 10 月 8 日　东北水灾再追踪（下）

关注国内白酒市场的选题

2013 年 10 月 13 日　滥"茅"为何能充数？

2013 年 10 月 14 日　寻找"年份酒"

2013 年 10 月 15 日　宜宾："年份酒"的秘密

关注秋收问题的选题

2013 年 10 月 18 日　河南秋收调查

2013 年 10 月 19 日　黑龙江：秋收进行时

关注某一新闻事件的选题，如三星"字库门"

2013 年 10 月 21 日　三星：绕不过去的"字库门"

2013 年 10 月 22 日　三星"字库门"维修不公平

商品流通环节问题的选题

2013 年 10 月 28 日　聚焦流通困局：长不大的物流企业

2013 年 10 月 29 日　聚焦物流困局：进不去的超市

2013 年 10 月 30 日　聚焦流通困局：我的菜价谁做主

2013 年 10 月 31 日　聚焦流通困局：管不住的公路三乱

4. 叙事方式：充分运用电视化的表现手段

电视作为一种视听媒介，其擅长的是对新闻事件现场、发展的过程化记录与呈现。《经济半小时》在节目的摄制中就较为重视发挥电视在叙事上的媒介优势，注重用摄像机记录记者调查的过程，以及在新闻现场对新闻当事人的采访。

5. 用"反思的眼光"对热点经济问题进行报道

《经济半小时》关注的不仅是经济增长的问题，栏目也注重采用反思的视角来看待我们在经济建设、社会发展中遇到的问题。这其中包括经济发展与环境保护的问题、大学生就业的问题、收藏热的问题等。如 2013 年 7 月 26 日至 7 月 29 日《经济半小时》连续制作了 4 期与垃圾处理有关的选题，分别是《北京："分不动"的垃圾分类》《上海：垃圾分类有多"累"》《广州：垃圾分类的尴尬难题》《垃圾山的拾荒生活》。除此之外，《经济半小时》栏目还对经济发展中的大气污染、水污染给予特别关注，策划、摄制了系列报道。这其中就有特别策划的《华北大气污染调查》，相关报道包括《小作坊制造大污染》《来自唐山的污染报告》《粉尘笼罩北京东大门》《张家口：GDP 扬起的尘灰》，特别策划的《聚焦消失的水源地》，包括《引来滦水浊入津》《偷排暗流醴泉》《乐清湾调查：被毁掉的美丽海洋》《流不动的练江河》《三污进汉江》《流向丹江口》。

2014年7月26日，《经济半小时》播出"村庄创富记"系列节目之一，标题为《兰考县里的乐器大生意》。这个选题在当天播出的资讯栏目《经济信息联播》中已经做了简要的报道，而详细报道则是在稍后播出的深度报道栏目《经济半小时》中展开的。《经济信息联播》只是对河南兰考县崮阳镇徐场村村民徐双卫的家庭制琴作坊进行报道，并没有对这里整个村庄村民做琴的情况进行报道，也没有深入分析当地的家庭制琴作坊在发展中面临的问题，其聚焦点是以徐双卫为个案，介绍兰考村民在农忙过后利用当地特有的泡桐木生产古琴，远销国内外。这样的报道，虽然是一条电视新闻的长消息，但其深度远不及《经济半小时》的相关报道。《经济半小时》除了对农民在农闲时利用当地资源优势，制作乐器的情况进行报道之外，还审视了当地在乐器生产中面临的问题与瓶颈，并探索相关的解决路径。当然，《经济半小时》与《经济信息联播》的搭配，利用不同节目形态就同一选题进行深入开掘，发挥各自栏目的优势，构成递进式的报道。

对于一些热点的经济现象，《经济半小时》则会采用理性的态度，对其进行较为深入的调查报道，以帮助观众认识清楚相关的经济现象与问题。如2014年1月5日的节目《天价金丝楠 价高为哪般》，就是在当时收藏、文玩等比较热的背景下制作的。因为继红木、紫檀、黄花梨等家具收藏热之后，近年来北京又出现了收藏金丝楠古典家具热。此前，"一克楠木十克黄金""金丝楠只能皇家独享"等等说法在媒体、网络上层出不穷，甚至有人把金丝楠称作"吸金楠"。为了调查清楚金丝楠市场的真实状况，记者做了深入的调查，而不是简单地对金丝楠家具的市场情况进行报道。

在《天价金丝楠 价高为哪般》这期节目中，为了弄清金丝楠家具的市场情况和原材料供应状况，记者先后在北京若干家古典家具店进行暗访调查和采访，发现的确存在价格虚高的现象，同时也发现有的商家在炒作金丝楠快绝迹的情况，但也有专业人士告诉记者，可以到原料产地四川去看看，情况并不像有的商家说的那样稀缺。在这期节目中，编导向观众介绍了何为"金丝楠"，通过节目，观众可以知道，按照国家标准，金丝楠其实只是紫楠的别名,而在现实当中,把有着类似绸缎光泽的紫楠、桢楠都称为金丝楠,金丝楠主要出产于我国的西南,其中四川木质最佳,成都周边的一些县城,也成为时下金丝楠最主要的原材料供应地,也最能够反映出金丝楠的价格和市场。所谓的阴沉木金丝楠,是指桢楠木在远古时,由于地质变化而将其深埋地下,在特定的条件下,经过几百上千年不朽而形成的。对于阴沉木,市场一般都习惯地叫作乌木,它主要产于四川盆地。因为产地优势,四川省芦山县成为阴沉木交易最活跃的地区之一。近年来,随着云南、贵州、重庆等地出土的乌木不断流入,这里已成为国内最大的阴沉木交易市场。所以记者到当地就金丝楠原材料的情况进行调查,先后到四川省芦山县阴沉木市场,对商户、收购商、四川省芦山县根雕协会会长刘毅恒、四川资深金丝楠经营者黎京辉、成都市神木轩总经理廖应永、四川省雅安市名山县前进乡尖峰村金丝楠收购商杨雅林等进行采访。记者还跟随四川省芦山县根雕协会会长刘毅恒前往雅安市名山县的山区收购金丝楠老料。

通过到原材料产地的调查,记者发现,阴沉木金丝楠的存量其实是比较多的,依据品质的不同,阴沉木金丝楠的销售价格从几万元到十几万元,外地一些天价的金丝楠家具存在着过度炒作的情况。事实上,金丝楠远没有到达绝迹的程度,是一些关于金丝楠稀缺的论调,在一定程度误导了市场。节目通过北京菁木宝通古典家具技术总监李菁的观点,告诉观众,对于金丝楠木市场而言,商家诚信经营很重要,消费者多掌握一些知识,多了解一些木材的真实情况,也是很关键的一个因素,他认为这样的市场,才会发展得既红火,又有理性,不会跑偏。节目也提醒观众,在许多业内人士看来,金丝楠家具确实有着独特的卖相和优势,但一些人对金丝楠大力渲染,如金丝楠的花纹目前被市场热炒的就有所谓的虎皮纹、水波纹、山峰、云海、波涛等二十余种花纹,但这些与传统文化其实并无关系。节目最后提醒观众,事实上,现代研究已表明,楠木中有类似绸缎光泽现象,也就是被称为金丝的,只是楠木材质的一个偶然现象和细胞的排列秩序、剖解角度以及后期加工做色有关,并没有真假和价值高低可言。金丝楠树种现在依然存在于我国的多个省份,生长60多年便可进入迅速生长成材期,资源并不稀缺。自古以来,金丝楠只是建筑级别的用材,远不像紫檀、黄花梨等名贵木材那样价值出众。金丝楠该卖什么价钱,这本应由买卖双方决定,旁人无可厚非,但是如果有意识地用皇家气派、资源稀缺去讲故事,那么事情就完全变了味。节目除了提醒消费者增强分辨力外,更重要的是希望相关职能部门、行业协会也能切实负起责任,积极发挥作用,营造一个健康理性的市场环境,让市场上少一些故事,交易多一些透明。

6. 关注弱势群体,体现人文关怀

《经济半小时》并没有仅仅盯住经济增长或下跌的数据,也关注经济发展过程中社会弱势群体面临的问题与困境,如贫困大学生上大学的问题、棚户区改造的问题等。策划的类似选题,让这个栏目体现出较强的人文关怀色彩,让观众看到了栏目的立场与价值取向。

总体来看,自从 1989 年 12 月 18 日正式开播以来,作为中央电视台创办最早、影响力最大的经济深度报道栏目,《经济半小时》的报道内容在变,主持人的面孔在变,报道风格和手段在变,但《经济半小时》用经济眼光关注社会热点、"观经济大势、知民生冷暖"的独特品质和专业追求一直没变。《经济半小时》总是把重大经济事件、社会关注的热门经济话题作为报道的焦点,以严谨的态度、新闻的眼光、经济的视角、深度的调查、权威的评论,报道经济事件,分析热点经济现象,及时评论经济话题。从 20 世纪 80 年代中原商战到 90 年代国企改革试点追踪、软着陆,从 1995 年农村小康纪实到 1999 年财富对话和新千年达沃斯论坛,从 2003 年的《中国实录》到 2007 年的《中国制造新版图》,包括连续多年打造的《小丫跑"两会"》和《中国经济年度人物评选》两个知名品牌节目,《经济半小时》走在了中国市场经济改革守望的最前沿。作为中央电视台主打的经济深度报道栏目,它的权威性和深度透析力,也给国家宏观经济的决策层提供了生动鲜活的参考。①

二、央视财经频道《中国财经报道》栏目的特征

《中国财经报道》是央视财经频道一档知名的电视财经类深度报道栏

① 赵化勇. 中央电视台发展史(1998—2008)[M]. 北京:中国广播电视出版社,2008:130-131.

目,节目首播时间为每周六的 21:55,每期节目的时长为 60 分钟。

(一)栏目定位与理念

《中国财经报道》是中央电视台的一档专门以调查性报道为节目形态的电视经济深度报道栏目。这是中央电视台,乃至国内各家电视台中,以栏目形态播出的,专门关注国内经济发展领域重大选题的一档电视经济深度报道栏目。

《中国财经报道》的栏目理念是"关注重大变革,解密市场玄机,打开经济问号"。作为中央电视台财经频道最具深度的电视经济报道栏目,每周一期的播出频率,每期 60 分钟的节目容量,每期节目都围绕一个选题展开,这些都决定了这个栏目必须选择中国经济发展领域的一个重大、焦点问题来展开深入报道,必须全面、准确地描述相关经济现象,进而探寻所报道选题背后的各种原因,找寻、归结相关的应对理念与策略。

(二)栏目发展历程

作为中央电视台第二套节目财经频道的品牌栏目,《中国财经报道》于 1996 年开播。1996 年 7 月 1 日,中央电视台在《财经报道》的基础上开办了《中国财经报道》。从 1996 年至 2001 年五年时间里,《中国财经报道》逐步形成了"以栏目独到的新闻视角进行专业分析"的报道风格。栏目定位从最初的"把握市场脉搏,扫描财经动态",到"成功人士最关注的财经新闻,投资大众更便捷的理财顾问",《中国财经报道》始终坚持自己的栏目定位,这样的坚持使得栏目能够以独到的见解和犀利的风格在众多财经节目中脱颖而出。随着经济频道定位的调整和《经济信息联播》的恢复播出,2002 年 7 月 1 日,《中国财经报道》从每天多次滚动播出的"财经新闻"栏目转型为每天一档的"经济资讯专题深度分析"栏目,着力于宏观经济领域以及金融、汽车、电信、房地产等专业市场热点事件的解读和深度分析,并设立了"财经评论员"。2006 年 8 月 16 日《中国财经报道》再次改版,以"聚焦争议话题、揭秘市场玄机、关注重大变革、解剖典型案例"为主体内容,转型为时长 60 分钟的财经深度调查评论类栏目。改版伊始,《中国财经报道》就推出《邮局大变局》《争议电动车》《艺术品市场的红与黑》《疯狂的普洱茶》《80后消费调查》等独家报道。改版后推出的这些颇具理性与深度的调查性报道既关注政策领域的重大变革,又涵盖最活跃的经济要素,既涉及热点经济事件追击,又体现出我国社会发展变化。

(三)《中国财经报道》栏目的特征

1.栏目的选题特征

《中国财经报道》栏目对中国经济发展中的热点问题、突出现象进行深度关注和分析,如中国的房地产问题、养老问题、中小企业贷款难问题、行业性发展问题(如皮革业、租车业、家电业、包装业、物流业、养殖业)以及中国经济转型问题。《中国财经报道》不仅有对经济现象的报道,同时还有相关的深度调查与分析,可以视为电视经济报道中的"新闻调查"。

《中国财经报道》栏目的选题属于话题类,通常是探讨当下我国经济发展中比较突出的某个领域的问题或现象,而不是某个具体的新闻事件。因而,栏目的选题较为宏观,记者的前期调查与后期节目的制作也较为理性。

2.节目报道模式特征

《中国财经报道》以"三段论式"的报道模式为主,首先是提出当前我国经济发展中的某一重要问题或现象,然后是探寻这类经济现象或问题背后的原因,最后是找寻解决路径和方法。如2015年8月15日的节目《寻找劳动关系新平衡》,这期节目关注的是在当前经济形势下的劳动关系现状、存在的问题以及目前不同企业探索处理劳动关系问题的成功理念与方法。2014年7月26日的节目片名是《医改新药方:从甘肃到上海》,这期报道关注的是当前我国的社会热点问题之一———医疗改革。这期节目先是对我国医疗改革领域现存的问题进行介绍,而后是对经济发展相对落后的地区——甘肃省推进医改的理念与方略进行报道。报道中介绍了甘肃省推进医改的路径是以中医为特色来推进医改,因地制宜地解决财政资金问题,让城乡医疗资源真正流动起来;之后是对经济发达地区上海的医改理念与方略进行相关报道。围绕上海推出鼓励公立医院医生"多点执医"的政策,经过记者现场调查,节目向观众介绍了上海推行与国际接轨的市场化办医的理念及其具体措施。

3.节目报道注重深度与理性

《中国财经报道》是一档调查性的经济深度报道栏目,与经济类资讯节目、经济类专题节目、经济类谈话节目的不同在于其以调查性报道的形式对经济现象、经济问题进行报道、分析,对所报道经济现象、经济问题的深度开掘是其最主要的特点。同时,由于该栏目报道的内容是经济领域的,因而需要栏目摄制者以专业的眼光、理性的思维来看待相关的问题。当然,这样一来,与综艺节目、电视剧等娱乐节目内容相比,其节目基调就较为严肃、认真。

2013年6月29日《中国财经报道》的节目题为《谁在看空黄金》。从这期节目来看,记者的采访是比较深入的,采访对象有黄金加工企业的负责人、黄金饰品的经销商、黄金的个人投资者、进行黄金期货交易的公司负责人、财经作家、黄金协会的负责人等;这期节目不仅关注了当下黄金市场的变动情况,还梳理了国内外黄金市场变动的历史,介绍了黄金与货币发行之间的关系,知识含量比较丰富。节目风格比较理性、全面,而没有只盯住时下经济现象的表面问题。当然,在节目制作中,编导、记者、主持人都没有以"投资顾问"的角色跳出来给观众提出意见,而是深入采访了黄金加工企业负责人、投资者、行业协会负责人,在对黄金与货币发行的关系进行梳理的基础上,给观众留下一个自己做出投资判断的空间。

4.报道注重记者的实地调查

通过对《中国财经报道》的节目文本进行分析,我们不难发现,虽然节目的选题往往都是话题性的、比较宏观的问题,但编导为了让话题有具体对应的对象和落点,总会选择具有代表性的地区、城市、企业进行实地调查采访。这与演播室谈话节目不同,演播室谈话节目的深度是通过主持人与嘉宾之间的互动、探讨来推动的,而《中国财经报道》的深度是由记者实地调查向前推进的。

2012 年 11 月 3 日《中国财经报道》的节目片名为《调控下的楼市》。节目摄制组在北京、上海进行房地产市场的相关调查,实地采访了房地产经纪人、楼盘售楼处的工作人员、房地产服务机构负责人等。

2013 年 6 月 29 日的节目《谁在看空黄金》的节目开篇,首先由一个问题引出:前一阵子,由于金价跳水,引发抢购潮,金价波动变大,黄金到底还值不值得投资? 接下来是记者调查。记者来到中国最大的黄金加工基地深圳,探访实情。记者先后到多家经营黄金产品的公司进行实地采访,拍摄该企业黄金进货、加工的场景,并采访公司管理人员,了解近一段时间黄金加工、销售的情况。

实地调查与拍摄,增加了这类经济节目的可视性。《中国财经报道》作为近一个小时的经济深度报道节目,如果全是经济领域术语的介绍,抽象数据的展现,毫无疑问会影响到节目的"可视性",所以,节目摄制必须考虑到电视传播的特性以及电视收视人群及其喜好。在节目制作中对于现场的拍摄,在现场的即兴采访以及这些内容在镜头前的呈现,就成为必然的选择。当然,《中国财经报道》中所拍摄的一些画面,的确具有吸引力,因为这些画面是普通观众在日常工作和生活中难以接触到的,如黄金加工企业进货的场景、加工黄金饰品的现场、建在山中巨大的老茶储存仓库、雨伞制造车间等。这些镜头内容,弥补了单纯解说词、同期声叙述上的不足,增加了节目的可视性,使节目传递的信息更为丰富和立体。

5. 报道注重建设性

《中国财经报道》的节目虽然针对的是我国当下经济领域的热点、难点、焦点问题,但节目报道的最终目的却在于找寻相关的解决办法。为了达成这一目的,节目记者常常深入实地采访、调查,并在采访、调查的过程中,报道部分在相关领域表现不错、具有代表性的企业所采取的策略、措施,与观众分享他们的成功经验。

6. 注重典型个案的报道

《中国财经报道》的选题通常都是目前国内经济领域比较重要的问题,

有的涉及某一产业,有的涉及某项制度。但如果仅从产业角度来做节目,或者仅仅就制度本身来谈,其可视性都会比较有限,只有将其落实到具体的某个企业或者某个人身上,报道的内容才会具体可感。

以 2013 年 2 月 2 日的《中国财经报道》为例,片名为《谁来为我贷款?》,这期节目的出发点在于探寻中小企业贷款难的情况是否得到了改善? 现状如何? 有什么样的解决途径? 节目背景是 2012 年经济发展困难,因为资金问题,一些中小企业转行,它们的发展急需银行的支持。节目关注这些中小企业的融资压力问题以及他们的融资需求是否得到了满足的情况。栏目记者来到了广东省增城市全国最大的牛仔服装生产基地进行调查,其产量占全国的 40%。出口不景气、原材料上涨、劳动力成本增加,让当地的服装加工企业压力增大,而最让企业负责人担心的是资金问题。记者就这个问题采访了增城市合峰纺织有限公司董事长岳亮。在采访中,记者了解到,在巨大的资金压力下,出口企业本可以找银行贷款,但由于他们很多是租的厂房,想从银行贷款但缺乏抵押物,他们有的就是订单、货物,但这些是不能作为抵押品的。岳亮的企业属于中型企业,比中型企业更小的企业又是什么情况,记者有了更进一步的思考:小型企业是否面临着更为严重的资金问题呢? 随后开始下面的采访:这里还积聚着很多辅料生产企业。记者接下来对当地一家拉链厂——广州三六九服装辅料有限公司的经理进行采访。这家小型企业在发展上面临着租场地、引进先进设备时的资金压力。节目摄制组还拍摄了银行客户经理到这家小型企业了解其经营状况,以便帮助解决贷款问题的过程,同时也记录了该企业负责人到银行办理贷款的过程。巨大的资金压力使得很多小型企业仅够维持生存,急需资金周转。有的小型企业因为融不到资金,最终资金链断裂而破产倒闭。对于出口加工型企业的资金压力,银行会采取什么措施? 记者进而对这一问题进行调查,采访了广发银行新塘支行的行长,了解银行在给当地的出口加工型企业贷款时考虑什么因素。摄制组随后拍摄了银行工作人员贷后回访的内容。接下来的段落,报道关注由于抵押担保、会计师事务所等方面产生的中小企业融资成本问题。随后,记者到广东河源市采访河源市志成汽车销售有限公司董事长。这家企业通过向朋友借钱解决了流动资金不足的问题,但利息太高,后来与前面的几家受访企业相同,他听说广发银行的"好融通"产品是为销售收入在 500 万至 5 000万元的中小企业量身打造的融资产品,可以接受担保公司担保、土地抵押、控售权贸易融资等担保方式,考虑到中小企业没有完整的财务报表,这款产品弱化对财务因素的评价,注重从企业负责人的信用和现金流、水电费记录等方面对企业进行综合考察。随后,记者采访了广发银行董事长,了解中小企业融资的问题。广发银行把中小企业业务作为其发展战略目标,专门成立小企业融资中心,由专门的人来负责这个工作。广发银行根据中小企业的需求,开发的"好融通"产品,是广发银行通过引进、吸收花旗银行中小企业的先进技术,针对我国中小企业的特点和需求而创立的中小企业综合融资解决方案。这款产品三到五天就可以完成信贷审批,除了在产品方面创新,在风险控制方面,广发银行从国外引进先进经验,如花旗的经验就是要管住企业的现金流。该企业董事长在结束采访时谈道,现在银行需要做的是沉下心来,去了解中小企业到底需要银行做什么,这样才能针对中小企业开发适合它们的产品。接下来,记者调查了北京银行中小企业信贷的情况,采访北京银行海淀园支行副行长,了解中关村小微企业贷款问题的相关情况。在采访中,记者了解到北京银行通过与商会合作,来获得为中小企业服务的机会。从节目当中,可以看出,当前中小企业贷款难、贷款慢的情况已经有了很大改善,一方面是国家金融政策扶持力度在不断加大,另一方面是银行业的竞争在不断加剧,使得各类金融机构为了赢得市场先机,在对中小企业服务时朝着更加专业化、信息化的方向发展。这期节目,记者从南到北,采访了多家企业的负责人,同时也采访了广发银行、北京银行的多位管理人员。这样一期节目,从前期策划、采访到后期编辑,的确耗费了摄制组不少心血。

第五章

谈话类电视财经栏目的代表及特征

在电视财经节目中,有一类是围绕财经现象、财经问题,以演播室内主持人与嘉宾、嘉宾与嘉宾之间的对话为主要内容的,这一节目类型即谈话类的电视财经节目。

从电视节目形态看,谈话类电视财经节目属于电视谈话节目的范畴,因而它具有电视谈话节目的共性特征。电视谈话节目是在某一空间内,如演播室或其他相对安静的空间内,在主持人的串联、引导下,围绕某一话题或新闻事件,由嘉宾发表自己观点,展开对话,同时由摄制团队进行现场制作的电视节目形态。谈话类电视财经栏目是电视谈话节目这一节目类型在财经类选题上的具体运用,由于选题的特殊性,这类节目通常较为理性,所邀请的谈话嘉宾主要是经济领域的专家、企业界的优秀人士,还有部分来自政府机构的领导与知名学者。

与其他类型的电视财经节目以及其他种类的电视谈话节目不同,谈话类电视财经节目具有其特定的功能。谈话类电视财经节目经常围绕财经领域的热点问题展开讨论,参与谈话的主要是经济领域的精英,所以他们对于经济问题的发言、观点,对观众的经济决策和行为来说具有很强的实用价值和指导意义。观看这类节目虽然不能像嘉宾那样直接参与对话,或者如现场观众那样直接聆听嘉宾具有理性色彩的观点,但在电视机前收看这类节目,也给观众带来一种旁听精英对话的体验。

国内电视财经频道播出的各档栏目中,不乏谈话类电视财经栏目的身影。它们当中有做得较为专业、具有较高知名度的,如中央电视台财经频道的《对话》栏目,以及第一财经频道的《波士堂》与《头脑风暴》。本章内容将对这三档栏目的情况进行介绍与分析。

一、央视财经频道《对话》栏目的发展历程及特征

《对话》是中央电视台财经频道推出的一档演播室谈话节目,属于周播栏目,每次时长 60 分钟,首播时间为周日晚 21:55。《对话》的每期节目由突发事件、热门人物、热门话题或某一经济现象导入,通过捕捉鲜活经济事件、探讨新潮理念、演绎故事冲突,着重突出思想的交锋与智慧的碰撞。节目通过主持人和嘉宾以及现场观众的充分对话与交流,直逼经济热点中新闻人物的真实思想和经历,展现他们的矛盾、痛苦和成功的喜悦,折射经济社会的最新动向和潮流,同时充分展示对话人的个人魅力及其鲜为人知的另一面。

(一)栏目发展历程

《对话》栏目是中央电视台经济部 2000 年 7 月全新改版之后推出的一档高端谈话节目。通过电视谈话节目的形态,对社会经济领域的热点问题进行及时、深入、权威的探讨,高质量的节目内容,使《对话》栏目赢得了观众、业界和学术界的好评。

《对话》的创办源于 1999 年的财富上海论坛。当时,世界 500 强的企业领袖云集上海,中央电视台的直播节目引起轰动,以节目为内容的财富对话类书籍畅销一时。在上海举办财富论坛期间,央视经济部与上海的电视台合作,邀请部分参加财富论坛的商界巨子进行访谈对话。这个开放互动的谈话模式,收到了很好的效果,所以央视计划把它延续下去,做一档有品位、称得上精品的栏目。央视经济部拥有的最大优势,就是可以调动大量的嘉宾资源,同时做人物访谈和话题讨论也是其强项,如果把这两者很好地结合起来,就会形成内容独特的栏目。在这样的背景下,一档风格独具的栏目——《对话》应运而生,该栏目力图建立一个高品位的对话平台;开放性和

扩张性是这个节目的特点,选题的标准是新闻性和大众性。[①]

节目开播没多久,《对话》就实现了两个零的突破,一是突破了以往中央电视台二套节目在23:00以后收视率基本为零的状况;二是突破了广告收入在这个时段为零的纪录。

《对话》所体现出的精英情结正是精英文化的一种反映,知识分子的参与提高了谈话节目的文化底蕴,《北京晚报》曾发表一篇关于中国十个最有品位的电视栏目的文章,《对话》被排在第一位。开播以来,《对话》一直秉承高端、前沿、新锐、求实的节目风格,拥有稳定的观众群,并在激烈的媒介市场竞争中占据一席之地,成为央视最具影响力和核心品牌价值的王牌节目之一。

作为一档严肃的经济类谈话节目,《对话》为什么能够获得成功? 从外部原因来看,蓬勃发展的中国经济急需国际先进的经营管理理念以及商业思想,《对话》节目的出现恰好满足了这些需求;从内部来看,这与《对话》栏目创作的节目品质密切相关。

(二)《对话》栏目的特征

1.栏目理念:前沿 开放 创新

《对话》栏目致力于为新闻人物、企业精英、政府官员、经济专家和投资人提供一个交流和对话的平台。通过主持人和嘉宾以及现场观众的充分对话与交流,节目直逼热点新闻人物的真实思想和经历,展现他们的矛盾、痛苦和成功的喜悦,折射经济社会的最新动向和潮流。

作为央视财经频道一档重要的谈话节目,《对话》一直致力于探讨、传播中国经济领域改革发展中最新、最重要的变化。龙永图曾对《对话》栏目有过如下评价:"我觉得我们《对话》这个栏目从开始的时候,特别强调我们中国的经济怎么样和市场经济的规律和全球经济发展的规则相结合。所以我们的《对话》节目实际上在过去十年当中,成为一个宣传市场经济的客观规

---

① 冯芸,张惺.关注《对话》——一个高品位的栏目[J].新闻爱好者,2002(4):40.

律,宣传我们中国对外开放,宣传国际规则的一个非常好的平台。因为正是靠改革开放,对内坚持社会主义市场经济,对外能够进行全面开放,这才使我们中国经济取得了今天的成就。另外我觉得我们的《对话》节目应该沿着这样一个方向继续走下去,就是继续宣传中国的改革开放,我认为这是我们中国今后十年、二十年、三十年不变的主题。"①

2.节目内容:思想的盛宴

《对话》栏目构建了一个经济领域精英对话的平台。栏目选定的话题是当下国内外经济领域的热点与前沿问题。《对话》节目几乎都是由突发事件、热点人物、热门话题或某一经济现象导入,通过讨论鲜活的经济事件,探讨新理念来推进节目。节目通过受邀嘉宾、现场观众及主持人之间的对话和交流,在彼此的智慧碰撞中迸发出思想的火花,同时也展示了对话者的个人魅力及其鲜为人知的另一面。对话中着重表现经济领域精英人士思想的交锋与智慧的碰撞,可以说每一期节目都是一次高端的"头脑风暴"。

3.观众定位:社会精英人士

《对话》栏目的受众是受过良好教育、专业素质较高、具有相当经济实力、关注社会经济和文化发展、活跃在社会经济文化各领域,拥有一定程度的社会影响力和决策能力的社会精英人士。②

《对话》的目标收视人群为关注经济改革动态并具有决策能力的社会精英。这是《对话》栏目的受众定位,其传播对象是在经济领域中"有影响力的人士"。《对话》并没有刻意追求高收视率,它不是一个大众化的谈话节目,它将自己的观众定位为知识型、年轻化、受过良好教育、专业素质较高、关注社会经济发展和活跃在社会经济各领域的人,是这个知识经济社会形成的"知识群体"。这类人不仅有一定的经济基础,而且具有更高的积极性和创新意识,他们对于新事物的接受和理解能力更强,对实现个人价值有着更高、更远大的追求。

---

①   龙永图在中国文化产业领袖人物论坛上的讲话,2010 年 4 月 29 日,杭州。
②   郭安菲.《对话》栏目的品牌发展之路[J].声屏世界,2008(3):36-37.

4.选题:聚焦经济发展前沿

《对话》关注与经济发展、国计民生密切相关的重要问题,选题分为人物和话题两大类。这些选题聚焦国内外经济发展的前沿问题。

《对话》栏目的选题具有前沿性的特征,常常聚焦经济领域的热点问题,如食品安全、版权保护、中国的互联网经济、企业内部的流程再造、洋管理水土不服、联想换帅、新浪风波、风险投资、企业兼并重组等。造就《对话》栏目高品位的一个重要因素就是对社会经济领域热门话题的关注。总体上看,《对话》栏目所关注的是最为前沿的行业和热门经济话题,视野覆盖与经济发展相关的各个领域,如互联网、IT产业、通讯产业、基因工程等,这些领域非常能吸引社会精英、白领和年轻人的关注。

5.访谈嘉宾:高端

《对话》致力于为新闻人物、企业精英、政府官员、经济专家和投资人提供一个交流与对话的平台,受邀嘉宾均为世界政要和行业领域内具有强势话语权的标志性人物。世界范围内举足轻重的人物都有可能成为栏目对话现场的嘉宾,跨国公司的总裁、国内最有影响力的企业家、深具影响力的政界精英、引领一时新闻热点的文化界名人等等,都是《对话》的座上宾。日本盛和塾塾长稻盛和夫,思科系统公司总裁兼CEO钱伯斯,日本软银公司创始人、总裁及首席执行官孙正义都被《对话》栏目请到过现场。当然,在《对话》的嘉宾中,也不乏来自政府的要人,如原文化部部长孙家正、原国家广电总局局长徐光春。名人效应是成就《对话》高品位的重要因素,因为并不是每个人都有机会和名人相遇并与他们面对面交流的,所以这种交流就具有极大的吸引力。《对话》将这些人物细分为新闻人物和精英人物。新闻人物是在某个时段备受舆论界关注的人物,比如《笑傲江湖》成为收视热点时请来了金庸先生,《花样年华》热映时邀请了王家卫先生。[①]

6.高水平的现场观众

《对话》节目的精彩,不仅因为参与的嘉宾都是各个领域的顶尖人物,还

---

① 冯芸,张惺.关注《对话》——一个高品位的栏目[J].新闻爱好者,2002(4):40.

因为栏目拥有一个平民化的视角,它从普通人的角度探讨名人的成功与面临的挑战,也让名人以普通人的视角与现场观众对话。从名人和观众的交流中,可以倾听到这些人物的内心独白,了解他们的人格魅力和对人生的独特领悟。在对话现场,不仅有高端的嘉宾,现场观众的素质也不可小觑。《对话》栏目现场观众的作用已不是陪衬,其作用也不仅仅局限于以鼓掌或欢呼等简单的方式来制造气氛,他们已成了节目重要的组成部分。观众或提出尖锐、精彩的问题,或直接、明了地表达自己的观点,也在节目中与嘉宾进行思想的交流和碰撞。《对话》很多期的节目就是因为有了高水平观众的参与而更加精彩。

(三)《对话》栏目有待提升的地方

《对话》栏目的内容有利于激起人们内心对生活的激情,对事业和理想的执着追求,能分享经济领域成功人士的经验,疏导人们精神的紧张情绪,减轻人们内心的压力。引领观众对经济全球化背景下中国经济前沿中有价值的问题进行深入、理性的思考。但栏目也存在需要改进、提升的地方。

1.缺少尖锐的交锋

《对话》节目最大的问题是缺少尖锐的观点交锋。先前有研究者写道:看完《对话》总觉得少了点"对话"的味道,每一期节目时长一小时,嘉宾观众上百人,主持人也累得不轻。说话的内容确实不少,但给人的感觉是"说话",而不是"对话"。

2.主持人在个人阅历、知识水平方面需要不断提升

《对话》栏目的主持人很敬业,录制节目前做了大量细致的准备工作,但也只是把事先准备好的题目一个个抛出来,请嘉宾回答。在这个过程中,双方的互动深度有限,在对话时,主持人显得有点底气不足,力不从心。

尽管《对话》栏目是央视财经频道乃至整个中国电视领域的一档名牌栏目,但在传媒大发展的今天,它依然面临着挑战:《对话》在这个变革的年代应运而生,就自有它独特的生存基础和特有的发展轨迹。经济的发展和社

会日新月异的变化,会给《对话》带来层出不穷的新话题。①《对话》栏目要在未来的传媒竞争中保持既有的影响力,必须坚守栏目的核心理念,并且紧跟国内外经济发展的趋势与前沿,在节目形态上推陈出新。

二、第一财经频道《波士堂》栏目的特征

《波士堂》是由第一财经、东方卫视、唯众传媒联合打造的国内一档具有娱乐精神的高端人物脱口秀节目。这是一档周播栏目,每期节目时长 50 分钟,每周六 22:00—22:50 播出。节目每期约请一位企业界重量级的精英作为主角,同时邀请三位来自企业界、文化界或演艺界知名人士组成观察团,构成立体的话语互动体系,通过对话,从不同侧面展现企业家的个人性情,讲述其创业的故事和人生经历。

(一)《波士堂》栏目的特征

作为一档知名的电视财经类访谈栏目,《波士堂》的节目体现出如下的一些特征。

1. 主持人主导话题,在嘉宾与观察员之间展开交流

《波士堂》每期节目都邀请一位成功的企业家作为访谈嘉宾,另外邀请三位有知名度和社会影响力的社会人士作为观察员,组成观察团,并且还有若干人士构成现场嘉宾。谈话由主持人主导,并在主持人、嘉宾与观察员之间展开。访谈嘉宾奋斗经历及其企业的发展故事则构成话题的主要内容。以《访谈喜达屋酒店与度假村国际集团中国区总裁钱进》这期节目为例,这期节目的三位观察员分别是:软银赛富合伙人陆豪,中国软实力研究中心创始合伙人、董事长李天田,HRS 中国区消费者业务的董事总经理潘芽。由于节目形态稳定,与往期节目相同,这期节目的谈话进程也是由主持人主导,并在嘉宾与三位观察员之间展开的。

---

① 冯芸,张惺.关注《对话》——一个高品位的栏目[J].新闻爱好者,2002(4):40.

2.节目形态稳定

《波士堂》的节目形态相对稳定,每期节目开场都是主持人做自我介绍,然后是主持人介绍三位观察员和现场观众。随后,主持人对当期节目嘉宾的情况做一个概要的说明,但并不急于告诉观众当期节目嘉宾的身份。接着是播放本期节目 BOSS 的介绍短片,随后切回演播室,请上本期节目的嘉宾,而后展开谈话。

以《飞鹤乳业冷友斌:上市美国的乳业巨头》这期节目为例,在栏目片头结束,节目切入演播室之后,主持人对当天节目的观察团成员、现场观众的情况进行介绍。具体如下:

主持人刘晔: 商道即人道,财经也人文。今天的节目请来一群特别的朋友,是中德博世培训学校的同学们。今天我们节目中请到的这位 BOSS 他说,他做的其实是一个"笨"产业,但是他就是那么愿意一辈子把这么一个"笨"产业给做好。而他确实也把位于东北的一家濒临破产的小厂子做到了美国纽交所的主板上市。在这个过程当中,他到底经历了什么?他又坚持了什么?我们先来看他和他企业的背景介绍。

在主持人介绍完相关情况之后,接下来的环节是播放介绍嘉宾具体情况的背景小片。这一背景小片的使用,使得观众能够对当期节目的嘉宾有一个概貌性的认识,并为节目的后续部分做了铺垫。

背景小片解说: 他是劳模董事长,全国五一劳动奖章获得者。他是天生的创业者,创业 15 年,完成从 100 万债务到 35 亿营收奇迹。他是飞鹤乳业创始人、董事长冷友斌。飞鹤乳业是从东北黑土地上成长起来享誉 50 载的婴幼儿奶粉品牌企业。50 年来无任何生产安全事故。早年的冷友斌在黑龙江农垦体系内工作,2001 年,冷友斌选择二次创业,让飞鹤品牌拥抱市场,从一个小品牌到美国上市,并跻身行业前十,冷友斌仅用时 4 年时间。在他的领导下,2003 年,飞鹤乳业成为了中国唯一一家在美国上市的乳品企业。如今的飞鹤乳业，全国拥有八大子公司，在全国省会级城市，拥有6 380多个营销网点，员工超过1.6万。年销售超过35亿。2013年、2014年，飞鹤乳业又相继收购了关山乳业、艾倍特乳业，大举挺进婴幼儿奶粉市场第一阵营。冷友斌会带领飞鹤乳业构建一个怎样的乳业帝国？他的创业有何不同？《波士堂》即将展开。

人物背景小片介绍之后，主持人开始与当期节目的观察员进行交流，询问三位观察员，看完这个片子，他们有什么样的好奇或观察角度。接下来，节目设计了一个环节：飞鹤乳业创始人冷友斌为三位观察员各倒了两种奶（由两种颜色的杯子盛装），请他们品尝，并发表评论。之后，他告诉三位，这两种奶中有一种是羊奶。随后，主持人做了解释，为什么请大家喝的奶中有一种是羊奶。因为冷友斌的企业刚收购了一家羊奶奶粉企业。冷友斌随后解释，为什么去年要收购一家羊奶企业。原因是飞鹤是做婴幼儿奶粉的，有52年的发展历史，他们致力于把婴儿奶粉做成高品质奶粉。在国外，婴儿羊奶奶粉很普遍，就是给小众人群使用的，如乳糖不耐症，或者是过敏体质。之后，主持人询问冷友斌：中国什么样的人会喝羊奶奶粉？冷友斌解释说，主要是过敏体质人群，还有早产婴儿的消化吸收功能不好，羊奶则比较适宜这部分特殊的婴幼儿食用。

《波士堂》作为一档面向大众传播的电视栏目，节目形态基本是稳定的，这保证了栏目能够以相对稳定的样态、品质进行节目的批量生产，满足以周为单位播出周期的需求。

3. 注重节目人文价值的开掘

《波士堂》秉持"商道即人道，财经也人文"的节目理念。节目内容除了聚焦BOSS们的经营管理之道外，也注重从人文角度与当期节目请到的BOSS在人生经历、创业过程、性格特征、为人之道等方面进行深入对话。

4. 节目现场氛围轻松

以《访谈喜达屋酒店与度假村国际集团中国区总裁钱进》这期节目为例，节目由主持人主导，设置一些环节让BOSS与观察员互动。节目也与观众分享了钱进的成长经历,如让钱进介绍自己找工作时面试的成功经验,还全方位介绍了这位 BOSS 的生活理念、企业管理理念。另外,节目还设置了一个有趣的环节,让钱进在演播室制作其擅长的可乐鸡翅,做好的鸡翅则送给观察员和现场观众品尝。

在《爱康国宾张黎刚:互联网医疗的革命》这期节目中,编导则设置了一个有趣的环节。当期节目开始不久,爱康国宾董事长张黎刚跟当天节目的观察员之一、著名演员(同时也是爱康国宾的代言人)海清跳芭蕾舞。这样的环节设置活跃了谈话现场的气氛,起到暖场效果,为节目后面谈话内容的推进构建了一个轻松的氛围。随后节目又设置了另一个环节,让爱康国宾董事长张黎刚对网上流传的一些与健康有关的说法进行评价。

5. 探讨与企业经营管理有关的严肃问题

在《波士堂》的节目中,观察员、主持人会在节目现场提出一些问题,其中有的问题是比较生活化、轻松的,也有的问题较为严肃,如探讨关于当期节目 BOSS 所在企业的经营管理问题的。以《访谈喜达屋酒店与度假村国际集团中国区总裁钱进》这期节目为例,节目前面的内容总体上比较轻松,但随后涉及的问题就相对严肃,如中国五星级酒店已经在短时间内增加了很多,钱进管理的企业如何面对这样的局面等。

当然,《波士堂》的节目中也不全是仰视 BOSS 的内容,例如在说到中国五星级酒店服务水平的现状时,主持人袁鸣就以她在科威特喜来登酒店所接受的高水平服务的例子来反观国内五星级酒店服务水平的现状。

6. 节目由若干小段落构成,每个段落设置一个核心话题

《波士堂》的每期节目都会设置若干环节,并以这些环节的连接构建整期节目。以《访谈喜达屋酒店与度假村国际集团中国区总裁钱进》这期节目为例,节目设置了若干问题来推进叙述:五星级酒店凭什么那么贵? 如何为消费者提供个性化服务? 马尔代夫为何不欢迎中国游客? 限制"三公消费"影响酒店业? 主持人袁鸣的五星级酒店体验如何? 为何中国的服务水平跟不上? 服务标准化还是个性化? 向海底捞学什么?

(二)《波士堂》栏目有待改进的地方

作为中国电视经济领域的知名栏目,《波士堂》有不少经验值得其他经济栏目学习,但是也存在尚需改进、完善的地方,如观察员的构成方面,其背景与专业素养往往与节目嘉宾不匹配。在访谈飞鹤乳业董事长冷友斌这期节目中,三位观察员分别是《工人日报》社会周刊编辑部主任石述思、SMG 主持人杨蕾、中国政法大学新闻与传播学院院长宋建武。他们在与冷友斌交流的时候,就会表现出缺乏相关背景知识的情况,所以提的问题就显得有些不够"专业"。下面就是这期节目的观察员、嘉宾、主持人之间对话的一个节选。

杨　蕾:我的问题是,冷总,您确定羊奶的质量是比牛奶的好吗？羊奶是不是能够替换掉牛奶的角色呢？

冷友斌:不能说替换掉,我们在做婴儿奶粉,为什么婴儿奶粉需要专业,它需要很强的技术背景,就是我要把牛奶的成分调整成跟人奶一样。

冷友斌:在全球来讲,奶的营养价值已经是被认可的,婴儿奶粉它跟其他的奶粉不一样,它需要科技含量,婴儿奶粉它需要科技,它需要调查母乳的成分。我们这些年花的最大的一笔钱就是每年来调查中国母乳的结构。因为中国非常大,母乳的营养成分也不一样,比如说南方吃辣的地方,它的母乳结构就不一样。沿海吃海鲜,它的母乳营养结构又不同。到西北,人们吃牛羊肉,到东北,吃面食。

主持人追问:那上述说的这么一些地方,哪个地方的母乳营养结构是比较好的？

冷友斌:不应该这么说,配方奶粉的营养结构是根据人群来设计的。比如说沿海的,他吃海鲜多,它含的 DHA 含量就高,西部的吃牛羊肉的可能它含的蛋白也不一样,所以说,配方粉要针对中国人的体质设计。

冷友斌:实际上婴儿奶粉,除了配方之外,最重要的一点就是奶源。我们国家可能奶制品出了很多的事情,我们作为乳业的工作者也有责任,但是它的问题出在源头上。

总体来看,作为一档经济类的谈话节目,《波士堂》搭建了一个传播平台,为企业及其负责人提供展示自己的机会,同时也提供一个企业管理者与公众、消费者沟通的机会。嘉宾参与节目录制对行业、企业、企业负责人能产生正面、积极的传播效用,同时,节目嘉宾的成长故事、经营之道对观众也具有激励、启发的作用。

三、第一财经频道《头脑风暴》栏目的特征

在经济类媒体的创新中,较有创意的是电视媒体中的一些谈话类节目:开始是"一对一",主持人同一位专业人士对话;接着谈话者成了多人,围成圆桌"一对多",不仅有问题讨论,更有思想碰撞;再以后又发展成为由几个嘉宾发表观点,另由几人进行评论,你来我往唇枪舌剑,还有更多观众参与其间,观点之鲜明泼辣,气氛之轻松热烈,一反财经评论固有的严肃沉闷。例如,"第一财经"的《头脑风暴》,就此成为名牌栏目。[①] 这是我国财经新闻领域具有较为丰富的从业与研究经历的贺宛男先生对第一财经频道《头脑风暴》栏目的评价。

(一)栏目概况

"第一财经"是中国第一个跨地域、跨媒体(电视、报刊、广播、网站、新媒体)的财经资讯信息平台。"第一财经频道"开办的全新演播室谈话类节目《头脑风暴》,是立足国内,面向全球优秀企业总裁的大型财经深度访谈节目。节目始终坚持探讨热门社会经济事件、剖析焦点财经风云人物、折射最新经济领域动向,给广大观众科学性、前瞻性和建设性的深度观察和思考。节目通过分享企业负责人经历的矛盾、痛苦和成功的喜悦,折射财经界最新动向和潮流,在展现每位嘉宾个人魅力的同时,达到"头脑风暴"式的思想探索。《头脑风暴》每期节目时长一小时,播出周期为周播,主持人为马红漫。

---

① 贺宛男.财经报道概论[M].上海:复旦大学出版社,2012:35.

（二）第一财经《头脑风暴》栏目的节目特征

1.选题具有国际视野，关注经济领域的前沿、热点话题

《头脑风暴》的选题基本上是话题性的，如养生经济的问题、产能过剩的问题、国产奶粉能否取代进口奶粉的问题、日本修宪的问题、互联网金融的问题、航班准点的问题、就业难的问题、中国足球发展的问题、大数据的问题等等。这些话题大多与当下的热点社会现象、国际关系问题、经济问题相关。在梳理之前其他新闻媒体相关报道的基础上，《头脑风暴》通过近一个小时的节目时长，在嘉宾多元讨论、论辩的基础上，引领观众对这些问题进行更深入、更理性的认识。

2.节目嘉宾兼顾各个领域，保证谈话中观点的多元与碰撞

《头脑风暴》栏目的嘉宾选择考虑到与当期节目选题相关的不同领域的人士，有的是企业界的领导，有的是大学的专家学者，有的是传媒领域的知名人士。以 2014 年 7 月 11 日的节目为例，这期节目叫《世界杯的魔鬼经济学》，是在 2014 年巴西世界杯背景下制作的一期节目，这期节目实际上与世界杯中的体育营销相关，并由此衍生到世界杯经济与中国经济的关系。2014 年世界杯，耐克赞助了 10 支球队，而阿迪达斯赞助了 8 支球队。节目将嘉宾分为耐克帮与阿迪帮，他们所支持的品牌分别是世界杯的两大赞助商——阿迪达斯和耐克两个品牌。其中，阿迪帮的嘉宾有上海交通大学安泰经济与管理学院党委书记余阳明，耐克帮的嘉宾有华盛智业·李光斗营销机构创始人李光斗；根据球星的情况，嘉宾被分为梅西粉和 C 罗粉，前者的代表是《工人日报》社会周刊编辑部主任石述思，后者的代表为厚德大成企业管理咨询有限公司董事长欧阳宏武；根据嘉宾支持哪个国家将成为本届世界杯经济的赢家，节目将嘉宾又分为两个阵营，一个支持中国，代表为盘古天地房地产有限公司总经理宋海，另一个支持巴西，代表为安信地板董事长卢伟光。

就《特斯拉旋风：电动汽车时代来了?!》这期节目而言，栏目邀请到的嘉宾涵盖了汽车产业的上下游，包括干频（上汽集团新能源事业部总经理）、章

瑞平(一嗨租车董事长、CEO,毕业于复旦大学计算机系,赴美留学,曾在硅谷创业,一嗨租车是中国首家实现全程电子商务化管理的汽车租赁企业)、汽车咨询机构孙健(科尔尼咨询全球合伙人)、曾志凌(LMC 汽车市场咨询上海有限公司总经理)、媒体评论员罗锦陵(《轿车情报》《汽车与配件》总编、资深汽车专家)、钟师(独立汽车分析师,2012 年国内最早实地探访特斯拉总部和工厂的媒体人)、张鹏(《商业价值》杂志出版人、极客公园总裁)。

然而,不可否认,《头脑风暴》栏目邀请到的嘉宾还是有一定的局限性,缺少来自政府宏观管理部门的人士以及相关领域对口的专家,而有的嘉宾则频繁参与节目,如《工人日报》社会周刊编辑部主任石述思就在多期节目中出现。这在一定程度上体现出栏目专家资源的局限性。

3.通过问题设置,推动谈话的深入

《头脑风暴》在节目的进程上是靠一个个问题的设置向前推进的,如2014 年 7 月 11 日的节目《世界杯的魔鬼经济学》就依次设置了如下问题:梅西和 C 罗到底谁更值钱? 阿迪达斯和耐克的龙虎斗,究竟谁是赢家? 中国和巴西两大经济体,谁能在本届世界杯中扩大自己的经济影响力?

4.注重相关背景的介绍,丰富事实性信息的传递

2014 年 7 月 11 日的节目《世界杯的魔鬼经济学》,在开始不久,节目便对阿迪达斯和耐克两个体育运动品牌的世界杯营销情况做了介绍:针对这届世界杯,阿迪达斯和耐克两大品牌除了拼球衣赞助之外,还展开互联网视频大战。耐克《搏上一切》的广告视频中,C 罗、内马尔和鲁尼收拾行李,打点一切,蓄势待发走上球场,寓意世界杯即将来临,耐克已经准备就绪。由于大牌球星的加盟,这条视频广告在上线一个月后,点击量轻松突破千万。竞争对手阿迪达斯则使出撒手锏,由梅西领衔,厄齐尔、阿尔维斯、苏亚雷斯等倾情加盟的广告《梦想:孤注一掷》也推出并上线传播。节目在背景介绍中告诉观众,与耐克的虚拟场景不同,阿迪达斯在视频中毫无保留地使用了一切官方可用权益,包括官方标识、用球、官方片花、场边广告、真实的世界杯场地等。通过这期节目,观众还可以了解到,在阿迪达斯的专柜,西班牙、德国等国的比赛服,每套 599 元,球鞋则卖到 2 000 元以上,耐克赞助的巴西等

国的比赛服,则卖到 799 元,4 岁以下小朋友的一套比赛版球服,售价 469 元,没有任何折扣。这些内容的介绍,使得节目在用嘉宾犀利的观点吸引观众的同时,也为观众传达了丰富的背景信息,使得这个近一个小时的节目张弛有度,内容丰富多样。

5. 谈话氛围轻松

由于《头脑风暴》的大多数选题与时政保持一定距离,因此嘉宾表达自身观点较为活跃,谈话氛围也较为轻松。在嘉宾对各自观点进行陈述的间隙,偶尔会出现较为有趣的小插曲,如由主持人讲述一个段子。在《世界杯的魔鬼经济学》这期节目中,主持人马红漫就在节目接近尾声时讲了一个段子:韩国人问上帝,我们什么时候可以拿到世界杯冠军,上帝说 50 年以后。日本人问上帝,我们什么时候可以拿到世界杯冠军,上帝说 100 年以后。日本人听了以后,哭着走了。当中国人问上帝,我们什么时候可以拿到世界杯冠军时,上帝哭着走了。这条先前就已经在网络上和坊间广为流传的段子,顿时让节目现场笑声不断。

6. 注重现场观众的意见调查

除了在节目中参加谈话、辩论的嘉宾之外,在谈话现场还有一些旁听的嘉宾,他们手中有投票器,在节目完成一个子话题的讨论之后,主持人会要求现场观众对与这一段落谈话内容相关的问题进行投票。投票结果可以马上在大屏幕上显示出来。尽管这样的投票形式、样本构成、问题设置都存在局限性,但在谈话节目中起到间隔的作用,不仅可以收集现场观众的意见,还可以对节目的进程、节奏进行调节。

第一财经频道《头脑风暴》栏目往期节目选题

2013 年 5 月 2 日	微信收费该不该?
2013 年 5 月 7 日	黄金牛市是否终结
2013 年 5 月 13 日	名村之路能延续吗?
2013 年 5 月 20 日	中国企业家功成如何身退?
2013 年 5 月 27 日	中国时尚品牌之春是否到来?

2013 年 6 月 3 日	家有毕业生，高考还是留学？
2013 年 6 月 13 日	中美经济 2013 下半场
2013 年 6 月 17 日	谁在制造饮用水危机？
2013 年 6 月 24 日	"打车神器"在哪里？
2013 年 7 与 1 日	大数据时代来了
2013 年 7 月 8 日	商业巨头如何玩转大数据？
2013 年 7 月 15 日	创业者如何掘金大数据
2013 年 7 月 22 日	钱荒，你的钱"慌"了吗？
2013 年 7 月 29 日	棱镜门，背后是什么？
2013 年 8 月 5 日	解剖中国足球
2013 年 8 月 12 日	突围史上最难就业季
2013 年 8 月 19 日	航班准点真的只是传说吗？
2013 年 8 月 26 日	互联网金融挑战银行？
2013 年 9 月 9 日	日本修宪，走向何方？
2013 年 9 月 16 日	国产奶粉能否取代进口奶粉？
2013 年 9 月 30 日	如何化解产能过剩？
2013 年 10 月 14 日	养生经济，真金何在？
2013 年 10 月 21 日	引领转型趋势，责任改变世界
2013 年 10 月 28 日	美国政府停摆：影响几何？

第六章

媒介融合背景下电视财经栏目的发展策略

由计算机技术与网络技术进步带来的新媒体、媒介融合,已经对新闻媒体的传播格局产生了颠覆性的影响。新媒体的发展、媒介融合的推进,不仅改变了传统新闻媒体传播的渠道、终端,还给传统新闻媒体的内容形态、与受众的关系、内容的扩散形式、媒体之间的形态区别、新闻的表述方式等带来前所未有的改变。

在这样的传播背景下,作为传统媒体中强者的电视,也受到不可小视的冲击。由于网络传播及其各种应用日渐被大众接受,传统媒体的受众人数、广告收入都受到削弱。在这样的背景下,传统媒体纷纷选择适应网络传播的时代要求,通过各种手段与形式,融入到网络传播、新媒体传播的洪流中来。身处这样的传播生态之中,传统的电视经济栏目也采取了相应的媒介融合策略与措施,以应对网络传播、移动互联网传播的新局面。

结合当前移动互联网传播、新媒体传播、媒介融合的背景,国内有一定知名度的电视财经栏目在面对新的生存环境时,采取了一系列的应对策略与方法,力图在新的传播生态中保持栏目的影响力与竞争力。

一、重视观众收视需求,加强内容建设

作为新闻的一种类别,经济新闻拥有新闻的共性特征,但在社会功用上

与其他新闻有一个明显的区别：受众在接受经济新闻时有强烈的功利目的，他们希望这些信息能够对了解经济大势、洞悉经济运转、改善经济生活有所帮助，实用性是经济新闻区别于其他新闻的最大特征。满足受众需求是媒体实现自身价值的唯一路径，如果无视受众对经济新闻最主要的需求，我们的节目就找不到实现其价值的方式。[①] 经济类媒体的管理者与从业人员必须清醒地认识到，与其他类别的新闻报道不同，经济新闻的传播内容具有很强的实用性，其传播对象在接触这类信息时看重的也是这一点。如果这方面的需求没有得到有效满足，那经济媒体以及相关的经济新闻报道也就失去了赖以生存的支点。因而，经济媒体的内容生产，要注意所报道内容的服务性，报道的内容要能为传播对象的经济决策提供参考，并能解答传播对象真正关心的经济问题。

实际上，当下备受强调的互联网思维，其中最核心的理念就是"基于用户需求的思维"，这也是媒介融合的关键着眼点，从传播学的角度出发就是受众本位。[②] 这与经济信息传播中强调的"以用户为中心"的传播理念也是一致的。当然，利用不断进步的互联网技术，未来的经济信息传播可以不断强化基于用户需求基础上的更加精确的个性化订阅与推送，以便给经济信息的用户带来更有针对性、更实用的使用体验。

面对竞争激烈的电视收视市场，国内各财经频道及其开办的财经类栏目越发重视对观众收视需求的满足。以第一财经频道的《今日股市》《谈股论金》为例，这两个节目都是为投资股市的观众服务的，节目所谈及的内容主要围绕股市变动展开，给观众一些较为宏观的投资策略与建议。除此之外，对于经济信息汇总类的栏目，在强化自采报道的同时，要注意加强对其他新闻媒体经济信息的选择与整合，帮助观众从海量的信息中筛选出有价值的内容。

① 李勇,余敬中.大众视角 实用落点——谈电视经济新闻报道的价值取向[J].电视研究,2004
(11):26-27.
② 郝雨,李灿.全媒重构格局中电视与新媒体融合路径深层探寻[J].现代传播,2016(4):118-121.

二、积极拥抱互联网,构建新的传播平台

1.通过电视台网站对节目进行再传播

传统电视台与互联网融合发展的早期形态就是开办网站,如中央电视台开办的央视网、浙江卫视官网蓝天下等。对中央电视台财经频道各栏目感兴趣的观众,可以通过央视网观看其以往播出的各期节目。对于像《经济信息联播》这样的栏目,观众在央视网《经济信息联播》栏目主页上,不仅可以看到已经在电视台播出的完整栏目视频,还可以看到经过拆条处理的精彩报道视频。观众还可以登录央视网,查看各频道(包括财经频道)的节目时间表。

另外,央视网通过"中国电视先锋榜",将国内每日、每周、每月各类节目的点击量进行排行。其中包括:新闻排行榜、体育排行榜、栏目排行榜、娱乐排行榜、特别节目排行榜、电影排行榜、电视剧排行榜、动画片排行榜、生活排行榜。在新闻排行榜、栏目排行榜中,都可以见到央视财经频道知名栏目的身影。以 2015 年 9 月 7 日 10:00 的新闻排行榜 Top50 为例,《经济半小时》2015 年 9 月 4 日的节目《正义感召外来援助》在所有央视网的新闻点播中排名第 6,播放数为 8 457;网络点播量排在第 35 位的国内电视新闻为2015 年 9 月 2 日《经济半小时》的报道《放在心头的民生福祉》,点播量为627。在中国电视先锋榜 2015 年 9 日 7 日电视栏目网络点播数量排名中,《经济半小时》2015 年 9 月 4 日、9 月 2 日节目的排名分别为第 6 位、第38 位。

第一财经开办了网站—财网,通过网站,观众可以观看电视节目的实时直播,还可以观看第一财经往期节目视频。观众在观看了自己感兴趣的节目之后,可以通过网站将该视频分享到微信、新浪微博、QQ 以及腾讯微博。

2.开发客户端

在互联网传播、新媒体发展的大背景下,国内一些有影响力的电视台还

开发了自己的客户端,用户可以通过在移动端或者电脑上安装客户端,来下载、观看相关电视台的节目内容,如中央电视台推出了央视影音 CBOX 客户端,第一财经推出了第一财经客户端。这些新兴的传播平台,也为电视台财经栏目内容的再传播提供了渠道。各财经栏目也应该适应当下的传播生态,充分利用新媒体传播的平台,扩大节目的影响力,对自身节目内容进行再开发,以适应移动互联网传播的需求。

3. 开通官方微博、微信公众号

以第一财经为例,网站上设有各栏目的官方博客、官方论坛,但其内容更新速度较慢,更新频次较低。以《谈股论金》这档栏目为例,截至 2016 年 9 月 8 日,其粉丝量为 53 924,但其微博内容的更新速度显得较为滞后,最新的内容是发表于 2015 年 5 月 14 日的一则对第一财经研究院官方微信的推送消息。栏目的官方微博为节目的观众与栏目、观众与观众(主要是股民)之间搭建了一座沟通的桥梁,同时栏目还可以通过微博中观众的评论来了解观众对节目内容的评价,以便改进节目内容。当然,官方微博中一些观众的评论是不太友好的,如 2014 年 3 月 10 日第一财经《谈股论金》的官微内容后面的评论就存在攻击栏目的情况。当然,这也从一个侧面反映出,制作受观众认可的财经类节目的难度是较大的。

《经济半小时》《对话》《首都经济报道》《财富故事》等知名财经栏目还纷纷开办栏目的微信公众号。当然,这些知名电视财经栏目微信公众号的开办,主要的功能还停留于对栏目进行推广,扩大栏目知名度,同时作为一个与观众沟通的互联网传播平台,其活跃度明显偏低。

第一财经谈股论金 V
2014-3-10 16:36 来自 微博 weibo.com
今日股市受到了重挫████我知道大家的心情一定非常不好,对于今天的情况,大家有什么想说的吗?来说说吧!就当发泄!

2014 年 3 月 10 日《谈股论金》官方微博发布的内容

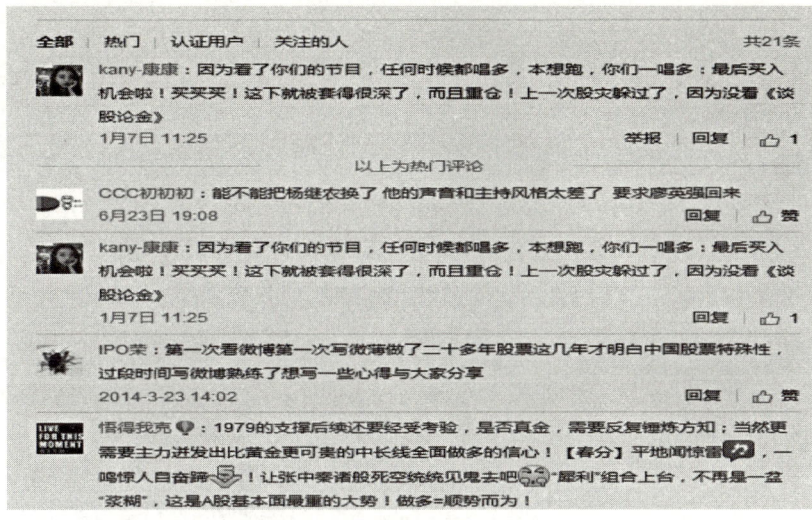

2014 年 3 月 10 日《谈股论金》官方微博发布内容后面的评论

三、开发适合新媒体传播的融媒体内容

在日益剧烈的新闻传媒竞争中，传统媒体难以被新媒体短时间内超越或取代的是其较为专业的内容生产能力。因为这需要庞大的高素质采编队伍作为支撑，并在多年的历练与沉淀之后方能形成的。但面对网络传播、新媒体传播的环境，电视财经栏目也需要在传播理念、内容形态等方面与时俱进，适应新的时代背景下观众对节目的观看需求，开发适合多渠道传播、多平台传播的融媒体财经节目内容。

四、采用更为科学的方式与指标对财经节目的传播效果进行评估

在新媒体传播以及媒介融合的背景下，电视财经栏目要获得可持续的发展空间，必须以更为科学的方式对其传播效果进行评估、考核，毕竟内容属性决定了其与综艺节目、真人秀、电视剧等节目形态存在显著的差别，发挥的传播功能、社会功能也与其他节目类型存在差异。因而，除了用量化指标来衡量节目的观众数量之外，还得考虑观众的人口特征，以及这些观众所具有的潜在经济价值与社会价值。

附录 A

国内知名电视财经栏目节目案例

央视财经频道《经济信息联播》节目案例

下面的内容是根据 2014 年 7 月 26 日《经济信息联播》节目内容整理而成的,可帮助关注该栏目的人士详细认识这个栏目的节目形态、结构和报道风格。

节目播出时间:2014 年 7 月 26 日

今日提要:

国家食药监局整治医疗行业,一半以上企业需整改,中小企业占比居多,牺牲质量拼价格成顽疾;超强台风重创海南文昌,水产养殖损失严重,农田被浸,盐碱化加剧,当地政府加固防范工程,数十辆工程车清运垃圾;党参价格一年跌七成,中药经营铺赔钱甩货,甘肃定西连续八年扩种党参,制药厂分批入市抄底;加沙十二小时停火协议生效,民众购物排长队,期待重回和平状态。

进入演播室:

标题:江苏无锡 90 平方米以上住房取消限购

男主持人:北京,中央电视台财经频道,各位观众晚上好,我是姚雪松。

女主持人：晚上好，我是史小诺。欢迎准时收看正在为您直播的《经济信息联播》

男主持人：首先我们要关注的是一条楼市方面的消息。今天记者从无锡市政府新闻办获悉，自 26 号开始，江苏无锡取消对 90 平方米（含 90 平方米）以上住房的限购。本地人以及外地人在购买 90 平方米以上住房的时候，套数不再设上限。这个政策只针对无锡市区，不含江阴、宜兴两地，但是购第三套住房的仍然不予贷款。

女主持人：无锡取消对 90 平方米（含 90 平方米）以上住房的限购政策之后，本地人以及外地人都可以直接在无锡购买 90 平方米以上的房屋，但是 90 平方米以下的房屋仍然继续执行原有的限购政策。据了解此次无锡解除限购是自 2011 年"限购令"执行以来的首次调整。尽管限购松绑，但限贷仍然存在，即购买第三套面积 90 平方米以上的房源时，仍然是需要全款买房。至此，已经有呼和浩特、济南、成都、苏州、武汉、海口等多个城市取消限购。好，一起来看今天的联播头条。

（本条报道为主持人口播报道，画面配合标有江苏无锡地理位置的示意图和与该报道核心内容对应的字幕。）

男主持：联播头条，来关注一下医改的话题。医改是为了解决看病难、看病贵的问题，但是医改当中很大的一个症结就是医院的分布问题，城乡不均、地区也不均，即便是同一个地方，有的医院扎堆，有的却找不到医院，特别是中西部地区的乡镇卫生院，要留住好医生、建设好医院，就更加困难了。在取消了药品加成之后，情况变得更加突出，那么有什么突破的办法呢？来看记者在甘肃的报道。

标　题：偏远乡村医院年收入四万元　中医下乡诊疗增加

解　说：甘肃敦煌市孟家桥乡卫生院地处偏远，过去两年，这里已经走了三位乡村医生，卫生院现在还有一人的空缺。今年 35 岁的王强兵在敦煌市里的中医医院工作，是主治医师，不过最近一些日子，每个双休日，王强兵都要和同事们一起下乡。

王强兵（甘肃敦煌市中医医院主治医师）：一年了，从开始每周周末都到这儿来,是星期六、星期天两天,到这儿来我们的重点还是帮扶,来了就是带教,然后查房,再就是看一些病人。

孟家桥乡卫生院医生(同期):来了个高血压病人,高压是120,低压是100,脉压差小。就是这样,他低压高。

王强兵:做过检查没有? 有没有排除其他的一些疾病?

病　人:对对对。

王强兵:是不是这个位置? 压起来疼不疼?

病　人:不疼。

解　说:像王强兵这样从敦煌市里来基层乡村医院帮扶的中医医生,整个敦煌市每周都有200多人。据记者了解,甘肃在全省选拔了1 200名优秀的中医师,请他们按照传统的师傅带徒弟的方式,每人下乡带三名乡村医生,以解决乡村医生技能不足,医疗水平不高的问题。

王强兵:没有下乡的那个时候,找你看病的可能就是一两个、三五个,然后住院的可能一两个,然后通过这个下乡,到我那儿看病的大幅度增加了。当时可能五六个,现在十多个,单是住院患者就增加了五六个。

解　说:2014年上半年,孟家桥乡卫生院门诊总数就达到了2 075次,比改革前增加了8%,这半年,医院总收入达到了47 518元,而这家医院过去平均年收入都不到4万元。乡卫生院增加的诊疗量中有将近65%都来自中医门诊,中医科室的收入也占到了全部收入的四成左右。

王三吉(甘肃省敦煌市中医医院院长):主要是5年以上的中层的主治医生下去锻炼,通过锻炼,解决了乡镇卫生院不能解决的一些历史遗留问题。同时也为我们医院的发展,拓宽了服务的渠道,吸引一部分乡镇卫生院的病人来我们县级医院就诊。

解　说:实际上,王三吉所在的敦煌市中医医院在取消药品加成后,也很艰难,不再以药补医,那靠什么来养医生呢? 王三吉最终想到了农村。

杨　瑜(甘肃敦煌市卫生局局长):中医在乡镇、在偏远地区工作起来很方便的,不需要设备的检查,也不需要花很多的资金,不需要高精尖的人才,中医药是百分之百的享受新农合的报销,所以老百姓从中医药里面已经尝到了甜头,得到了实惠。

解　说：敦煌市已经无偿划拨了 60 亩土地，投资 2 000 万元，给医院建设的新大楼正准备开工，以中医推动的医改正在全省铺开。

刘维忠(甘肃省卫计委主任)：甘肃省情决定了你必须中西医两条腿走路，对昂贵检查、对昂贵药物的无限追求，甘肃就没有那么多钱解决，所以这是甘肃医改的必然选择。

女主持：甘肃力推中医来拉动医改，一是因为中医诊疗的成本低，二是因为老百姓看中医可以报销，这才使他们走上了以中医带医改的因地制宜的路子。更多详细内容，敬请收看稍后播出的《中国财经报道》。我们再来关注一下医疗器械的质量问题。医疗器械和我们的生活息息相关，小到棉签、隐形眼镜，大到 CT、核磁共振，它们的质量都直接影响到我们的就诊和健康，我国的医疗器械产业一向比较薄弱，这表现为能够提供给患者的医疗器械的数量和质量都不尽如人意。日前，国家食品药品监督管理总局专门启动了医疗器械质量万里行活动，那么这些和患者的健康有直接关系的医疗器械产业究竟发展如何呢？来看一下记者调查。

方　明(浙江某医疗器械企业董事长)：比如说像这个用在四肢产品上的一些普通的结构板，因为国内能够生产这类产品的厂家有很多，特别体现在一些招标价格上，就像我们这些达到一定规模，管理又比较规范的一些厂家，它的价格本身下降的空间就不大，而一些小厂，可能空间就很大，它可能会报出比我们价格低 30%、40% 这样的价格。

标　题：中小企业占九成　医疗器械价格战成顽疾

解　说：浙江省是我国医疗器械企业比较集中的地区之一，共有医疗器械企业 2 000 多家，占全国的近十分之一。但中小企业的比例占到了 90% 以上。这家生产骨科植入产品的企业负责人就告诉记者，小企业往往倾向于打价格战，刚刚达到成本或者略高一点就会生产，但上规模的企业产品质量更好，成本也更高，以手术用的钢钉和钢板为例，眼下骨科创伤手术数量较多，钢钉钢板需求量比较大，国内生产这种产品的企业多达近百家，于是，一些企业便依靠低价格、低成本在市场上取胜，更严重的是很多省市的医院采购产品时往往是最低价成交。这就直接导致了价格战的升级。在山东这家生产义齿的企业,一位销售经理也向记者表达了同样的担忧。

都正杰(青岛某医疗器械企业生产经理):比如说,普通烤瓷可能市面上最便宜的有30块钱一颗的,但是我们做,我们没有70、80块钱以上,肯定是做不下来,因为我们的材料成本可能比它贵三倍五倍,那么你的硬件门槛高了,包括管理成本高了,你的产品出去,没有盈利,不可能去做。

解　说:浙江一家生产一次性注射器和一次性输液器的企业,经常参加一些医疗机构的招标会。一次性注射器,有的企业给出了2毛多一点的价格,而这对于大厂来说,连成本都不够,长此以往只能够关门歇业。

胡军飞(浙江某医疗器械企业总经理):(我们现在只能)往其他产品上转型、提升自己企业,不跟一次性(产品)企业去碰。比如说,我们做一些护理方面、手术区方面急需的一些品种,这些器械是人家以前没有的或比较忽略的。

解　说:截至2013年底,我国医疗器械企业已达17 000多家,总产值突破4 000亿元,但90%是年收入在一两千万元以内、技术含量比较低的中小企业。记者在江苏、广东、北京等医疗企业比较集中的几个省市,了解到了同样的情况。价格战在一定的时期可以打破垄断,降低价格,但牺牲了质量的价格战,尤其是与人的健康息息相关的产品的价格战,成为了制约医疗器械企业发展的主要因素。

男主持人:其实就在四个月之前,国家食品药品监督管理总局就开始了医疗器械企业的专项整治行动。四个月以来取得了明显的成效,查处了医疗器械领域一大批违法案件。来看报道。

解　说:截至6月30号,各地立案查处医疗器械违法案件3 296件,移送公安机关40件,捣毁黑窝点138个,涉案金额4.5亿余元。

标　题:过半医疗器械企业需整改 多数为中小企业

颜江瑛(国家食药监总局新闻发言人):医疗企业违法违规的事件时有发生,有的产品质量还存在着安全隐患,比如部分企业注册申报资料不真实,个别企业擅自降低生产标准,擅自降低生产条件,甚至变更生产工艺,不按标准生产。

解　说：此次专项行动重点整治医疗器械企业虚假注册申报、违规生产、非法经营、夸大宣传、使用无证产品五种行为。对于消费者较为常见的腿痛、近视眼、糖尿病和高血压等贴敷类、物理治疗类医疗器械等夸大宣传的行为，也是重点整治的内容。

童　敏（国家食药监总局医械监管司司长）：通过专项整治进一步来落实企业的主体责任，来推动企业诚信建设，加强科普宣传，发挥社会监督作用，促进医疗器械产业健康有序的发展。

解　说：通过四个多月的整治行动，全国有超过9 000家企业需要整改，占到全国医疗器械企业总数的一半还多，而违规企业主要是中小企业。因此，这对行业龙头企业将起到积极的扶持作用。据了解，专项行动将持续到8月15号。

女主持人：欢迎回来继续收看正在为您直播的《经济信息联播》。昨天我们报道了超强台风给海南文昌的网箱养殖造成了毁灭性的打击。而地处海岸边和内陆的养鱼养虾产业，同样在超强台风中受了重创。我们来看一下记者从海南文昌发回的报道。

关注海南灾后恢复　标题：海南文昌：海水养殖受损 或推高虾苗价格

解　说：和曲红是海南文昌的一个养殖户，他的100多亩鱼塘部分在超强台风中损坏，同时养殖的鱼虾也大部分在台风中被海水冲走，由于水质不好，加之剩下的这些鱼部分有伤病，能不能保住还是个变数。

何启宏（海南文昌新田村养殖户）：石斑鱼和虾都要卖了，损失惨了，损失了一千万，然后现在还不知道怎么办。

解　说：在海南文昌一个大型虾苗基地，记者看到一些车间的屋顶已经被台风掀起，而基地原本满满当当的虾苗池也都变得空空荡荡，而用于繁殖虾苗的亲虾，也就是用作繁殖虾苗的已达性成熟的雄虾和雌虾，虽然经过全力抢救，仍然损失严重。

陈行烈（海南文昌铺前木兰湾旺意虾苗基地总经理）：这次台风对我们造成的损失有4亿多到5亿多尾虾苗，亲虾损失了一半，大概是2500对左右，锅炉房、电房都打坏了，没办法供电，这个水电几乎全部打毁了。

解　说：陈行烈告诉记者，目前他们是利用原来储存的海水来养殖亲虾，利用发电机发电供氧，一旦发现死虾，迅速捞出烧掉，以防产生疫情，目前两千多对亲虾已经可以进场生产了。据了解，海南文昌是我国最大的南美白对虾苗生产基地，连同同样在这次台风中受灾的湛江徐闻，这两大基地的亲虾数量占全国的 70% 左右。这次超强台风使得这两大基地绝大部分虾苗和 60% 以上的亲虾损失。目前正是虾苗投放的高峰期，业内人士估计，虾苗短缺将提升虾苗价格。

男主持人：今天是超强台风"威马逊"过后的第八天，在超强台风"威马逊"袭击较重的地区罗豆农场，潮水不仅袭击了村民的房屋，还毁坏了虾塘鱼塘，让农田被海水浸泡而发生盐碱化。这些以种地养殖为生的农户开始为未来的生计担忧了。

标　题：关注海南灾后恢复　海南文昌：耕地遭浸泡 当地加固防范工程 调整产业

记者现场出镜：这里是罗豆农场的一片农田，我们看到在这个农田里面现在是白花花的一片，那么这些白色的是什么呢？当地村民跟我说，这些白色的就是海水浸泡之后，经过太阳炙烤，烤干以后留下的盐分。当地村民跟我说，像这种被浸泡过以后的农田，在三到五年内没法再种水稻。

施云波（海南省文昌市罗豆农场山良村村民）：要是再高一点的，没有被海水泡过的（农田），可以种一点杂粮，（但是）效果也不太好。要是低一点有水，像这样的田有水的，基本上是三到五年不能种地了。

解　说：除此之外，这次台风造成罗豆农场 11.9 公里的防潮堤损毁严重，"威马逊"是今年影响海南的第一个台风，而八九月份是海南的台风季，村民们担心如果损坏的防潮堤不尽快修好的话，再有台风来就会很危险。

施云波（海南文昌市罗豆农场上良村村民）：八月份到九月份台风是最多的，差不多有时候一个月有两三个台风，堤坝没损毁好像是十一级的大风，都不那么危险，按照这样的情况，摧毁了，就是八九级的台风，我们都要逃命。

解　说：目前，针对当地的情况，农场方面已经申请政府的资金，对农场的防潮堤进行加固,当地政府及相关部门正在加紧研究救灾方案。

林道禧(海南文昌市罗豆农场副场长):我们现在正在组织力量,由专业的人在海边用挖掘机先把临时的防潮堤损坏的地方或太低的地方先把它填起来,保证一般的情况下海水不上来。在稻田这一块,我们第一步是指导老百姓,把田埂挖开,先把海水咸水排掉,然后下大雨的时候再堵住,让淡水来浸泡。前段时间我们也跟海南大学那边做盐碱水稻的种植(试验),如果水稻种植成功的话,我们可能也会推广。

女主持人:台风"威马逊"不仅仅是对海南文昌的渔业、农业造成了损毁,在台风过后,大量垃圾堆积在村里,农场正在抓紧组织清理。

标　题:关注海南灾后恢复　海南文昌:台风过后垃圾堆积 农场数十辆车加紧清理

解　说:走进受灾较重的中山良南溪等村记者看到,在走进村子道路的两旁,到处是厚厚的淤泥和各种垃圾,村民们正在清理被海水浸泡过的床垫、衣服、电视机等。

海南文昌罗豆农场南溪村村民:白天都一直在搞卫生,不知道要搞多少天,我们这里都是好多垃圾,看一下要什么时候才能拉走。

解　说:据了解,在罗豆农场,有23个村庄都因为涨潮而被淹没,农场派出4台挖掘机、35台拖拉机和十辆卡车来清理这些垃圾。

记者现场出镜:这边是有一栋倒塌的房屋,它的很多木头、横梁、砖瓦就堆在这里。这些物品经过海水浸泡以后,现在又连续几天经过太阳的暴晒,发出阵阵的恶臭。

解　说:水塘里一些来不及清理的鸭子已经开始腐烂,空气中弥漫着难闻的味道,农场原计划在26号清理完村庄的全部垃圾,但是由于清理垃圾的机械有限,垃圾量又大,清理的进度非常缓慢。在清理现场,疾控中心的工作人员也在进行消毒。

海南文昌疾控中心工作人员:选择这个村子比较重点的积水的地方,堆垃圾的地方我们还要进行消杀。

解　说:记者看到,村民们领着发放的大米、食用油等回家,有的村民家里可以生火做饭。

女主持人:我们再来关注一下中药市场,党参是一种常见的中药材,它的功效与人参类似,有补中益气、健脾益肺、养血生精的疗效。人参价格最近一年上涨了50%,但是党参的价格却从原来的每公斤100多元,跌到了现在的20多元。超过70%的跌幅让众多党参经营户们各自叫苦不迭。

标　题:中药材周期调查　安徽亳州:党参价格跌七成 经营户亏损连连

解　说:周桂荣在安徽亳州中药材市场经营党参生意已经有十几年的时间了,这两年党参的价格跌幅之大,让她和很多党参经营户都措手不及。

周桂荣(安徽省亳州市康美中药材市场经营户):能不着急吗?现在一包货赔几千。

记　者:你一次一般进多少货?

周桂荣:这也没有说进多少的,价格便宜多进点,价格高就少进点。

丁永堂(安徽亳州市康美中药材市场经营户):前段时间比现在还要便宜5块钱。今年30多元,去年70多元,前年是100多元。

解　说:采访中记者了解到,今年党参从产地一拉回来价格就开始下跌,越卖越掉价,在市场内像周桂荣这样赔钱的党参经营户比比皆是。

孙小磊(安徽亳州市康美中药材市场经营户):卖40元,赔钱。

记　者:赔多少?

孙小磊:赔10块钱。做生意不就是这样嘛。

解　说:党参的价格从2000年到2008年,每公斤一直在12元到15元的区间上下波动。从2009年到今年,上演了一波暴涨暴跌的过山车行情,现在因为价格持续下跌,药材经营户们都采取随买随卖的方法来应对,而且交易量日益萎缩。

标　题:安徽亳州:党参跌得快卖得慢 交易量萎缩

李　东(安徽省亳州市康美中药材市场总经理):从2009年到2012年,价格一直是一路上浮,从30元涨到40元,到2012年的上半年,最高达到100元一公斤,2013年党参的价格又开始出现大幅的回调,到现在的市场价已经达到 25 元左右。整个下浮的幅度达到了 70%。

丁永堂(安徽亳州市康美中药材市场经营户)：现在市场卖不动,越高价的时候卖得越快,越跌价越卖不动。

男主持人：党参的价格为什么会跌得这么快呢?采访中记者了解到党参主要产于甘肃省定西市,但是近年党参的价格出现上涨的时候,很多地方都开始扩大种植面积,那么扩种之后,参农们是不是都赚到钱了呢?继续来看调查。

标　题:中药材周期调查　甘肃定西:连续 8 年扩种党参 药农赚钱药商赔钱

解　说：复兴镇是甘肃省定西市陇西镇药材种植面积最大的乡镇,全镇 18 万亩耕地,仅中药材就占了 8.5 万亩,由于年初种苗价格低,今年这里几乎所有的农民都扩大了种植面积,刘振文就补种了 50 亩党参。

刘振文(甘肃省定西市陇西县福星镇庞家岔村药农)：(成本)去年种植一亩,药苗和肥料成本就要两千左右,今年是五百左右。

记　者：这样今年年底预计下来收入能有多少?

刘振文：能在十万元以上,按照现在最低的价格。

李　永(甘肃省定西市陇西县福星镇高塄村药农)：就是三百三四十亩,不出啥问题的话,这三百多亩能赚个十来万元,党参的价格还往下掉,后面怎么样还说不上。

解　说：由于药农大幅度扩大种植面积,过去四年,定西市药材种植面积由 2010 的 101 万亩扩大到 2013 年的 116 万亩。今年陇西县党参种植面积比去年增加了近 3 万亩。

陈建林(甘肃省定西市中医药产业发展办公室副主任)：特别是从 2006 年到 2009 年,由于党参价格上升,农民扩大种植面积,产量从 4 万吨发展到 7 万吨,面积也从 28 万亩发展到 36 万亩。

解　说：由于去年雨水较好,药材产量大幅增加,再加上历年库存,造成供大于求,党参价格在库存和新货两方面的压力下逐步下滑,定西党参从 2013 年初的每公斤 130 元左右降到了如今的 20 多元,虽然种植户还不至于赔钱,但是很多党参经销商都做起了赔本生意。

董立定(甘肃省定西市某药业公司销售经理): 从一月份一直到现在七月份,我们的销量就是120吨左右,整体比去年要下滑30%左右。

女主持人: 我们看到,种植户赚钱,经销商赔钱,那么到了消费者这个终端时,党参价格是否也在下调呢? 我们继续来了解。

标　题:走进安徽亳州　药厂分批入市抄底　党参价格回稳

解　说: 走进安徽一家中药饮片企业,记者看到党参生产车间比其他中药材车间更加忙碌,工人们正在加班加点生产小包装中药饮片,销售到国内外,这一轮党参价格的大幅度下跌,也给加工企业带来了一些冲击,以量换价是它们不得不采取的策略。

王　琛(安徽广印堂中药公司总经理): 对我们影响还是有的,首先就是进价的下跌,我们的销售价格也下跌了,我们虽然生产出来同样的生产量,但是我们总的销售收入反而降低了。

解　说: 王琛告诉记者,从历史上党参的价格来看,目前每公斤20多元已经处于历史上的相对低位了,估计再过一个月的时间,党参的价格会有一定的反弹。所以他们从一个月前开始逐渐加大对党参的购买量。

王　琛(安徽广印堂中药公司总经理): 我们是采取已经慢慢介入的状态,应该有一个月左右吧,一到两个月时间,我们会慢慢介入,加大我们的采购力度。从我接触的这些药企观察来看,他们已经慢慢在介入这个行情,有加大采购量的计划。

标　题:走进安徽亳州　药厂分批入市抄底 党参价格回稳

解　说: 万草堂是安徽以加工中医药饮片为主的企业,记者来到这家企业的仓库,发现党参原料已经堆积如山,从今年年初开始,它们看到党参价格下跌,企业就已经开始大幅度地购买党参储存,以降低后期的生产成本。

韩新材(安徽万草堂中药公司董事长): 按人工成本,早几年十几块钱也有,但现在按照物价上涨的水平,现在二十左右也算最低价。

解　说: 虽然党参价格的跌幅高达70%,记者走访了几家药店,发现以党参为主要原料的药品价格不仅没有随党参价格的下降而下跌,反而连续两年上升,原因是党参在价格上涨周期内零售药受成本上升影响,减少了采购量,生产量减少,市场供应相对紧缺。

赵　影(北京同仁堂亳州药店):比如我们同仁堂出的生脉饮主要是以党参为原材料的,它的剂量是十毫升乘以十支的,价格在这三年是 2012 年卖到十三块五,2013 年卖到十四块,今年卖十五块。

男主持:了解完中药的行情,我们再来关注一种调味品——花椒的行情。甘肃省陇南市是我国花椒的最佳适生区,这里的花椒产业规模很大,而2014 年的行情也很不错,来看报道。

标　题:甘肃武都:百万亩花椒将产 4 千万斤 行情看好产值 16 亿

解　说:眼下正是花椒的采摘季节,走进甘肃省陇南市武都区花椒主产区的汉林乡,山峰峦峦,沟沟岔岔,一行行花椒树绿中透红,煞是好看。公路上,村庄里,收购花椒的车辆穿梭往来,弥漫着一股股浓郁的椒香味,花椒树缀满果实,树下是忙碌的农民。花椒行情好,眼下农民对于花椒产业也有了新的认识,年年攀升的价格,给甘肃省陇南市武都区 44 万椒农带来了十分可观的经济收入,杜同心的 3 亩花椒现在就打理得不错。

杜同心(甘肃陇南市武都区汉林乡杜家湾村民):像这样的(主)枝条剪长一点,腊月的时候可以锯掉,现在锯掉就流椒油,树就彻底完了。还有,花椒摘完,就要除草,打农药,虫子就没有了,如果虫子把叶子吃掉,第二年还是不结椒。

解　说:在武都区郭河乡营寨村杨继林家的屋顶上,晾晒的花椒红彤彤一片,煞是惹眼,晾晒完花椒,杨继林又赶到地里摘椒,现在种植花椒鼓起了他的钱袋子。

字　幕:甘肃武都:百万亩花椒将产 4 千万斤 行情看好产值 16 亿

杨继林(甘肃陇南市武都区郭河乡营寨村椒农):我种的花椒树,果实大,树形好,树的寿命长,产量高,这一树能摘 5 斤干花椒。这一亩地可以产300 斤干花椒,一亩地像今年的价格就能卖一万多元。

解　说:据了解,甘肃省陇南市武都区种植花椒面积已经近百万亩,涉及农户 44 万人,预计全区 2014 年花椒总产量达 4 千万斤,产值将达到 16 亿元。

女主持:河南的兰考县是国家级贫困县,资源比较匮乏,但是近年来,当地农民却用当地特别的木材泡桐走出了一条致富产业路。

标　题:河南兰考:泡桐木里的财富故事

解　说:清晨一大早,河南兰考县崮阳镇徐场村村民徐双卫就忙着清点进货的泡桐原材料。

徐双卫(河南省兰考县崮阳镇徐场村村民):305,一共是 8 540 元,直接打你卡上吧。

解　说:键盘一敲,通过网上银行转账,不到一分钟,徐双卫和送货商之间就完成了这笔交易。

徐双卫(河南省兰考县崮阳镇徐场村村民):家里还有多少,继续收,反正只要是桐木老梁这一块,有多少,要多少,钱上你放心。

解　说:出手大方的徐双卫以前在外地打工,做过泥瓦匠和建筑工人,每月才挣一千多块钱,后来看到很多乡亲们用当地的泡桐树做乐器,就回家跟着父亲学会了做琴这门手艺,之后又跟着古琴制作大师田双坤做学徒。2006 年,徐双卫在自家的小院子里开了这家古琴作坊。

徐双卫:这都是兰考的泡桐,今天刚送来一车,你看这老梁子。这边是木工师傅的车间,这边是漆工师傅的喷漆室,他们是两口子。

解　说:别看这样一个小小的家庭作坊,从木工车间到喷漆室、晾琴房,制作古琴的各道工序在这里都一应俱全,妻子在家里主要负责水墨这道工序,这做古琴的手艺也是徐双卫手把手教的。现在,夫妻俩不用外出打工就可以挣钱,地里的农活也不耽误,除了夫妻俩之外,徐双卫的这个家庭作坊还雇了五个人做工,大部分都是本村的村民。在徐场村一个熟练的做琴工人一个月的工资能够拿到六七千元。

标　题:河南兰考:泡桐木里的财富故事

徐双卫(河南省兰考县崮阳镇徐场村村民):现在就是多劳多得嘛,他们干得多,挣得也多。

记　者:大概一个月多少钱?

徐双卫:他们两个大概就是一个月一万多块钱吧。

解　说:徐双卫介绍,一把普通的古琴,利润大概有30%,如果是高档古琴,利润则会更高,可以达到40%。装好琴弦,徐双卫打算试试这把古琴的音色。

标　题:河南兰考:泡桐木里的财富故事

解　说:多年的经验,让徐双卫不仅会做琴,也会弹上好几首曲子。

徐双卫(河南省兰考县崮阳镇徐场村村民):你外行干这个东西不行,必须得懂一点。

解　说:徐双卫说,现在他家做的古琴,每年能够销售2 000多台,除了国内市场外,最远已经卖到了新加坡和马来西亚。

记　者:这样一年下来能赚多少钱啊?

徐双卫:一年不多,四五十万。

标　题:河南兰考:泡桐木里的财富故事

解　说:四年前,徐双卫家里买了可以送货的小汽车,现在正计划着在县城里买房,夫妻俩说,以前想都没想过,作为一个农民,能过上现在的生活。

徐双卫:现在生活很好,比以前强太多了。

记　者:比出去打工也强多了吧?

徐双卫:是啊,出去打工一年挣个万把块钱,还不如现在一个月、半个月挣的呢。

男主持:那么兰考县里还有多少像徐双卫这样的致富农民呢?他们有着怎样的致富故事,详细内容,欢迎收看《经济半小时》稍后播出的《兰考县里的乐器大生意》。下面来关注一下资本市场的一件大事。7月25日下午,宏源证券发布公告,披露了申银万国吸收合并宏源证券的方案,宏源证券在停牌近9个月之后,国内有史以来最大的券商并购案终于揭开了面纱。

标　题：申银万国合并宏源证券营收排第一　交易估值722亿

解　说： 7月25日19点，申银万国证券、宏源证券在北京金融街的宏源证券总部召开新闻发布会，介绍了双方换股合并的方案，申银万国证券将发行84亿A股，按每一股宏源证券股票换2.049股申万股票的比例，溢价20%，收购全部宏源证券股票，发行价为每股4.86元，合并案估值高达722亿元，合并完成后，申银万国将作为存续公司，承接宏源证券全部资产、负债、业务和人员。宏源证券终止上市，并注销法人资格，申银万国股票将申请在深交所上市流通。

标　题：申银万国合并宏源证券营收排第一　交易估值722亿

李剑阁（申银万国证券董事长）： 比如网店布局上面，我们申万在东南地区、沿海地区，当然一直到中部地区都有比较明显的优势，但是宏源主要在西北地区、新疆地区。这个对于我们申万来讲是一个空白点，东南沿海地区宏源也比较薄弱，两个一加，就已经是一个一加一大于二的架势了。

解　说： 宏源证券1994年在深交所挂牌上市，是中国第一家上市证券公司，申银万国则是中国第一家股份制证券公司，双方都属于中央汇金公司直接或间接控股的券商。按2013年数据，简单相加，申万宏源合并后的营业收入位居行业第一，达到86亿元，总资产约945亿元，位居行业第五。连同申万宏源合并案，在不到20天的时间里，资本市场里已经有3起券商并购案落定。7月7日，国泰君安证券收购上海证券方案获得证监会批复，收购金额35.71亿元。7月19日，方正证券公告与民族证券合并事项获监管层通过，方正证券收购民族证券的总估值达到132亿元。

李剑阁（申银万国证券董事长）： 高盛、摩根士丹利、JP摩根、美林等等都有各种各样的购并，尤其是20世纪90年代，英国的绝大多数投资银行都卖掉了，被一些商业银行和投资银行收购了。所以这个从整个证券业的发展历史来看，收购兼并是经常发生的事情。

解　说： 申万宏源的合并方案，还需要经过双方中小股东的表决以及证监会的审批才能最终通过。合并后的新公司注册地保留在新疆，除了证券业务之外，还会进一步吸纳银行、保险、信托、租赁等多种金融业务资源。

字　幕：复兴航空客机失事追踪

女主持：我们继续来关注台湾复兴航空空难事件的最近进展。今天上午台湾"飞航安全调查委员会"举行了例行发布会，调查人员表示，复兴航空失事的飞机 GE22 上的两个黑匣子已经于 25 号完成了数据下载。截至目前，已经确认了 38 名遇难者的身份，而复兴航班降落失败坠毁的原因原本被认为是撞击了西溪村民宅屋顶以后失事，但现在又发现了一处新的撞击点，是在西溪村以北的防风林，树梢有很多烧焦的痕迹，台湾"飞航安全调查委员会"正在对此做进一步的调查。

标　题：复兴航班坠毁 第一撞击点或为防护林

解　说：防风林出现一处明显缺口，被削掉的树梢有烧焦痕迹，这里就是新发现的一处撞击点，而这比原本认为的第一撞击点西溪村民宅屋顶低两到三米。

王兴中（台湾"飞航安全调查委员会"执行长）： 在原来残骸区的前方，树林里面，我们也发现了一些飞机的碎片，还有其他的一些散落物。

解　说：飞机失事第二天，西溪村村民发现村子北面的防风林被削断，"飞安会"立刻派人封锁现场，工作人员经过勘察认为，事发当天，雨大，视线不佳，机长误判航道，撞上防风林，试图拉高机身却不受控制，最后冲向民宅。不过，工作人员也强调，发现新的残骸掉落地点，不代表该处就一定是第一撞击点。在数据没有完整比对前，不对事故原因或失事过程做任何揣测。

王兴中（台湾"飞航安全调查委员会"执行长）： 还不能判断说这个折损是什么造成的，在树林里面我们有看到比较散落、比较小的碎片。

解　说：调查人员说失事飞机黑匣子所记录的 138 项飞行参数都很完整，目前调查人员正在比对解读数据，而要推论出航班的失事过程与原因，恐怕还需要几个月的时间，不过调查人员表示，下周五前会公布初步解读结果。法国方面的鉴识人员 26 号也会抵达参与调查。

男主持： 下面再来关注一下阿尔及利亚航空公司 AH5017 航班坠毁事件。当地时间 25 号法国总统府发表公告称，客机残骸在马里的泽西地区找到,但是没有发现幸存者,目前针对这场空难的调查也在逐步地展开,空难原因引发了各种猜测,坠机现场的画面也是第一次被公开。

标　题:阿航 AH5017 航班坠毁
阿航坠机现场画面首度公布

奥朗德(法国总统):在马里东部泽西地区被发现,该地区靠近马里与布基纳法索边界,法军士兵已经抵达坠机地点,保护现场并展开调查,现场没有发现生还者。

解　说:从这段据说由布基纳法索士兵拍摄的视频可以看出,坠毁客机的残骸散落在沙漠地带,法国外长法比尤斯当天在记者会上表示,坠毁客机的残骸集中在九万平方米的区域之内,而关于本次坠机的客机上究竟有多少名乘客和机组人员,各方的说法并不一致。此前,阿尔及利亚航空公司负责人曾说,客机上共载有 116 人。法国总统奥朗德表示,坠毁的客机上一共有 118 人,其中有 51 名法国公民,而随后法国外长法比尤斯又表示,坠毁客机上的法国公民总数为 54 人,其中 3 人拥有双重国籍。25 号,法国总统奥朗德表示,坠毁客机的一个黑匣子已经被找到。但在调查结果尚未公布之前,客机坠毁的原因已经引发了多种猜测,法国方面表示,恶劣天气可能是造成飞机坠毁的原因,还有分析认为,机械故障可能是造成本次客机坠毁的原因,但航空专家表示,这种说法并不成立。从客机残骸分布范围来看,客机或在接触地面一刻解体,另外,恐怖袭击的因素目前依然没有排除,25 号,AH5017 航班的起点布基纳法索和原定降落终点阿尔及利亚两个国家都宣布举行全国哀悼活动,悼念空难遇难者。

女主持:我们再来关注在乌克兰东部坠毁的马航 MH17 的最新消息。距离马航 MH17 航班坠毁,时间已经过去了一周,但是由于安全问题和乌克兰东部民间武装干预,国际调查人员进入到坠机现场依然受限。25 号的傍晚,马来西亚的交通部长廖中莱在接受媒体采访时说,目前有关马航客机坠毁的调查工作已经进入到新的阶段,仍然有很多的困难需要解决。

标　题:马航 MH17 坠毁事件追踪

马交通部长:初步调查已结束 187 具遗体已送往荷兰

解　说:廖中莱表示,目前最紧要的工作就是运送遇难者的遗体。按照计划,遗体运送至荷兰的工作将在 27 号完成,不过遇难者身份的辨识工作非常烦琐,完成尚需时日,而对于外界最为关心的黑匣子的相关问题,廖中莱表示,黑匣子的数据并未受到篡改,而且已经被调查团队导出,可以说初步调查工作已经基本结束。

廖中莱(马来西亚交通部长):调查过程最重要的是调查人员在调查灾场的安全性,灾场必须要确保安全,专家的鉴定工作才能顺利进行,到目前为止,我们还是感觉到不安全。

解　说:当天,来自荷兰和澳大利亚的 7 名专家在马航 MH17 坠毁地点展开了调查。荷兰调查人员又发现了一些人体残骸,还找到了一些护照、身份证和信用卡等物件。同一天,第三批 74 具马航 MH17 遇难者遗体从乌克兰哈尔科夫机场运抵荷兰南部城市艾因霍恩。荷兰警方负责人表示,200 名来自各国的法医专家正在展开遗体辨认工作。截至当天,已有 187 具遗体被送往荷兰。

男主持:下面继续关注巴以局势,北京时间今天下午 1 点钟开始,哈马斯和以色列已经进入了双方达成的 12 小时停火期,在加沙城很多民众纷纷借此机会赶紧前往银行去提款、去商店购买必需品。

标　题:巴以停火 12 小时 加沙民众排长龙购物

解　说:连日的轰炸使得加沙地带的许多建筑和道路都被摧毁,民众的出行和日常生活都受到了严重影响。此前,为了躲避战火,许多人都不敢出门,无法前往商店购买生活用品,今天,大批加沙民众利用短暂的停火时间,纷纷前往当地银行提款,去商店购物,在不少银行门口,都可以看到人们排着长长的队伍,等候取款,一些民众指出,他们希望巴以双方之间能够实现更长时间,甚至是永久的停火。

加沙居民:实现长期停火,而不仅仅是停火 12 小时。短暂的停火期间,我们不能提取完所有储蓄,我们希望停火能够继续,不要再回到杀戮和破坏中去,希望局势能够好转。

解　说:自以军发动代号"防务之刃"行动以来,巴以局势迅速紧张,国际社会不断斡旋,25号、26号,以色列和哈马斯相继接受了联合国提出的在加沙地带12小时人道主义停火提议,虽然以色列和哈马斯最终同意停火一天,但分析认为,巴以局势要实现真正缓和,还有很大难度。目前,以色列希望争取更多时间,继续对加沙地带的打击行动,而哈马斯则要求以色列解除对加沙地区封锁等条件作为停火前提,在双方都不愿妥协的情况下,实现长期停火还需很大努力。

标　题:巴以实现长期停火仍任重道远

解　说:以军对加沙地带持续的打击,引发了巴勒斯坦人的强烈不满,连日来,约旦河西岸的巴勒斯坦人在多地举行游行示威,抗议以军在加沙的行动,当地时间26号清晨,巴勒斯坦人继续在约旦河西岸的伯利恒举行游行示威活动,要求以色列军队撤出加沙,示威者和以军爆发激烈冲突。据美联社报道,一名巴勒斯坦青年在冲突中丧生。

女主持:我们再把视线转向美国,当地时间25号,一场大规模的沙尘暴袭击了美国亚利桑那州的凤凰城及其临近的区域,我们来看一下当时的情景。

标　题:美国:亚利桑那州遭遇沙尘暴袭击

解　说:从媒体公布的沙尘暴来袭时的画面可以看到,25号傍晚,大风裹着滚滚沙尘,一路侵袭了亚利桑那州,凤凰城以及马利克帕都笼罩在一片沙尘之中。美国国家气象局当天傍晚也是针对这两个地点发布了沙尘暴预警。由于龙卷风来袭时正值下班高峰,当地交通受到严重影响,当地官员表示,任何当地居民如果在路上遇到沙尘或风暴,都应该靠边停下,并关掉车灯。沙尘暴可产生每小时48到64公里的大风,在亚利桑那州等美国南部的沙漠地区较为常见,通常持续几分钟就会消失。

标　题:美国:加州山火致大批民众撤离

男主持:美国加利福尼亚北部的普利茅斯附近 25 号发生了山火,由于天气干燥,加速了火势的蔓延。目前过火面积已经达到大约 121 公顷,已经有一户家庭遭到山火的烧毁,多人生命财产受到威胁,大批当地居民被迫撤离家园。目前起火的原因仍然不清楚,当地已经出动消防员前往灭火,但是发生山火的森林地处山区,这给消防员的救火带来了不少的阻碍。

男主持:再来看看发生在加拿大的一起客机返航事件,25 号,因为受到安全威胁,加拿大的一架飞往巴拿马的客机在起飞 45 分钟之后返航,美国空军派出两架 F16 战机护送,来看一下具体的报道。

解　说:这架航班隶属于加拿大太阳之翼航空公司,航班号是 772,机上共载有 183 名乘客,6 名机组人员,当地时间上午 7 点,从多伦多的皮尔逊国际机场起飞,随后机上一名愤怒的乘客扬言威胁飞机安全。据机上乘客描述,事件的起因可能是购物纠纷引起的。

标　题:加拿大:乘客吵架威胁飞行安全 客机被迫返航

机上乘客:我觉得事件起因跟购物有关,那名乘客没有某张卡,不能购买。

解　说:为安全起见,美国空军出动两架 F16 战机升空,护送该客机离开美国的空域,最终客机安全返航回多伦多机场,没有人员受伤。

机上乘客:我当时正在洗手间想要出来,特警队员关上了门,我看到了枪,他们大喊举起手来。

解　说:多伦多警方表示,威胁客机安全的乘客名叫阿里沙西,警方已经对其提出指控,当天下午,这架客机重新起飞,飞往巴拿马。

男主持:最近,2014 年全国超级卡车越野大赛在山东举行,卡车越过恶劣的越野赛道,展现出了极强的性能。

女主持:在节目最后我们一起来观赏一下比赛当中精彩刺激的画面。明晚同一时间再见。

卡车越野赛画面配激昂的音乐。

北京电视台财经频道《首都经济报道》节目案例

播出时间:2014 年 8 月 19 日　　18:58　共 56 分钟

以下内容根据播出节目的视频整理而成。

张　颖(女主播):观众朋友,您好,欢迎收看今天的首都经济报道。

卢　迪(男主播):这两天,如果提到冰桶两个字,人们不仅感觉到是夏天降温的事情,那都变成了一个财经事件了。很有意思,说是一堆大佬凑一块,比着往身上浇一桶冰水,连冰带水,还是为慈善。张颖,你对这个怎么看?

张　颖:其实这就是刚才你上节目之前提到的那个问题。不知道是不是跟大家的身体情况也有关系。可能因人而异,有些人还是不适合给自己浇冷水。

字　幕:1.遭遇不靠谱的家电维修

　　　　2.8·18 电商大促,您出手了吗?

卢　迪:待会儿咱们聊的这个事啊,电商大佬也在其中。

张　颖:接下来还是把时间交给谢静。

谢　静:好的,大家好,我们先来关注一些大事情,最近召开的中央全面深化改革领导小组第四次会议对于咱们未来 7 年的改革路线画出了清晰的改革路线图。对于改革的部署,除了有规划,还细化到了非常细的领域。本次会议审议了包括像央企负责人的薪资,还有考试招生制度等等改革方案,都是大家非常关心、民众反映强烈的问题。去年的十八届三中全会,发起了全面改革的总动员,一共是列出了 60 项改革任务,截至目前,已经启动的改革项目是 39 项。好的,我们再来关注另外一件大事情,今天我们要辟谣,辟什么谣呢? 昨天有微博,说北京友谊医院组建的医疗队,在几内亚有 9 名医务工作者感染了埃博拉,其中 6 个人死亡,之后这条微博被大量转发,引发了大家的关注。我们从友谊医院得到了消息,说这条微博是误读、谣言。友谊医院解释,说援非医疗队的成员是经过了 8 个月的培训,在医疗还有社会交往方面都有相关的预案,队员们被要求严格地执行。现在没有医务人员死亡。不要再相信谣言了。虽然今天我们在这里是辟谣了,但是我们也知道,现在埃博拉的疫情是比较严峻的,也希望咱们援非医疗队的工作人员都平平安安。

卢　迪:没错,所以咱们老百姓,注意健康,咱也别给人家火上浇油了。

张　颖:对,而且实际上市卫计委在之前也表示过,对于埃博拉病毒咱们会做好相应的应急工作,再听到类似谣言的时候,也希望大家不要恐慌。

谢　静:嗯。在今天上午九点钟,740 路外环的总站来了一群非常特别的客人,正好我们也拿到了那里的画面,我们一起到现场去看一下。

字　幕:市民慰问公交司乘人员

谢　静:今天上午,现场这群特别的客人里面,有学校的老师,还有公司的职员,但是大家有一个共同点,平常都是选择坐公交的绿色出行方式。大家也看到了,他们可不是空着手来的啊,是带着慰问品来的。

谢　静:这个发起人说啊,他们平时都感受过公交师傅的热心服务,所以今天特别带着东西来感谢在高温下依旧为大家服务的司乘人员,挺好的。

张　颖:之前,在咱们这个节目之中也说过这个"山寨"的路牌,其实它这是蓝底白字,看上去和交通指示牌一样,但你定睛一看,全都是广告信息。

卢　迪:对,它这个为什么是山寨?因为它没有经过审批,所以说在我们北京的街头,还有不少违规的又很抢眼的牌子。马连道这个地方很繁华,有一大片 LED 的广告牌,闪闪亮亮的背后,你也许并不知道它们都是违规出现在那的。

张　颖:但是,今天它们的命运就不一样了,因为要被拆。

记　者(富天睿):我现在在马连道茶城,大家看我身后的执法人员正在对上方的 LED 显示屏进行拆除。据了解,这块显示屏长 12.5 米,宽 2.5 米,表面积达到 30 平方米左右。这块广告牌之前是用作播放广告,进行商业宣传的。

解　说:这块 30 平方米的 LED 显示屏,是马连道街最大的一块电子显示屏。平时滚动播放茶城的广告,花花绿绿,很是吸引人,悬挂在这里已经有一年多的时间了,而让人没有想到的是这么大一块广告牌,竟然是违建,被北京市政府点名要求拆除。

字　幕:马连道最大违建 LED 广告牌今日拆除

王　倩(西城区城管局广外执法队教导员):咱们今天对身后这块显示屏进行依法拆除,是因为前一段时间,接到市里的一个工作检查通知,要求对马连道地区一共 18 个违规的电子显示屏进行拆除。咱们前期对那些比较小的,可以进行人工拆除的,通过街道办事处已经全部进行拆除了,只剩下这一块比较大的。

解　说:因为面积大,离地面又高,拆除有很大困难,城管执法人员请来了西城区环境建设办公室的专业施工人员来进行拆卸,记者也亲自乘坐施工车来到了作业现场。

富天睿(记者):我现在就在十米的高空,我旁边就是正在拆卸的显示屏。可以看到师傅脚踩的就是显示屏,我来问一问师傅现在拆卸到什么进度。您好,师傅,我问一下,咱们现在拆到什么进度啦?

施工人员:现在已经一半了吧。

记　者:全部拆完要多少小时啊?

施工人员:得两三个小时吧。

解　说:这块显示屏的上端有一个遮挡的顶棚,拆除这个顶棚最费时间,然后就可以把整块显示屏拆卸下来交还给商户。这块广告牌当初花费了几十万元制作而成,而要说服商户拆掉这块造价不菲的显示屏,执法人员做了很多的工作。

王　倩(西城区城管局广外执法队教导员):它会影响整体的规划观瞻,会显得街面秩序杂乱无章,咱们也是为了让马连道这个特色街区规范、整齐、有序。

解　说:首经记者报道。

卢　迪:这个拆得好,大快人心,而且据说拆这样违规的牌子啊,还没有我们想象的那么容易。你一定要清楚它的违规主体是谁,还要找到这个违规主体会签一个什么合同。总而言之,它得拥有一个很严格的法律界限,你不能说看着不好,找不到规定,就给拆掉。所以像这样的强拆它会经历一个过程,咱们的市民朋友也需要谅解一下。

张　颖：另外就是有一些违规的广告牌，在那里放着时间也比较长了，其实它还存在一个安全隐患。

卢　迪：接下来，我们要谈一谈 8·18。

张　颖：我都不知道什么是 8·18。

卢　迪：是这样的，8 月 18 日是又一波的电商大战。应该来讲挑头的是苏宁，在上一波宣传火药味很重的电商大战之后，我们也回顾一下大家到底买不买账。

张　颖：对，因为大家已经经历了太多商家自造的节号，大家已经在心理上有一个免疫力了。

卢　迪：我的一个朋友说，每个月总有几天电商打折的日子，那这一次效果如何呢？

解　说：在 8·18 这场火并当中，苏宁易购打头阵，推出上万件商品参与闪拍，派送红包 18 个亿。作为它的老对手国美在线，也出来应战，喊出白送 28 个亿。这只是线上促销、发红包，打价格战，已经让网友们感到疲劳了，于是，京东走到线下，要求网友来看时装秀。

字　幕：还是老一套 电商造节 8·18

辛利军(京东开放平台事业部总经理)：京东用户相对的平均收入和平均学历水平，确实在整个电商中是很高的。

解　说：都市女性消费群为主的唯品汇设计了撒娇节来讨好女士们，在游戏里面，点击撒个娇就可以白白拿礼券。而除了撒娇、走秀，昨晚国美网的线下活动也相当吸引眼球，保时捷、法拉利、朗博基尼等跑车亮相，引得路人竞相拍照。从跑车上来的车主正是网站的会员，这群高端会员的亮相足以成为网站的活广告。网站大张旗鼓的送来一条蓝旗金枪鱼，邀请高端会员和中奖的会员免费品尝。

会　员：被抽中有瞬间中奖的感觉。

会　员：我觉得像这样的活动越多，粉丝肯定越高兴。

解　说：蓝旗金枪鱼现场制作，随即入口突出的就是一个鲜字，而晚宴上的每一道食材都是从全球各地采购而来。现场干果、水果、饮料，也都不是走商超的产品。

赵平原(我买网 CEO)： 对于美食来讲，你可能讲还是很难体会得到，所以说我们想通过这些让他(她)亲身有一个体验，就更直观一些，这样的话，这些会员之间也会有一个口碑相传。

解　说： 8·18 电商大促收益也不会亚于双 11，业内人士分析 8 月节日较为空缺，又是消费淡季，于是电商们就造出了这个节日，借着这个由头大肆渲染。但是记者了解到，昨日的大促并没有拉动消费额明显增长，而电商们也是醉翁之意不在酒，更为看重的是扩大品牌的影响力。

林文斌(易观国际高级分析师)： 主要是因为现在电商平台越来越多，竞争同质性或者是同质化是越来越高的，所以它需要一系列的促销活动来提升消费者对于他们品牌的印象。

解　说： 业内人士指出，大促口号是电商喊出来的，但是实际让利的还是供应商，一年到头没完没了的减价促销，其中又有多少是真金白银的实惠呢？消费者还需要自行判断。首经记者报道。

张　颖： 其实你看咱们消费者，经历了网购的千锤百炼之后，再加上已经和电商过了几次大节了，现在大家的表现就是两个字——淡定。

卢　迪： 没错，而且很疲软，其实最早来讲，淘宝搞双 11 的时候，其实是个创举，但是如果你还是要靠同样的方法给我们造节，同时只能通过所谓的低价打折的话，这就已经算邯郸学步了，您就已经比较 out 了。前两天我关注到网上知名的"罗辑思维"罗振宇，他曾经在他自己的小视频里搞了这么一个卖东西的方法，他拿一个袋子，装了一堆书，没有人知道这里头到底是什么。然后说，这个书，我卖 499 元，几千套啊，几十分钟内一抢而空，所以人家才说这才是互联网时代的买东西。相比起来，现在很多电商所谓的造节，那就彻底落后于互联网时代了。

张　颖： 这还真是勾起了大家的一种心态，我没有打开这个盒子之前，我永远不知道里头是什么。

卢　迪： 互联网时代已经到了社群消费了，这一拨人在一块，你怎么卖，他都买，所以说该升级了。

张　颖： 对，所以说对于这个 8·18，大家也来看一看大家伙到底出手了没有呢？有网友就说了，没有，就是纯粹玩价格过山车。以前一搞这样的活动,脑子一发热,买了很多东西,结果发现都没用,全都当摆设了,过几天发现,这价格反而更便宜了。

卢　迪:没错,我们接下来要说的是和我们关系很近的养老问题。我们一直都说医养都要结合,两条路,一方面医院里有养老的服务,另一方面,养老机构如何能够保证它有医疗资源很好地介入,不然您在那儿养老的时候住得也不踏实。

张　颖:但是以后老年朋友心里可以放心了,因为医疗条件将来会成为养老机构的标配。

盛阿姨:多少啊?

张大夫:有点偏高,你再注意一下,多补水,降压药还是不能停。

解　说:七十多岁的盛阿姨,几个月前刚刚经历了两次大手术,出院后,阿姨没有回家,而是直接选择了一家养老院,进行术后的康复。

字　幕:北京养老机构须全具备医疗条件

盛阿姨:我虽然在这里只有两个月时间,但是我康复得还是非常快的,我来的时候下地都不能走路,因为我在医院里住了三个多月没有下过床。

解　说:盛阿姨能够迅速康复的原因,除了养老院根据每位老人的情况开小灶外,配套的医疗服务也功不可没,这家养老院还有随叫随到的执业医生。

盛阿姨:一个是生活,一个是概念,再一个是医疗保障,就这三个方面。据了解,北京市民政局等 10 部门联合出台关于进一步推进本市养老机构和养老照料中心建设的通知。通知要求,养老机构要开展多种形式的医养结合,也就是说,未来北京市所有养老院都要具备医疗条件。从目前看,全市400 多家养老机构,具备医疗定点服务的机构有 30 多家,跟周边医疗机构合作建立的有 100 多家。

李　梅(万福华年养老服务有限公司　副总经理):我们想了一个办法,就是我们附近有一家诊所是有资质的,我们跟他们形成一种合作关系,他们的大夫可以 24 小时上门,建立健康档案,包括老人有头疼脑热、感冒发烧,量血压、用药是不是要进行一些调整,糖尿病的控制、慢性病的管理,这些诊所就可以解决这样的问题,满足老人的要求。

解　说：据了解，医养结合可以通过多种形式来实现，除了养老机构和医疗机构合作外，养老机构还可以内设医务室、卫生室，或者引进周边医院的分院，独立设置医院的分院或者护理院也是一种方式。而随着医养结合的到位，原来由于缺少护理而闲置的床位就会重新进入市场，一定程度上解决养老床位缺失的问题。首经记者报道。

张　颖：当然，对于老年人来说，看到这样的消息，希望养老院内有独立设置的医院的愿望可能会更加强烈一点，因为现在很多养老床位出不去有一个很重要的原因，就是觉得我住在里面就医会不方便。

卢　迪：当然这个想法很好，但是具体怎么样落实，我们得想一想。实际这些老人他自己到一个定点的医院去看病，好像也不够那么及时，最好是能够请这个医生到养老院里来。这个费用由谁来承担，什么样的医疗机构给出医生，关键是看有没有一个很好的游戏规则来落实好。

张　颖：接下来，我们要看的是在昨天的新闻中咱们也有所涉及的话题，就是有直升机把外地的患者直接拉到了北京。

卢　迪：对，而且是到北京繁华的市中心了。当时网上很多人在议论。这个人是什么身份，甚至有很多铺天盖地的联想。后来，经过一番调查，原来这个人是一家外企的一个高级管理人员。

张　颖：对，大家一方面关注这到底是一个什么样的人，另外吸引大家注意的一个问题是，这整个的费用有50万，是由保险公司来进行保险的代理。大家现在也会关心，我到底应该买什么样的保险，才会享受到类似这样的待遇呢？

卢　迪：这么高端，我们来看一看。

解　说：直升机救援并非电影中的专利，上周，直升机搭载一名患者，多部门开辟绿色通道，在抢救生命面前争分夺秒，在人们关心患者的同时，也对由保险公司承担的高达50万元的直升机救援感到好奇，究竟是什么样的保险可以为直升机救援买单呢？

尚教研（平安健康保险股份有限公司总经理）：医疗保险里面，中高端的产品都包含这项服务，保费大概从五千到几万不等，我们有一些中低端的医疗保险，其实也可以选购飞机救援服务。

解　说:记者了解到,目前,像平安、太平洋、新华保险都可以提供医疗保险的直升机救援服务,比如平安全球医疗保险,三十到四十岁之间的投保者,费率为每年 1 万元左右,就可以享有全球紧急救援、特需门诊医疗保险金,甚至牙科医疗保险金等。据介绍,通常所说的商业保险包括疾病保险、医疗保险、失能收入损失保险和护理保险四大门类,而最为常见的是医疗保险,针对高端人群设计、超高保额、突破医保限制,就医直接赔付的保险就是俗称的高端医疗保险。

字　幕:飞机救援浮出水面 高端医疗保险怎么买

王国军(北京对外经贸大学保险学院 教授):它不是重疾险,重疾险是患了保险合同约定的某种疾病之后,就可以得到保险保障,就可以得到保险金,而医疗险是用于医疗,发生了医疗的费用而由保险公司进行赔偿,保险公司事先支付,这才是医疗险。高端医疗险不管怎么说都脱离不开医疗险的范畴。

解　说:不过,高端医疗险不仅仅是直升机救援这么简单,你可以拥有自己的私人医生,看病不用排队、不用带钱包,用高端医疗险的直接卡来进行签单,涵盖中医、物理疗法等普通医疗保险不涵盖的内容,对器官移植、癌症治疗等重大疾病的费用也能够报销。

尚教研(平安健康保险股份有限公司总经理):在选择用药,比如说我们治疗癌症的靶向药,靶向药非常贵,那么我们社保是不管的,但是高端医疗是可以赔的,它每个月的花费大概要几万元,一个疗程下来,一年可能要几十万元,这些都是在高端医疗的保障范围之内的。

解　说:据介绍,今年仅平安健康险就覆盖了 7 万多用户,上半年,北京地区用户同比增长了七成,面临快速增长的保险客户,业内人士也认为高端医疗险也存在着发展瓶颈。

王国军(北京对外经贸大学保险学院教授):交通部分、医疗部门、保险公司内部的理赔部门还有服务部门要密切合作,而这个主要的驱动力量还在保险公司。它要投入资源,有些标准的程序,能够保证有这种需求的时候能够顺畅地得到很好的救助。

解　说:首经记者报道。

卢　迪：高端保险主要是面向在中国工作的外籍人士、中国高管以及外派海外的人员。综合来看，还是中国以外，还是海外经验，所以在我们国内的市场还不太成熟。但是这个事一出来，它是在中国进行的操作，大家都会想何年何月我们公司才会给我上这么一个保险。当然是不是高端医疗保险，它体现的是某种特种医疗保险，我就单独定制某一个范畴，比如我遇到感冒，就让医生专门到家里来给我看病，其他的品种我不要，我就要这么一个品种。它实际上是一个保险的再细化、再细分。不一定只有高端这一条路。

张　颖：现在也有很多公司想把自己的高端人才留住，会给他们比较好的福利待遇。当然，也希望我们的社会发展之后，能够有越来越多的人能够享受到更加优质的救援服务。

卢　迪：对，就像飞机救援险，我看到很多保险公司在讨论能不能推出，价格平易近人一点，然后联动服务的整个流程来说，我们够用就行，能够救命就行，这个也有待于我们的市场进一步完善了。

张　颖：可能昨天大家在听到两个人的名字，房祖名和柯震东的时候，不管是他们的粉丝、家人还是朋友，心里都有一个善意的愿望，就是希望他们听到的这个消息不是真的。

卢　迪：但是是真的，柯震东、房祖名涉毒被抓。

字　幕：柯震东、房祖名涉毒被抓

解　说：昨天晚上9点，北京市公安局官方微博平安北京发布消息，香港男演员房祖名、台湾男演员柯震东在内地吸毒被捕。微博内容称，2014年8月初，北京市公安局禁毒总队通过公众举报获悉，一孙姓男子在京有涉毒嫌疑，禁毒总队会同东城分局于8月14号在东城区将孙某、成某某、柯某某等多名涉毒人员抓获，经初步审查，成某某，32岁，正是香港演员房祖名，柯某某，23岁，为台湾籍演员柯震东，二人尿检均成大麻类阳性，并对吸食毒品大麻的犯罪行为供认不讳。随后，警方在房祖名住所缴获毒品大麻一百余克。

警方：这是谁给你的？

房祖名：很久了这些。有两年了。

警方：这是什么东西？

房祖名：大麻。

警方：这里是什么？

房祖名：也是大麻。

警方：这个卷的是什么？

房祖名：这是卷的大麻。

警方：这是什么东西？

房祖名：大麻，也是大麻。

警方：这是你刚刚的尿？ 自己看啊，大麻阳性。

房祖名：嗯。

警方：有疑问吗？

房祖名同期：没有。

解　说：8 月 15 日凌晨，北京警方在东城区一小区内将涉嫌向房祖名贩卖毒品的犯罪嫌疑人宋某某抓获，并当场缴获毒品大麻 11 克。房祖名，2010 年凭借电影《花木兰》获得第 30 届百花奖最佳男配角提名。柯震东，今年 23 岁，2011 年因出演九把刀小说改编电影《那些年我们一起追的女孩》而爆红，并获得第 48 届金马奖最佳新人奖。随后，凭借在电影《小时代》中的出色表现，更是在两岸走红。此次面对镜头，柯震东面容憔悴，已然没有了电影中的神采奕奕。

柯震东：非常后悔，我也非常抱歉，对所有支持我或是喜欢我，甚至是认识我的人，我做了最坏的示范，这件事情我很难过，我做错事，家人和朋友一定比我还要担心。

解　说：随着吸毒消息的爆出，柯震东 2012 年参加拍摄的禁毒宣传片也随之曝光，在视频中，柯震东的一句"我不吸毒"显得有些讽刺。昨天晚上，柯震东父亲也连夜赶到了北京。

记者：你以前都不知道他吸毒是不是？

柯震东父亲：他从来没有过。他假如做了这些坏事、不好的事，当然是要为他的行为负责，我们也会谴责的。

记者：会怪房祖名吗？

柯震东父亲：不会不会。

解　说：同时，昨天晚上 8 点，柯震东经纪公司负责人也通过公司声明，自己已经接到北京警方对柯震东行政拘留14天的电话。他也郑重向社会道歉，称柯震东犯了错，就该承受法律的处罚，身为艺人的他，辜负了家人与公司对他的爱，伤了爱他、支持他的影迷们的心。

柯震东：我向他们说抱歉，我让他们失望，我让他们有不好的影响，对社会上的年轻人有一些认识上的错误，我真的希望跟他们说，这是错误的行为，我非常难过。

解　说：昨天晚上，房祖名公司也发声明称，代房祖名本人一起向公众致歉，对于此次事件造成的公共影响，公司愿与房祖名一起承担。目前，房祖名因涉嫌容留他人吸毒罪，孙某某、宋某某因涉嫌贩卖毒品罪，被东城分局依法刑事拘留。

张　颖：其实这样的事情发生之后，对于所有喜欢、关爱他们的人来说，是一个不小的打击，大家确实十分地失望。

卢　迪：很多粉丝心里可能会很不好过，也希望他们接受教训吧，谢静那儿还有些补充的。

谢　静：刚才大家听到了，说柯震东是拘留14天，那房祖名就未必了。那大家伙可能就不明白了，说他们俩不是一块吸毒吗？为什么房祖名与柯震东的罪行就不一样呢？这个问题我们咨询了律师。律师是这么解读的：房祖名触犯的是容留他人吸毒罪，属于刑事拘留，柯震东触犯的是吸毒罪，属于行政拘留，房祖名其实他的罪名与李代沫、张默是一样的，最高会被判处3年的有期徒刑。那之前的李代沫是因为认罪态度比较好，判了9个月的有期徒刑，属于轻判。

卢　迪：这个事背后也有些财经的因素，谢静给我们展开一下。

谢　静：提到财经的因素，刚才大家也看到了，柯震东在出事以前，在广告圈是炙手可热，我们今天盘点了一下，他至少为19家企业做过代言广告，包括像以纯、妮维雅、强生，还有肯德基、雪佛兰、和路雪等等。那这次吸毒事件的曝光呢，他代言的这些广告企业也跟着遭了殃。广告是一定要停播的，那这些躺枪的企业可能会对他们产品的代言人提出索赔，一般是代言费的一倍。此外，房祖名还有6个品牌的代言，想必他们也要为此付出代价。我们今天在办公室讨论的时候，张颖说了一句话，让我印象特别深刻，她说她印象中这两个人都是好男孩的形象。您看,现在好孩子的形象瞬间崩塌,恐怕代言的企业也跟着要吃瓜了。

字　幕:柯震东吸毒被抓　19 家企业受牵连

卢　迪:好男人的形象都倒了,好男孩又跟着开始倒了。

张　颖:关键是他们一个是 80 后,一个是 90 后,其实喜欢他们的群体相对来说也会比较年轻,有很多喜欢他们的粉丝,有一些年轻人,可能会在网上有这样的言论:我的偶像吸毒,我觉得挺酷的啊! 我觉得"酷"这样的词很要不得,大家一定要清楚,什么样的事情可以用酷来形容。

卢　迪:这两天出现在青奥会开幕式上的韩星金秀贤一直是很酷的暖男的形象,金秀贤的事业被谢静搜罗了一些,好事坏事啊?

谢　静:这个对他来讲,应该是非常好的事情了吧,金秀贤算是 2014 年最热门的广告明星了,自从《来自星星的你》走红以后,有统计,金秀贤在中国拿下了大约 35 个代言广告,每一个的代言费都在千万元以上,赚了两亿多啊,代言的产品涵盖像饮料、巧克力、服装、鞋子、蛋糕、矿泉水,等等。广告是公交也有、地铁也有、餐厅也有、影院也有,无所不在。那今天我们还特别查了一下,他在韩国拍片,片酬大概是人民币 30 多万元一集吧,也就不到他广告代言费的三十分之一。现在广告是太多了,也有网友不买账了,说到处都是他,都腻歪了,一样的笑容,发型也一模一样,都看不出是哪些产品了。卢迪看过他那部《来自星星的你》,里面有都教授,是教广告学的吗?

卢　迪:不是不是,它专门讲爱情。当然,这个是因为韩国的明星太多,扎堆,而且因为他们更新换代的速度也太快,所以这事不怪都教授,经纪公司会在你短暂的红的年头内,尽可能地攫取你的利益,这就是为什么很多韩国的明星压力很大,会选择自杀的诱因,就是因为商业气氛太浓了。希望来自星星的都教授也能走出一条与众不同的路来。

张　颖:当然,很多人可能看到这些顶级日韩明星在中国的身价之后,就是他们拍一集戏大概是什么样的价码,可能会觉得:不会吧,那么高啊。可能觉得跟他们的知名度、影响力不太相符,其实像日韩本国的市场,可能已经相对比较完善和成熟,一个演员凭他的影响力很难拿到那么多的报酬。

卢　迪:对。竞争太激烈,怎么才能够在竞争中生存,保持自己健康的形象,我们每一个人也是,头脑要健康,心情要健康。接下来有一个非常令人唏嘘的驾车连环撞的案子。我们来看一看。

解　说:您现在看到的就是发生在四年前,东三环长虹桥北侧辅路的一起重大交通事故。当时,肇事司机王某驾驶一辆白色别克君威轿车,在行车剐蹭到一辆出租车后,继续向前开,并保持着每小时近120公里的时速,冲向辅路,随后又撞向一辆 prado 越野车,紧接着引发了6车相撞,事故造成肇事司机王某及其车辆在内的6人受伤,共8车连环相撞。

(事故现场监控画面+音乐)

字　幕:驾车连环撞 肇事司机被判三年

解　说:今天上午,记者在三中院见到了被取保候审的肇事司机王某,在经历了当时的惨痛车祸之后,王某被截肢,随后还赔偿了被害人各项经济损失100多万元。我们记者了解到,事发前,被告人王某曾经是一名律师,北大毕业,还拥有博士学位,看起来人生一帆风顺,那么到底是什么导致王某这一系列的异常行为呢?

被告人王某:头两天我脑子受过一次钝击,就是在家里收拾东西的时候,(东西掉下来)钝击以后就受伤,我　直认为是(脑部)囊肿引起的。

解　说:王某表示,事发之前,自己在家被重物击中过头部,还因为此事到医院就诊。根据他事发后的供述,事发当日,他和妻子一起去办理离婚手续,但因手续不全,没有办成,返回的途中发生了这起事故。被告人王某告诉记者,出事的那一瞬间大脑一片空白,脚一直没有离开油门,导致后面的多车连撞。

被告人王某:就一下子失去意识,意识丧失,当时这个右脚在油门上,所以直线加速,要不(时速)怎么能110多迈呢?完全不能控制,后来醒来看我的右脚,当时已经着火了。

解　说:在与多车相撞之后,王某驾驶的别克君威发动机起火燃烧,王某被困在驾驶室内,动弹不得,后来经周边的路人和赶来的救援人员施以援手,王某才被从车里抢救了出来,因为伤势过重,不得不截肢。

被告人王某:头十分钟他一个人在救我,后来就大家参与了,我很感动,其实我一直是感恩的心,我一点都没有抱怨的。

解 说:一审法院认为,被告人以其他危险方法危害公共安全,就本案具体情况而言,尚未造成严重后果,但是其行为已经构成危险方法危害公共安全罪,判处王某有期徒刑3年,缓刑3年,王某不服,向北京市三中院提起了上诉。

北京市三中院法官:本院认为,上诉人王某在车辆密集的道路上,高速行驶,放任危害结果的发生,危害不特定多数人的生命财产安全,致多人受伤、多车损坏,其行为已经构成以危险方法危害公共安全罪。

解 说:法院依法维持原判,被告人王某依然被判处有期徒刑三年,缓刑三年,此为终审判决。首经记者报道。

卢 迪:王某自己的经历,也确实让我们感觉很唏嘘,你看他出了这么大的事,而且自己也付出了巨大的身体和心理代价。不过还是要说一说这给我个人的警示,就是开车的时候,千万别脑子里事太多,你看他出事的原因,第一可能之前说的打到脑袋了,钝击,还有他是在和妻子去办离婚未成在返回的路上,你可以想象他在这个过程中开车时的心情会是什么样子,这么多心事。我记得演员王刚曾经描述过自己有一段时间特别忙碌,特别危险在哪,经常脑子里一堆事开着开着车,突然一下就已经不知道自己开到了哪儿,这一段时间是怎么过去的,他说自己那一段时间没有出车祸都已经觉得很庆幸了。这就告诉我们开车需要一个什么样的心理状态,对我、对别人都会好一点。

张 颖:希望这件事情对于大家来说都有一定的警示作用。那接下来我们要说到的家电维修啊,对于片子当中的新闻当事人来说,真的像是被人给自己下的一个套一样。

卢 迪:为什么呢?

张 颖:你说这家里的冰箱坏了,就想找人修吧,找谁修呢?

卢 迪:小广告?

张 颖:出门一看,插那么多小广告,我找张卡片来修吧,而且它这卡片上盖的章看着还挺靠谱。

卢 迪:都是很正规的、专业的什么协会指定的,那他指定就来了,就指定出事了。

字　幕：冰箱维修吃亏上当　投诉消协缘何遭拒

解　说：22岁的小李租住在工人体育场附近的一个小区里。前段时间家里的冰箱坏了，大热天的东西又不耐放，房东又不在北京，思来想去，小李决定，自己找人上门维修。凑巧了，家门缝中塞的各种小卡片中就有一个是修家电的，上面还盖着"北京市社区维修服务中心"的专用章，小李觉得应该挺靠谱。

小李：就打了那个电话，过一会儿人就来了，来了之后他就帮我修。我问他这冰箱什么问题，他说冰箱没氟了，我就说加氟多少钱，他说五十元一压，我就说这个有点贵，他说就是这个市价。

解　说：对方说了需要加7压氟，按每压五十元算，一共350元，加上40元上门费，一共390元。为了修好冰箱，小李也就同意了。一通修理之后，对方说修好了，但张口要的可不是之前要的390元。

小　李：结果他最后向我要的是910，然后我问他那个钱是怎么回事，他就说他给我加了一个这个东西，当时他说这个叫冷却器，然后我也不太懂，就问他：这个东西有这么贵吗？他就说，都是这个价，没有多收。

解　说：压根就没跟小李说一声就私自换了零件，结账时，对方说要多付这520元的零件费，一共交910元，保修一年。看在冰箱重新有了冷气的份上，小李也就把这钱给交了，但是谁知道第二天，当小李再次打开冰箱门时，却发现里面冷冻的肉全化了，冰箱内部到处都是化了的水珠。合着根本就没修好，气愤中的小李马上拨通了对方的电话。

字　幕：冰箱维修吃亏上当　投诉消协缘何遭拒

小　李：我让他再给我修，他当时就说他人在大兴，过不来，然后跟我约定了隔一天再过来。但是到那个时候他还是没有来，我就给他打电话，他就各种推脱，又说自己有事，然后他又说过几天再来，结果我后来再打的时候，他干脆就不接电话了。

解　说：电话没人接听，卡片上也没有任何门店地址，小李投诉到消协，却被告知无法受理。

陆熙瑜（北京市海淀区消费者协会副秘书长）：消协受理的是消费者与

商家的纠纷,对于商家都无法查找的这种情况,消协是无法受理的。

解　说:消协部门表示,像小区、路边各种广告传单,大多数都是游商。因此,一旦出现问题,人都找不到,消费者很难维权。那家里电器发生故障之后,该找谁维修呢?

陆熙瑜(北京市海淀区消费者协会副秘书长):到这个品牌的官网上,查找相关的维修商,或者到咱们的社区有服务热线96156,也可以推荐,还有咱们的中国家电维修网,家电维修协会有官网,也可以推荐。

解　说:此外,消协部门也提醒广大市民,如果家里的家用电器用了很多年,那么说明书上的电话会存在过期的可能,所以先到家用电器城或者实体专卖店的品牌服务部门去咨询。首经记者报道。

卢　迪:刚才张颖家也说有很多小广告,印得都很漂亮。

张　颖:但是我不知道为什么,看着那花花绿绿的,总觉得不靠谱。

卢　迪:对,你这个人是比较谨慎的,但是也是没逼到事头上。因为很多朋友会发现,当他想选择修家电的时候,指定的家电维修电话已经失效了,去网站的话,甚至有的网站都是打不开的。然后在这种情况下,他也没有办法救急。刚才工作人员也提到,叫中国家用电器维修服务协会,建议您把这几个字再念一遍,跟我记住啊,中国家用电器维修服务协会,这个协会是一个.org 的,是一个组织的域名。

张　颖:经这个鉴别应该是正规的。

卢　迪:这个域名很重要,还有一个,它上面有家电维修服务上门人员查询系统,也就是但凡在这个行业协会内的人员,他正规的话,你就可以输入他的姓名还有他的编码,然后你就可以查到。这个人究竟来源正不正,我相信这不是最好的一种渠道,但是现在这也是我们唯一能找到的所谓去认证的渠道。

张　颖:不过,说起来,对于不靠谱的家电维修,很多观众朋友一说起来可能就跟片子里的小李一样,是一肚子的苦水。

字　幕:

本栏目互动方式

微信号:sdjjbdwx

微博:@BTV 财经首都经济报道

热线:96168

卢　迪:特别是修空调,夏天嘛,一位网友说,家电维修最不靠谱的就是空调,没什么毛病也能给修坏,再让你花钱重新修。我一般就跟他们说,你就给我加氟,其他的我一分钱不花。

张　颖:一位热心观众就说了,他几年前遇到过保修期内修洗衣机电路板,结果维修人员走了之后,发现洗衣机的噪音超级大,有哐当哐当这样的声音,可是再打电话,人家却说正常。

卢　迪:其实这反映出一个商机,中国的家电一直走的是卖产品不卖服务的传统思路,实际上未来只有卖好服务的产品才能更好地生存下去。别老跟我们说什么终身保修,我就用你五到十年,别跟我扯着一辈子的事。就跟爱你一万年似的。

张　颖:好,那接下来还是请出谢静。

谢　静:提到消费的事情,我们来看一下,浙江省监管机构在上个星期五的时候发表声明,说亨氏的婴儿食品铅含量严重超标,但是没有具体说明超标的水平。铅超标它可能会影响到孩子的智力发育,出现像阅读啊、记忆力,还有注意力方面的问题,严重的可能会导致瘫痪。现在亨氏公司也做了一个回应,说已经在中国市场上召回了某些婴儿食品,一共是1 400多箱。其实我们挺不愿意看到这种事情,孩子是非常无辜的,但是那些没有责任心的商家实在是太可恶了,继续关注。

卢　迪:尤其亨氏,这可是标杆企业。今天看了一篇文章,就说中国的父母为什么不能够像外国的父母那样一个人带孩子。文章列举的几个原因,其中一个就是中国的父母喜欢自己做辅食,就应该购买像刚才提到的亨氏的辅食,我要是照着他说的办的话,我现在是不是该找个地方撞墙去,这种心态,只有为人父母的才能真正理解。

张　颖:尤其是这种特别有信誉的大品牌,还被曝出这样的事情的时候,就会让人觉得特别的唏嘘。

卢　迪:没错,所以好好地查一查它,别就此了事。

谢　静:嗯,没错,有些事情也可以跟我们一块儿探讨。比如今天有观众问我们这么一个问题,说他买水果的时候,现在夏天水果正是应季啊,他喜欢选择无籽的,比如像现在无籽的葡萄、还有无籽的西瓜。他说前两天他看了一个帖子,帖子说了,无籽的水果可能是含有避孕药,他吓了一大跳,问我们这事是不是真的,对身体有没有影响。我们咨询了农科院的专家,专家是这么回答的:无籽的水果分两类,一类是先天的,一类是后天形成的,像菠萝啊,还有香蕉啊等等,这个是先天无籽的,另一些,像无籽西瓜、无籽葡萄,是后天实现的无籽,是通过植物激素的调节还有杂交手段的参与形成了后天无籽,所以即便是后天无籽也和避孕药没有丝毫关系,大家伙购买的时候不要过分地担心了。

字　幕:传无籽水果用避孕药催生 专家称系植物激素

卢　迪:但是这儿我要有一个质疑,我觉得我们不能把这个事说得这么确定,为什么? 因为专家自己是负责做技术的,他不是负责搞生产的,所以他这边说,我们这个技术本身没有问题,并不代表下面落实的时候不会有些人为的因素,所以就这一点来讲,我们还需要进一步的调查和核实才可以。

谢　静:我太了解你了,我就知道你会提出这样的疑问,我再告诉你一个大夫对这方面的回复。大夫说,人类使用的避孕药,它原理是跟人体的激素类似物,避孕药只有在人体里才能被识别,起到相应的作用,植物缺乏相关的受体,完全无效,不能发挥作用,所以说避孕药催生无籽的水果缺乏科学依据。

卢　迪:你早把这段话说了,我心里不就踏实多了。

张　颖:你现在心里踏实了啊。

卢　迪:因为专家的话实在是听不过来啊。

谢　静:好的,我们来看下面一条消息,我们提到学车的驾校,它的网址是干什么用的呢? 大家可能会知道,我上去报名学车啊,查一些项目,但是北京现在有一个驾校的网站,打开以后大伙都惊呆了,竟然是一个赌博网。那驾校方也注意到了,自己的网站被黑了,他们找到了黑客,没想到这黑客还非常地嚣张,我们来看一下。

字　幕:驾校网变赌博站损失上万 民警数月追嫌犯

北京公交驾校工作人员:想到会有攻击,但是没有想到是这么严重的攻击,我们的网管跟他(黑客)对话,他威胁我们网络管理人员,说你别再删了,你就是再删我植入的代码,也是没有用的,咱们走着瞧。

解 说:技术人员在经过了半个月的自救后,却依然于事无补,万般无奈之下,驾校的负责人报了警。接到报案后,北京市公安局迅速组织网络安全保卫总队,前往驾校展开工作。

民 警:形象一点比喻就是说,他们就像老鼠一样,去发现咱们网站的漏洞,然后通过这个漏洞进入网站,获得一些权限,获得权限之后他们就为所欲为。

解 说:经过近两个月的缜密侦查,网安总队的民警终于找到了黑客的地址。2014 年 7 月 8 日,民警在河南将年仅 26 岁的赵某抓获。

民 警:我们把他们称为小黑客,一般都是一些年轻人,20 多岁,没有正当的工作,在家没事就上网,偶然的机会,学习了黑客技术,然后发现通过这些技术,他还可以获得一些收入,所以他们就开始干这一行。

解 说:据嫌疑人赵某交代,他是通过 QQ 认识了一个网友,这名网友向赵某表示,只要能够给他的网站赚取足够多的点击量,就能给赵某分红。赵某说,他之所以攻击北京公交驾校的网站,也正是看中了公交驾校较高的点击量。

谢 静:看来我们要提示一下,虽然这黑客已经被抓了,但是有些网站自我防护的意识非常薄弱。据说有的网站连杀毒软件都没有,更没有什么专业人员进行维护,所以,咱们驾校不光是要教学员注意路上的安全,网络上的安全也要注意啊。

字 幕:北京驾校网变赌博站 民警数月追嫌犯

卢 迪:路上的安全他们更得注意好一点。

谢 静:好的,我们再来看一下天上的安全吧。今天有媒体曝出这么一件事,就在今年的 7 月 8 号,东航的一个航班叫 MU2528,从三亚飞往武汉,在武汉准备降落的时候联系塔台,飞机多次呼叫,无人应答,因为塔台管制员在塔台上睡着了。那么这趟航班只好在快要着陆的时候,重新拉起机头。这有一个专业术语叫复飞,复飞了 12 分钟以后,才重新联系上塔台,重新降落。因为飞机在起飞和降落的时候,都必须要听塔台的调度,管制员会向航班发出,你现在可以飞啦,可以降啦,降到哪条跑道,你和其他的飞机的间距是多少等等,以防飞机相撞。我们今天特别去查阅了一下 MU2528,它是从三亚起飞,在武汉降落时间是凌晨的 1 点 55 分。虽然是在凌晨值班,但是这个绝对不是管制员可以打盹的理由,这事管理的单位正在调查。不过,想想,可真是非常的后怕啊。

字　幕:东航 MU2825 航班因塔台管制员睡岗导致复飞

张　颖:回来咱们再说说这个冰桶不冰啊,最近非常地火。

卢　迪:其实冰桶还是挺冰的,只不过做冰桶浇自己的这些人实在是太火热了,接下来咱们看一看。

解　说:8 月 15 日,在美国苹果总部举办的啤酒派对上,苹果 CEO 蒂姆·库克在众多员工面前,将一大桶冰水从头顶浇下来,几乎从那时开始,在社交网络的发酵下,一桶冰水的活动开始在 facebook CEO 扎克·伯格、微软总裁比尔·盖茨等美国 IT 大佬中疯传。

字　幕:筹集善款"冰桶挑战"正风行

扎克·伯格(脸书社交网首席执行官):好了,开始吧……真凉啊。

解　说:按照规则,参加挑战的人自浇冰水,并上传视频,再点名其他三位好友继续接力。被点名的人要在接下来的 24 小时内完成任务,如果不愿浇冰水,就需要向 ALS 协会捐献 100 美元,用于疾病的防治。ALS 是对很多人来说都相当陌生的疾病,由此也得以让公众了解,原来这种疾病的全称叫肌萎缩性脊髓侧索硬化症,俗称渐冻人症,患者在清醒状态下眼睁睁地看着自己被"冻住",全身逐渐瘫痪,直到不能呼吸。这是一种发病率在两千分之一的疾病,病人每年需要 20 万美元药物维持生命。大家熟知的物理学家霍金患上的就是渐冻人症。一桶冰水挑战的起因就是希望公众能够体验被冻住的感觉,为患病群体筹集善款。在美国,短短几天内,除了 IT 大佬,体育和娱乐界明星以及更多的普通人加入进来,而浇水方式也越来越让人眼花缭乱。

(奇特的一桶冰水浇水方式 + 幽默搞笑的音乐)

解　说:从前两天开始,一桶冰水已经开始浇到了国内,小米科技 CEO 雷军、优酷土豆 CEO 吴永强、奇虎 360 的 CEO 周鸿祎等人,都接受了挑战。

雷　军(小米科技首席执行官)：我琢磨了一下，我准备挑战三个人，第一个是刘德华，第二个是我们的好朋友郭台铭，还有第三位就是百度的老板李彦宏。

解　说：今天上午鸿海董事长郭台铭已经完成挑战，并继续@了林志玲等三位好友。一桶冰水在几天的时间内迅速像雪球一样越滚越大，而公众面对此事也褒贬不一。

市　民：既娱乐了，也献了爱心，我觉得挺好的。

市　民：不仅可以达到对自己企业的一个提升，然后还可以带动大家的爱心积极性。

市　民：想捐款就捐呗，直接把款打到账户上啊，没必要拿自己作贱啊。

市　民：没有太大的意义，它应该把这些钱集中起来，办一个研究所什么的可能会更有意义一些。

解　说：大部分市民表示，不管是真公益还是在炒作，这样的出发点还是好的，最起码这样一种罕见病通过这样的接力方式让人了解了。通过公益活动，ALS协会今年在一个月时间里，已经收到近400万美元的捐款，比去年同期增长了将近三倍。

刘兴亮(中国互联网数据中心互联网研究院院长)：单独是一个古板的、生硬的、机械的这样一个公益的话，很难持久，或者它很难进入大众的视野，它必须和一些娱乐元素，流行元素结合起来，才可能成为一个大众事件。

解　说：专家同时表示，这事要是搁十年前，火起来的速度会很慢，而现在短时间内就传递到了我们身边。很多普通人又通过微信朋友圈了解到了一桶冰水是怎么回事，由此也能感受到互联网的强大力量。首经记者报道。

卢　迪：你说这个事没人模仿，我还就查到了，最近南京地区诸多市民开始纷纷效仿。所以专业的医务工作者提醒各位，如果本身具有高血压、心脏病等心脑血管疾病的市民，这种挑战会让您的血压骤然升高、骤然下降，比如收缩痉挛，包括对于颈椎可能有一定伤害，所以希望各位朋友不要轻易尝试。他们应该打上一行字，不要轻易尝试，请勿模仿。

张　颖：不过对于这样的一个事情，之所以会引起人们的讨论，大家的出发点到底是什么,是想吸引社会的注意力,还是真的想从慈善的目的出发,所以,不管我们想去做什么样的事情,还是要把自己的出发点想清楚。

卢　迪:我们调查了一下,首经的观众说,如果这是种微信营销,我们愿意给哪种微信营销买账。目前得票率比较高的是通过慈善、公益活动做营销,占到了 50%。那么这说明什么呢,至少作为一个慈善行为,它还是能够起到一个不给公众添乱、不给公众添堵的这样一种正面意义。

张　颖:其实现在虽然是假期,但眼看着过段时间就该开学了,我们有些朋友还没有把作业写完。

卢　迪:那怎么办呢? 咱们雇个人写作业,这事成吗?

解　说:暑假作业,明码标价,变成商品啦,你不信啊,我们的记者在 Baidu 里写下"代写作业"四个字,没想到这买卖市场竟然是如此的活跃。有出价的:抄写作业,一本 20 元。下面就有应价的:OK,成交。再点进去看看,原来这 20 元一本的作业还是最便宜的,非抄写类的,小学数学一本 50 元,小学语文,一本 60 元,初中阶段的,那基本就是 80 元到 100 元一本的,高中阶段的最贵,到了 120 元到 150 元一本。这要是语数外生物等等,全都代写的话,1000 元都打不住。您嫌贵,犹豫不想定是不是,人家还一副不愁卖的架势。您看,在网站最明显的位置,写了这么几个字:亲,越临近开学越贵哦!

字　幕:开学将近 代写作业明码标价

记者:我想问一下,就是大约多长时间能写完?

代写作业者:要是没法 QQ 聊的话就算了。因为不太好弄。不好意思啊。再见。

解　说:我们的记者决定打电话问问价,发现他们的警惕性很强,这位接电话的女孩不在电话中谈及任何代写作业的价格和时间,更没有过多的赘述,仅仅一分钟就匆匆挂断了电话。另一个好评如潮的代写机构,留在网上的电话,我们的记者拨打过去,也是关机。

电话同期:对不起,您拨打的电话已关机。

解　说:我们的记者发现,代写作业的买卖双方,都是通过 QQ 联系,网上交易,支付宝转账的方式完成付款,这作业再通过快递的方式递到家里。

买卖双方不见面,不通话。为什么会出现代写作业这一现象,值得思考。

李志伟(北京市东城区广渠门中学 副校长):现在网上不是也在流行一句话嘛,说什么是暑假作业,就是学生写了一个月,是岁月的月,然后老师写了一个阅字,就是阅读的阅。其实这句话从某种意义上来说,也反映了暑假作业它的实效性和有效性的问题。

解 说:必须是抄写海量习题才能成为暑假作业吗?在北京所有中小学教改的今天,暑假作业也到了要必须改革的时候了。

李志伟(北京市东城区广渠门中学 副校长):我们学校,北京市广渠门中学,去年的寒假开始,就在尝试,我们给学生提供一些方向,然后学生可以自选。比如说我就选一件事,那这一件事是我自己愿意做的,然后我可以读一本书,我也可以做一个街头采访,我也可以学做一个手工作品。其实,我们感觉我们教育的目的是要学生回归到生活当中去的,假期嘛,我觉得要让孩子达到放松、达到调整的目的,同时让他选择一种充实自我的方式。

首经记者报道。

张 颖:我从小在学习过程中听到最多一句话是什么?你得知道你是为谁学习?

卢 迪:为谁学习?

张 颖:为自己啊!所以这作业你也得知道为谁写的?

卢 迪:但是尽管为自己,老师也得负起责任,不能让大家觉得写得特别浪费时间。

张 颖:对。那接下来呢我们也来说一件可以让大家生活可以变得更方便的好事。

卢 迪:有多少朋友是因为有快递要来了,一天不敢出门?这样,我们看看下面这种产品能解决这种困惑。

字 幕:智能包裹柜进小区 年内将建 1 500 个

解 说:在北京邮政首个试运行包裹柜所在的荷清苑小区,我们的记者看到了这台黄颜色的智能包裹柜,外观上看,它除了装有一台显示屏,其他似乎与普通的储物柜并没有什么两样。那么这台智能包裹柜是怎么接受快递员投递的包裹,收件人又是怎样取件的呢?

红治国(北京海淀区邮电局 投递员)： 首先我要进入智能包裹箱这个系统,扫二维码进入以后,选国内小包,然后选择开始投递,然后根据邮件的大小选择箱子,这个是中号的,在这一块扫描邮件的条码,然后在这个位置输入收件人的手机号,输完后下一步,箱体就直接打开了,然后我把邮件放进去。

解　说： 投递员关门的同时,一条邮件已送达的提示短信会发送到收件人的手机上,然后收件人可以在两周内根据短信提示的密码来提取自己的邮件。非常类似您在超市购物时所使用的存包柜。

海淀区荷清苑社区居民： 送快递来的时候,有时候我们不在,然后就会退包裹,有了这个,他存箱子里面,我们下班之后从这儿拿。

海淀区荷清苑社区居民： 工作特别忙,快递也收不到,就是给物业打个电话,他们代收。以前是没有这箱子,现在可以放箱子里,特别安全,只有我自己能打开。

红治国(北京海淀区邮电局 投递员)： 当初没有这个智能包裹箱的时候,如果遇到用户不在家,或者上班,我们必须得把当天的邮件给拿回去,现在可以把收件人包裹投送到智能包裹箱里头,当天的邮件可以当天投递完毕,然后也提高了我们的可投率了。

解　说： 目前,除了荷清苑小区,北京邮政还在建内大街、金融街设立了智能包裹柜试点。年底前,海淀将在社区、学校、写字楼设立 120 个智能包裹柜,全市范围内的智能包裹柜数量将来会达到 1 500 个。

马文良(北京海淀区邮电局局长)： 咱们现在网购的时候,除了自己的收件地址之外,又增加了一项,其实也相当于地址,智能包裹箱作为收件人的收件地址。这到一定规模之后,完全可以不在自己的社区,不在自己的工作场所附近,你可以选择任何一个智能包裹柜作为自己的收件地址。

解　说： 今后北京邮政还将在满足邮政自用的基础上,与顺丰、圆通、韵达等多家快递公司合作,对外有偿开放智能包裹柜。

首经记者报道。

卢　迪： 谢静下面出点图。

谢　静： 这是在颐和园里拍到的图片,是干吗呢? 游野泳,这里还在钓鱼,另外还有,这也是在钓鱼,这是游野泳。在颐和园里还有人在买莲子、买荷花的,一看就是在颐和园里偷的,希望引起大家的重视。这事我们希望管理方注意,也提示大家不要购买。

卢　迪:没错,而且你不从法规的角度去看,你可能会觉得这洋溢着夏日市民的生活情趣、生活气息。其实很多的市民会这么想,他觉得反正我自己心里有数,我觉得爽了,为什么我要受这个制约,但实际上来讲的话,总有一天,你会发现,只有大家都完全遵守约定,我们才感觉到真正的自由、舒适。不然,总有可能是影响别人的。

张　颖:关键是在这些地方,旁边往往都会有非常醒目的提示,可大家为什么就会熟视无睹呢?

卢　迪:中国人看提示的这个事……

片尾字幕

主　播　卢　迪　张　颖
主　编　李　卓
责　编　颜　莹
制片人　马　昊　李　玲
监　制　宗燕红　蓝　霖　岳　民
总监制　朱　江

北京电视台财经节目中心
2014 年 8 月 19 日

央视财经频道《生财有道》栏目往期节目选题

20140102　向戈壁滩进军的种枣人
20140106　漂泊艺人的毒蛇情缘
20140108　变废为宝种木耳
20140109　秘方养出草香猪
20140113　蔬菜地里的"湘蛙王"

20140115　海南岛上的猕猴王国

20140117　梁山脚下金链条

20140121　崇尚自然的石蛙财富

20140123　赶着飞鸟去赚钱

20140127　"重庆奶妈"炼成记

20140217　"鳄三代"的两栖爬行帝国（上）

20140217　"鳄三代"的两栖爬行帝国（下）

20140219　塞外鸭王

20140221　中国创业榜样：走进广西大学《创业大讲堂》

20140224　从零到五百万的财富传奇

20140225　"懒汉"叼来的财富

20140226　父子接力养鸬鹚

20140227　野猪养殖创造绿色财富

20140228　《创业大讲堂》走进北师大珠海分校（上）

20140303　如鱼得水养鲈鱼

20140304　赤脚药农的财富路

20140305　山坳里造出"聚宝盆"

20140306　三兄弟的獭兔情缘

20140307　《创业大讲堂》走进北师大珠海分校（下）

20140310　腾飞的野鸭梦

20140312　带着乡亲发"羊"财

20140313　南方"狐王"漠河养狐记

20140317　娇女子与大猛犬（上）

20140318　娇女子与大猛犬（下）

20140319　豫剧演员养香猪

20140320　围墙里的财富秘密

20140321　树上摘金 地上捡银

20140324　筑屋引燕生意来

20140325　筑屋引燕生意来

20140326　十八载养殖 用爱创财富(上)

20140327　十八载养殖 用爱创财富(下)

20140328　锦鲤游出的财富

20140331　坚持血统的养獒人

20140401　苏北獒王进京记

20140402　尤信铃海中炼真"金"

20140403　与众不同的鲍鱼经

20140404　《中国创业榜样》走进江西财经大学(上)

20140407　吴小道的青花缘

20140408　苦守大海熬出美味来

20140409　永不止步的泥鳅达人

20140410　卖葫芦的小女孩

20140411　《中国创业榜样》走进江西财经大学(下)

20140414　北京小妞养犬记

20140415　奇招频出发猪财

20140416　养在深山里的鱼

20140417　兄弟连心 点泥成金

20140418　《中国创业榜样》走进北京电影学院

20140421　情系湖羊 回乡再创新财富

20140422　巴米牛:"高原孤岛"新财源

20140423　从亏损百万到年入千万

20140425　《中国创业榜样》走进厦门大学(上)

20140428　海南岛上的猕猴王国

20140429　从不赔钱的养虾人

20140430　疯狂的石头

20140501　一条鱼和一个人的传奇

20140502　《中国创业榜样》走进厦门大学(下)

20140505　木瓜树上结出金元宝

20140506　大漠养鳟鱼 十年战天灾

20140507　蛇窝里的财富

20140508　漂泊艺人的毒蛇情缘

20140509　《中国创业榜样》走进福州大学(上)

20140512　山中一片红 点亮致富路

20140513　蓝孔雀飞出百万财

20140514　王老邪的"邪"门手艺(上)

20140515　王老邪的"邪"门手艺(下)

20140516　《中国创业榜样》走进福州大学(下)

20140520　老人造"人"(下)

20140521　傣寨小吃引发的财富商机

20140522　大起大落的财富

20140523　《中国创业榜样》走进中山大学(上)

20140526　城市姑娘当猪倌

20140527　新疆有个野狼谷

20140528　小海参 大财富

20140529　娇女子与大猛犬

20140530　走进中山大学(下)

20140602　结缘喜马拉雅藏獒的九零后

20140603　母爱成就的财富

20140605　高加索犬带来的财富

20140606　《中国创业榜样》走进湖北高校(上)

20140609　坎坷养蜂路 甜蜜人蜂情

20140610　产自黄河的软黄金

20140611　活海参带来的千万财富

20140612 倔强小伙的孔雀梦

20140613 《中国创业榜样》走进湖北高校(下)

20140616 龟峰脚下拾金蛋

20140617 西藏林芝:羞女峰脚下的农家乐

20140618 聚宝盆里的渔庄

20140619 海王九岛渔家乐

20140620 走进西安电子科技大学(上)

20140623 鹤立鸡群 生财有道

20140624 二百元起家的千万富翁

20140625 老魏与他的惊天家族

20140626 甲鱼带来的真财富

20140627 走进西安电子科技大学(下)

20140630 鳄鱼谷的新商机

20140701 快乐渔家的生财之道

20140702 "孔雀大王"历练记

20140703 倔老头儿和他的小青蛙

20140707 小草鱼的大财富

20140708 山里人抱起了个"金娃娃"

20140709 赶着飞鸟去赚钱

20140711 甲鱼大王的财富剧变

20140714 蓝孔雀飞出百万财

20140715 大别山里的藏宝图

20140716 栗花飘香中的农家乐

20140717 亲子情 乐园里的财富

20140718 "钟班长"的黄鳝经

20140721 守住金钱龟 抱得金钱归

20140722 长在野菜地里的藏香猪

20140723 老何的养鱼经

20140724　孤注一掷养林蛙

20140725　王老邪的"邪"门手艺

20140728　高原牦牛带来的财富商机

20140729　刘博士的鸵鸟经

20140730　鲟鱼搬家记

20140731　上山下乡的中华鳖

20140801　老卢育鳌记

20140804　农田下养出宝贝"鱼"

20140805　一位农村妇女的创业梦

20140806　异国大鸟的财富

20140807　扎根林海 情连驯鹿

20140808　山里野猪带来千万财

20140811　围出来的财富

20140812　炮台山里走出个"溜达猪王"

20140813　漂泊艺人的毒蛇情缘

20140814　山中万里寻猪记

20140815　神奇的狮头鹅

20140818　小玩具玩出大产业

20140819　白鹭飞鲤鱼肥 生态村里巧生财

20140820　北航硕士和他的飞鸡梦

央视财经频道《生财有道》栏目节目案例

2014 年 2 月 25 日　《"懒汉"叼来的财富》

导　视

解　说：他，本是一个打打杀杀的古惑仔。

同　期：天天跟人打架。

解　说：经历了惨淡的青春，他却依靠一个"懒汉"养起了竹鼠。

同　期：它咬我裤子了。其实它们凶得很，你知道吗？

解　说：千辛万苦做大了规模，却在几天之内血本无归。

同　期：早就说过这事做不成吧，不听话，你看，怎么着？

解　说：贵州的苗寨中，一个经历坎坷的年轻人，到底是如何谱成了一曲山乡创业曲？敬请收看今天的《生财有道》。

（在节目导视部分，已经把这期节目的主要矛盾冲突和"戏剧性"浓缩出来了。）

主持人贾继东（贵州苗寨现场出镜）：生财有道，致富从这里起步。大家好，你看我身后，漂亮的银饰，嘹亮的芦笙，一定猜得到，我是在一个苗寨当中。对的，这里就是贵州省黔东南苗族侗族自治州的雷山县大塘镇。

解　说：在雷山县这个苗族聚居的地方，记者要寻找的生财之道到底是什么呢？在当地苗族老乡的带领下，我们找到了一个坛子，这个神秘的坛子里装着怎样神秘的动物呢？莫非是苗家传说中的蛊？

（这样的场景、段落，其实都是编导故弄玄虚，以增加节目的悬念感，吸引观众。）

贾继东（现场出镜）：其实蛊这个东西啊，在这个世界上可能不存在，而坛子里的小动物呢，和毒和蛊一点儿关系都没有，到底是什么呢？拿出来给大家看看。天哪，是老鼠吗？不，其实它是竹鼠。毛毛的，软软的，像个肉团子一样，但是你知道吗，其实它们长大了以后可凶得很。看，咬我裤子了。其实它们凶得很，你知道吗？

（从出镜记者的叙述、以及与片中人物的交流来看，记者是以一种非常具有亲和力的方式在节目中出现的，这给观众带来非常舒服的亲近感。听出镜记者的叙述，他不是在播报，也不是在背诵，而是用一种很自然、很日常化的话语方式在对观众讲述。）

同　期：天哪，打得好凶啊，一直在这儿翻滚。

（两只竹鼠打斗的场面，配上情绪紧张的音乐。在这样的专题节目中，部分特殊段落使用音乐起到了渲染情绪、突出氛围的作用。）

贾继东：我完全分不开它们。我找个专业的人士把它们分开吧。哦，你看，只要抓它们的尾巴，就不会被咬到。这位就是我们今天的主人公石华文。

（设置了一个竹鼠打斗的场景，让石华文出来分开打斗中的竹鼠，从而自然地引出这期节目的主人公石华文。）

解　说： 石华文，苗族，贵州省雷山县人，养殖竹鼠七年（石华文照片、字幕）。

解　说： 竹鼠，在雷山被称作竹溜，是当地人非常喜欢的一种野味，经常会有人去山里寻上一只，摆在餐桌上招待亲朋好友。

解　说： 石华文养了一只叫懒汉的狗，抓山上的竹鼠可真是有一套。（"懒汉"在山上抓竹鼠的场景，再次使用了营造紧张氛围的音乐。）

解　说： 这只看起来普普通通的土狗，却是石华文最好的帮手，也正是因为这只名叫"懒汉"的狗，给石华文的生活带来了一个巨大的改变。

石华文（出镜讲述）： 有一次跟懒汉上山的经历，最终改变了我以后的所有生活。

解　说： 2007 年的一天，石华文像往常一样地带着懒汉上山，突然懒汉停在山路边上的一个洞口处。

（这里使用了情景再现，石华文带着懒汉走在山路上、懒汉对着草丛中的一个洞口叫唤。）

石华文： 懒汉发现了竹鼠，它要把洞扒开去抓那只竹鼠。竹鼠一般在山上挖一个洞，以竹根或者草根为食。因为懒汉之前抓捕竹鼠的技术，已经是有目共睹，石华文对它也是非常地信任，一看到它有这样的表现，马上也顺着洞穴挖了下去。没想到这一挖，却挖出了一窝刚出生不久的小竹鼠。

石华文： 那四只小鼠，太小了，吃吧，也舍不得吃，就拿个破坛子，给它放起来。（记者画外提问：就给它养起来？）对对对，就给它养起来了。

解　说： 就是这么一个小小的事情，就能改变一个人的生活轨迹吗？事实还真是如此。因为面对抓来的竹鼠，石华文和别人有些不一样。别人抓竹鼠，抓来就吃了，他抓到活的竹鼠，却认认真真地养了起来，成为当地竹鼠驯养的第一人，而且这还成为他为自己赚取财富的生财之道。那为什么石华文就能够想到，并且做到人工驯养竹鼠呢？难道说这个苗家汉子比别人的学问高不成？

石华文：我上了七年初中，但始终没有毕业，学历就是个未毕业的初中生吧。

解　说：上了七年初中，还居然没有毕业。要说有学问，恐怕很多人都比石华文要强得多。不仅如此，当年的他，可以说是让家里、学校里最头疼的一个孩子。

石华文：天天看古惑仔那个电影。（画面配古惑仔电影海报＋古惑仔电影音乐）然后，天天跟人打架，生活过得很黑暗吧。

解　说（配石华文当时的照片）：1997年，石华文20岁，正值青春的他，却因为打架斗殴进了监狱，2000年，石华文刑满释放，来到北京闯荡漂泊了6年，学电脑，跑销售，每天晚上回到住处，他都很怀念家乡的苗寨和竹林。（使用了慢节奏、抒情的音乐）

石华文：在那个时候感觉特别压抑，自己学历太低，想在北京找一份好工作很难，那时候常常在夜里睡觉的时候，就想家，想家里面的山、田、土，想自己的爸爸妈妈。

解　说：石华文意识到，城市可以解决温饱，但是绝对给不了他富足，更不是自己的心灵归属，于是，他又回到了雷山县。（情境再现石华文回家）回家后，石华文很快在当地的电信部门应聘了一个装电话机的临时工作，没过多久，还成了亲，并且有了一个可爱的女儿。在家人的眼中，石华文应该安安心心地过日子了，可是，他却三天两头往山里跑，理由也很直接，一个字——玩。

石华文：经常带狗上山，玩。回归大自然，感觉很轻松很自在。

解　说：其实在当时来看，石华文心里，贫穷像一个挥之不去的阴影，一直困扰着他。于是，带着自己养的狗去山里转转，就成为他保持平静心态的一个重要途径。可是，就是这么一个静心的爱好，最终却打破了石华文生活的平静，改变了他的贫穷。他亲手养大的土狗"懒汉"，为他抓来4只竹鼠，促使石华文走上了人工养殖竹鼠的道路。

（栏目名称虽然是"生财有道"，但每期节目讲述的实际上是一个养殖创业故事。）

贾继东（现场出镜）：这就是石华文当年养了那几只小竹鼠的坛子。这个坛子至今仍然保留着,因为他的竹鼠养殖事业就是从这个破口的坛子开始的。那后来呢,他就把一些竹子、草根扔到这个坛子里喂竹鼠,直到第二年,他发现这个坛子里发生了一个怪事。正是这个怪事,让石华文觉得,竹鼠的人工驯养,还真是一件正事。

石华文：就是有一天一大早,我去看竹鼠的时候,发现里面多了几只小鼠崽。

解　说：半年多过去,当初的几只小鼠崽已经长大了,可是,坛子里的几只小鼠崽又是从哪里来的呢? 原来,当初放进去的竹鼠有公有母,现在竟然开始繁殖了。虽然有点吃惊,但石华文更多的感觉是高兴。竹鼠可以在人工喂养的情况下繁殖,说明它是可以被驯养的。野生的竹鼠不能买卖,也有不少人会偷猎来卖给饭店,卖给饭店的价格是每只 80 元左右。如果能把竹鼠养起来,买卖上不受限制,一只成年竹鼠至少可以买到一两百元钱。石华文似乎看到了一条生财之道。那他真的能够顺利走上这条致富道路吗?

石华文：那时候感觉特别兴奋,然后就把坛子里面另外一个竹鼠分开,让那只母鼠带着四只小鼠崽,在一个坛子里面。

解　说：石华文的这种兴奋,并没有维持多久。第二天一早,他再次来看小竹鼠的时候,当时的心情瞬间被砸到了谷底。(情境再现,石华文开门出来,拿起罩在坛子上的竹筐,做出惊愕的表情)那么,他到底看到了什么了呢?

石华文：看到就剩一个小鼠崽的头,我说这是怎么回事? 是不是被谁咬了?

解　说：小竹鼠离奇死亡,石华文感觉非常奇怪。母鼠这么凶,一般天敌是无法靠近的。为什么还是有小竹鼠被咬死了呢? 凶手到底是谁呢? (制造悬念,其实在采访中,记者已经知道真实情况,但在叙述的时候,还是故弄玄虚,制造悬念,以吸引观众。)后来,他请教了同样驯养竹鼠,但没能成功的老人,才知道当地流传着一种说法,母竹鼠会咬死小竹鼠,所以人工养殖一直做不成,没想到这传言竟然是真的! 杀死小竹鼠的,竟然真的是它们的妈妈。

石文华：但回头想想,如果母鼠都把鼠崽吃掉,山上哪有那么多竹鼠啊,我就想不通这个问题。

解　说：和之前驯养竹鼠失败的那些老人相比，石华文的优势除了执着，还有个优势就是会电脑，会上网。他上搜索网站输入了竹鼠吃子四个字，很快获得了问题的答案，而这个答案简单到让人难以置信。

石华文：其实这是很简单的问题，母鼠在分娩的时候特别缺水，就吃崽补水了。

解　说：虽然这一窝小鼠崽死掉了，但好消息是另外的两只成年母鼠也开始繁殖。有了这次的经验，石华文添加了红薯等含水分大的食物给它们，母鼠食子的现象再也没有出现。竹鼠的数量越来越多，几个坛子是养不下了。石华文把眼光投向了自家闲置的猪圈。可虽说是自家的猪圈，也不是随便就能用的。这是为什么呢？（环环相扣，通过一个个疑问向前推进故事。）

出镜记者贾继东：石华文家里住的呢，就是苗家常见的吊脚楼，这种吊脚楼的修建非常有意思，它是依山而建，它下面这一层，基本上是没有用的，所以苗家人常用下面一层养猪养牛。（在节目中还适时补充一些相关的文化知识。）那石华文就看中了自家空着的猪圈，想在这些猪圈里养竹鼠。但是要用自己的空猪圈养竹鼠，石华文首先要过的，就是父母这一关。

石华文：因为早些年特别顽皮，在父母的眼里就是个败家子，那时候在他们心里面就有个定性，就是这孩子做什么都不会做成。

解　说：按石华文对父母的了解，自己这事最好提都不要提，肯定不被同意。要说人被逼急了，什么招都能想得出来。为了能用上自家猪圈养竹鼠，石华文找了个好帮手，跟家人展开了一场智斗。到底是谁帮助石华文说服了他的父母呢？

石华文：我的朋友叫苗耀升，是东北人，是一个艺术家。

解　说：苗耀升，是一位来自东北的画家，酷爱黔东南这片土地上的风景和民俗风情，所以常年居住在雷山县，他和石华文一家关系非常好。一天下午，小石约着苗耀升到家里坐坐。走到家门口的池塘边，苗耀升看着他欲言又止吞吞吐吐的样子，就知道他有话要说，却没想到石华文是要自己演一出戏，骗过石家二老。

画家苗耀升：他就跟我说，苗哥，我弄了几个竹鼠在那儿养，你可千万别说是我的啊,你就说是你买的让我替你养的,要不我爸和我妈知道了,这日子就真的不能过了,要吵架。我一想,这本来也是好事。行,那就算是我养的吧,但我也不能背个空名,那我就给你 500 块钱吧,就说是我买了让你养的。

解　说:父母以为这些竹鼠是苗耀升的,于是,就帮着养了起来,可是,他们仍然觉得养竹鼠是没有出路的。可是,在石华文看来,养竹鼠必须要坚持,因为出路不仅有,而且还是一条光明大道。为什么他会这么想呢?

石华文:因为竹鼠特别好吃,竹鼠在我们当地很受欢迎,我想如果把竹鼠养好了,在市场上一定好卖。

出镜记者贾继东:一直在说竹鼠好吃,那竹鼠的味道到底如何呢? 其实呢,我也没吃过,不过,他们告诉我说爆炒竹鼠最好吃,不就是爆炒竹鼠,这个我也会做。今天,我来当一把大厨,我来为大家做一道爆炒竹鼠。闻起来是不是很香啊,其实,我手艺还是挺棒的。(贾继东做爆炒竹鼠,并且品尝了自己做的爆炒竹鼠。)哇,特别有咬劲,筋筋的,如果再来一碗苗家的米酒,绝对是,棒极了。好吃。(贾继东现场吃自己炒好的竹鼠肉。)

解　说:雷山县有种说法,叫做天上斑鸠,地上竹溜。当地不少农家乐,也希望有竹鼠的供应商,给他们提供一个安全而稳定的竹鼠来源。

农家乐经营者:当地部门不让我们买竹鼠,要是被他们发现了的话,就被关门了。石老板养了,我们随时吃随时就有了。

解　说:对农家乐的考察,让石文华更有信心,开始放手搞竹鼠繁殖。很快,一个小猪圈也不够用了,竹鼠最多的时候达到了七八十只,家里的几个猪圈都被占满了。这个看起来红红火火的事,终于到了纸里包不住火的那天。(叙述上,让情节跌宕起伏,悬念不断。)石华文跟父母交代了真相,这些竹鼠都是自己养的。父母的态度果然和他预料的一样,坚决反对。

石文华母亲:我第一反对,爸爸第二反对。

石文华父亲:那个不赚钱,又吃得多。

解　说:一方面是父母坚决反对,另一方面是几个猪圈养七八十只竹鼠也难以形成气候。在石华文苦苦思索解决方法的时候,他的朋友杨应鑫从外地回来了,据说是专门来看他的竹鼠的。杨应鑫是石华文从小一起长大的朋友,在外面做生意的他听说小石在养竹鼠,专门跑回来了解情况。见多识广的他,可以说对石华文养竹鼠是百分之百的支持。

杨应鑫:想吃,有钱吃不到。之后,就想着能不能上个规模。

解　说:扩大规模,说来容易,可没有场地,怎么说都是空谈。杨应鑫让石华文先不要着急,他以前租住的地方还空着,可以用来做养殖场。

贾继东(现场出镜):这里就是石华文租用的地方,名字叫做达呀山庄。达呀在苗语当中,就是说"来吧"。有了这600多平方米的地方,有了发展空间,石华文来了,来了之后,这么大的空间,七八十只竹鼠是不够玩了,那怎么办呢?石华文贷款20万,从广西购进了200多对竹鼠。看了这些竹鼠,石华文可以说是信心满满。

石华文:当时想吧,这四百只,养到第二年,可能就上千只,上两三千只,马上就发起来了,那时候心情是特别地开心,特别地激动。

解　说:就在竹鼠引进没多久,他的朋友杨应鑫发现了一件奇怪的事。石华文怎么也联系不到了,这让他非常担心。这个人到底出了什么事呢?(节目叙述在情节上一波三折,有起有伏,而不是平铺直叙。)

杨应鑫:突然有一天我打他电话,不接,我再打不接,两天内都不接我电话,我就说这个人肯定出问题了。我就赶紧放下工地的事就跑过来。就到这米看他,一个人蹲在那儿,什么话都不说,电话不接,看到了我,什么都不讲,就看两个眼圈,红红的,哎呀,我的心就酸了。

解　说:竹鼠买回来了,还有什么问题困扰石华文到让他红了眼圈呢?这事还得从广西的竹鼠进门十五天之后说起。这天早上,石华文像往常一样,拿芒草干来喂竹鼠,却发现头天喂的草还基本没动,这也就意味着这些竹鼠基本没吃东西。

石华文:当时觉得很诡异,是不是生病了。然后就拿起几只过来看,上看下看,外表上没有什么问题啊,慢慢仔细看,一看牙齿出现了大问题。牙齿发黑,甚至有一些开始掉落了。

解　说:作为一种啮齿类动物,牙齿的好坏,直接关系到竹鼠的健康。健康的竹鼠,牙齿应该是金黄色的,非常坚固,而这些广西来的竹鼠,牙齿发灰发黑,甚至有些脱落,这个现象可把石华文吓坏了。这到底是怎么回事呢？一时找不到竹鼠掉牙的原因，可就算竹鼠没牙，也得喂他们吃东西，既然硬的东西咬不动，那就给他们吃软饭。石华文开始把芒草竹根换成了米饭拌糠。本以为这些竹鼠吃了软的东西会逐渐好起来，没想到却更加糟糕。竹鼠的消化系统开始紊乱起来，它们相继开始出现虚弱、抽搐，甚至死亡的现象。

石华文：刚开始一天死个三只五只，感觉四百来只死个三五只，也没什么问题。但后来越来越严重，最多的一天死了三四十只，我就有些担心了，我的鼠要全军覆没？我就尝试着拿一些土霉素啊、板蓝根啊，就瞎喂嘛。但最终于事无补。

杨应鑫：之后我就进圈里去看，十多万的东西，全死了。（情境再现，给病鼠喂药。）

解　说：无法解决的问题像一个幽灵，出现在石华文的达呀山庄，每天都有竹鼠因为消化功能紊乱而死去。更可怕的是，石华文对这个现象根本无计可施。只能眼睁睁看着贷款买的四百只竹鼠一只接一只死掉，最终只剩下三十多只。这对于贷款搞竹鼠养殖的石华文来说，真正感受到了灭顶之灾四个字是什么含义。（画面是石华文坐在家门口，面前放着一只死竹鼠。）竹鼠已经死亡，还能找到病因加以预防吗？死了竹鼠，又赔了钱，可能再也无法从银行贷出款来。接下来石华文该怎么办呢？广告之后请继续收看《生财有道》。

片　花

解　说：他本是一个打打杀杀的古惑仔。

同　期：天天跟人打架。

解　说：经历了惨淡的青春，他却依靠一个"懒汉"养起了竹鼠。

同　期：看，它咬我裤子了，其实它们凶得很，你知道吗？

解　说：千辛万苦做大了规模，他却几天之内血本无归。（栏目在讲述养殖创业故事的时候，总是会把创业者一开始的艰难经历加以介绍，并叙述创业者在创业过程中遇到的坎坷。）

同　期：早就说过这事做不成吧，不听话，你看，怎么着？

解　说:贵州的苗寨中,一个经历坎坷的人,到底是如何谱成了一首山乡创业曲? 敬请收看今天的《生财有道》。

解　说:贵州雷山县的苗族小伙石华文,浪子回头金不换,在经历了惨淡的青春之后,打算靠养殖竹鼠,摆脱贫穷的生活,可是,当他贷款 20 万元,从广西引进 400 只竹鼠之后,却莫名发生了竹鼠掉牙的怪事。不仅如此,这些竹鼠更是接二连三地死亡,石华文陷入了巨大的恐慌。这些外来物种死亡,基本出现的症状都是牙齿发黑脱落,不吃东西,吃软质饲料,导致肠胃发炎,最终死亡,到底是哪里出现了问题,最后,石华文还是在网上找到了问题的答案。原来,他最初引错了种,来自广西的竹鼠,由于在贵州没有主要的食物甘蔗,所以很难存活下来。

石华文:那边的竹鼠主要是吃甘蔗为主,一运到这边,我们大量地喂芒草和竹子,它长期吃这样的东西,牙齿就会脱落。

记者:哇,的确是很硬(记者试着掰断芒草),而且很干,特别难咬,应该是。也就是说,它牙口老是练这个的话,到最后,它的牙齿就会被磨坏。

石文华:也就是说,你看它的牙齿,四颗门牙只剩一颗了。

记者:牙都坏了,你看,广西的东西,不应该让它到贵州来。因为吃的东西不一样,会导致它死亡。

解　说:叮是对于当时的石华文来说,找到问题的症结也已经晚了,20 万元带来的款子可以说是完全打了水漂。石华文陷入了一种崩溃的状态中。(石华文坐在家门口,面前放着一只死去的竹鼠。节目在讲述石华文养殖经历的过程中,把与竹鼠养殖有关的技术问题,如不同地区的竹鼠来源不同,也做了介绍,这样的介绍是在故事叙述中顺其自然出现的,而不是用生硬的方式教导观众的。)

石华文:压力特别大,特别沮丧,感觉都会嘲笑我说,早就说过这事做不成吧,不听话,你看,怎么着。

解　说:在这样的人生低谷,最终拯救他的仍然是年轻时候看过的电影《古惑仔》。

石华文:古惑仔电影也教会了我一些好的东西,就是要干,就下定决心干,下蛮劲干,赌一把。赢就赢了,输就输了,就这种干劲。(在节目叙述中,体现出人物性格的特别之处。)

解　说:在这个时候,石华文一直担心会嘲笑他的那些朋友,也向他伸出了援手。

杨应鑫:我说并不是这么一次失败,就代表你一辈子就会败下去。

画家苗耀升:按照他这个性格,他很坚持,正因为有了失败了,我们才应该更支持他。

杨应鑫:我们就这样,你帮一点,我帮一点,我们再一次地鼓励他,就再一次地做起来,就一直做到今天这个规模了。

解　说:这个三千,那个五千,石华文在朋友的帮助下,重振旗鼓。不过,这次他吸取了教训,不在从外地购进种苗,而是在贵州当地收购本地的品种。他把剩下的一点钱,加上朋友们借来的资金,孤注一掷地投了进去,前后收购了五六百只竹鼠。这次石华文在养殖上终于获得了成功。最多的时候,他自己养殖的竹鼠有一千五百多只(字幕提示:《生财有道》从2014 年 1 月 8 日起周一至周四首播时间为 19:21,周五首播时间为 18:20),加上农户为他代养的一两千只,他的达呀山庄总资产已经达到了上百万元。

石华文:我想吧,我能支撑到现在,不仅是我一个人坚持,还有我身边很多很多人在帮助我,如果没有他们,就没有我的今天。

解　说:凭借自己在北京打工时学到的一些电脑知识,石华文还开办了一家网站,将竹鼠卖到了贵州全省,甚至卖到了广东、福建这样的沿海地区。全年的销售额可以达到三十万元左右。

记者现场出镜:如果不是那只叫做"懒汉"的狗叼回了一窝竹鼠,石华文可能还没有他的达呀山庄,还没有生活的目标,如果不是他身边的那帮朋友对他不离不弃,石华文很有可能已经摔倒在了起跑线上。他觉得自己够幸运,而我觉得他够努力,他的故事正好印证了一句话,那就是浪子回头金不换。好的,养殖有风险,投资需谨慎,感谢您收看本期的《生财有道》。我们下期节目再见。(出片尾音乐)

片尾字幕

制片人 张金林 门继光

主 编 彭立军 文 晋 文新宇 王 睿 高 磊 裴庆通

编 导 贾继东

摄 像 陈 巍

配 音 贾继东

央视财经频道《经济半小时》栏目往期节目选题

20130801 广东韶关"镉大米"调查

20130802 "躲猫猫"的铅污染

20130803 贫困生的大学梦(一)

20130804 贫困生的大学梦(二)

20130805 德阳:化工厂区的"镉稻田"

20130806 走进高温里的棚户区

20130807 走进高温下的劳动者

20130808 屋顶上的商机

20130809 "惊人"的3D打印

20130810 机器人总动员

20130811 "可口"的生物农药

20130812 补骨酒:不能说的秘密

20130813 "超编"的水泥军团

20130814 变形的钢铁

20130815 唐山:一亿吨钢铁的忧愁

20130816 电缆过剩"李鬼"横行

20130817 冒牌化妆品之毒

20130818 整合小造纸

20130819 美容"韩流"需谨慎

20130820 抢险黑龙江(洪灾)

20130821	洪灾中的紧急营救
20130822	万人死守龙江大堤
20130823	蜗居里的搬迁梦
20130824	梦想照进民主路
20130825	闹市蜗居的最后岁月
20130826	探访南昌棚户区
20130827	棚户区的新房梦
20130828	酸甜苦辣的棚户区
20130829	直击汕头水灾
20130830	同江告急
20130831	神木调查:一个经济强县的改变

20130901	洪灾来袭的日子
20130902	指尖上的商机(一)商机无限
20130903	指尖上的商机(二)掘金之路
20130904	指尖上的商机(三)追逐梦想
20130905	指尖上的商机(四)打翻奶酪
20130906	指尖上的商机(五)数据时代
20130907	揭秘进口车暴利
20130908	小草的商机
20130909	民企500强寻找升级新路标
20130910	带着父母上大学
20130911	校园里的父亲母亲
20130912	我的大学梦
20130913	大学梦背后的平凡人
20130914	中国－东盟:走向"钻石"十年
20130915	广州爆炸调查
20130916	东北洪灾过后:同江之忧
20130917	东北洪灾过后:鹤岗的难题

20130918　东北洪灾过后:嘉荫的冬天

20130919　延安:水灾过后 家园难建

20130920　东北洪灾过后:嫩江重建之困

20130921　东北洪灾过后:抚远的难题

20130922　什么在推动房价上涨

20130923　九月黄金有点冷

20130924　谁抢了孩子的"第一口奶"

20130925　揭秘奶粉伴侣(上)

20130926　揭秘奶粉伴侣(下)

20130927　江苏如皋:污水包围长寿乡

20130928　湖北:化工厂包围的长寿乡

20130929　广西巴马:长寿乡走向何处?

20130930　棚户区的拆迁难题

20131001　紫砂沉浮弹指间

20131002　正在消失的古建

20131003　翡翠市场 冷暖之间

20131004　天价沉香之谜

20131005　小核桃 大财富

20131006　走进"囤木者"

20131007　东北水灾再追踪(上)

20131008　东北水灾再追踪(下)

20131009　楼市调控遭遇"老鼠仓"

20131010　丰收果农的喜与忧

20131011　三连灾之后的秋收

20131012　香板栗为何不再"香"?

20131013　滥"茅"为何能充数?

20131014　寻找"年份酒"

20131015　宜宾:"年份酒"的秘密

20131016 上海的排水难题

20131017 葡萄到酒的距离

20131018 河南秋收调查

20131019 黑龙江:秋收进行时

20131020 昆明:漂泊的民办养老院

20131021 三星:绕不过去的"字库门"

20131022 三星"字库门"维修不公平

20131023 我的养老床位在哪里?

20131024 红木断货涨声急

20131025 冷市场不认熟香蕉

20131026 槟榔为何屡陷舆论漩涡

20131027 首创"创痛"了谁

20131028 聚焦流通困局:长不大的物流企业

20131029 聚焦物流通困局:进不去的超市

20131030 聚焦流通困局:我的菜价谁做主

20131031 聚焦流通困局:管不住的公路三乱

20131101 聚焦流通困局:容不下的菜市场

20131102 聚焦流通困局:进不去的弋阳市场

20131103 聚焦流通困局:办不下来的通行证

20131104 聚焦流通困局:伤不起的淘宝村

20131105 疯狂的盗版

20131107 大国重器 第二集 国之砝码

20131116 双十一纪实(一)

20131117 双十一纪实(二)

20131118 双十一纪实(三)

20131119 新发地:说不清楚的招标费

20131120 走近"囤木者"

20131121 失守的防护林

20131122　北京楼市："自住"很火热 效果待检测

20131123　小核桃 大财富

20131124　红木断货涨声急

20131125　走进西藏

20131126　中石油吉林油田排污调查

20131127　网络版权再起纠纷

20131128　"治超"还是"制钞"?

20131129　天津:直击公路"罚款盛宴"

20131130　河南永城:说不清的罚款

20131201　公平的力量

20131202　疯狂的比特币

20131203　修不起的进口车

20131204　物美进场费再追踪

20131205　学界泰斗谈改革(一):专访吴敬琏

20131206　学界泰斗谈改革(二):专访厉以宁

20131207　年度人物见证中国

20131208　第十四届中国经济年度人物展播(一)

20131209　第十四届中国经济年度人物展播(二)

20131214　百名经济学家企业家问卷调查(上)

20131215　百名经济学家企业家问卷调查(下)

20131217　武汉:焚烧垃圾 不能留毒

20131218　"迷雾"里的江苏申特钢铁

20131219　雾霾里的邯郸

20131220　合肥:失控的钢铁

20131221　南京问霾

20131222　追问有机蔬菜

20131228　平板 2013

20131229　来自深圳红花岭的污染报告

20131230　　谁制造了假名人字画

20140101　　莫让老酒醉花眼

20140102　　看好出身选好玉

20140103　　真功夫岂能制造假瓷器

20140104　　冷风劲吹红酒市场

20140105　　天价金丝楠 价高为哪般

20140111　　骇人的比特币

20140112　　"过年"系列报道 灾区帐篷里的新年心愿

20140113　　"过年"系列报道 窑洞旁的新家

20140114　　"过年"系列报道 坚强的贫困生

20140115　　"过年"系列报道 洪灾后的新年

20140116　　"过年"系列报道 松原的期待

20140117　　"过年"系列报道 勤工俭学为明天

20140118　　"过年"系列报道 80 岁的心愿

20140119　　"过年"系列报道 失独老人的心愿

20140120　　聚焦粮食安全:耕地为何不种粮

20140121　　聚焦粮食安全:警惕带毒的土壤

20140122　　聚焦粮食安全 难守的红线

20140123　　聚焦粮食安全 被分走的口粮

20140124　　聚焦粮食安全 隔离带"毒"的土地

20140127　　黄金一年间

20140128　　抢票记

20140129　　守望回家路

20140203　　看好出身选好玉(重播)

20140207　　谁制造了假名人字画?(重播)

20140209　　高端白酒遭遇寒冬

20140208　　真功夫岂能制造假瓷器(重播)

20140210 烟花遇冷

20140211 温州楼市:29 个月跌不停

20140212 海参:从高档礼品到百姓食材

20140213 缺工又来了

20140214 疯狂的红包有秘密

20140215 高速公路封还是不封?

20140216 黄金一年间

20140217 农民工哪去了?

20140218 点赞网络正能量:"光盘"行动

20140219 点赞网络正能量:爱心瞬间传递

20140220 点赞网络正能量:网上捐助 改变命运

20140221 点赞网络正能量:爱的接力

20140222 点赞网络正能量:被盗之后

20140223 点赞网络正能量:全城行动

20140224 追逐"三七"的人

20140225 网络购物惊现木马骗局

20140226 警惕"不死"木马逆袭安卓手机

20140227 我的手机钱包安全吗?

20140228 两"马"大战出租车

20140301 抚仙湖的变迁

20140302 钱哪儿去了?

20140303 小丫跑两会:包头棚改加速度

20140304 小丫跑两会:冰城棚改路

20140305 小丫跑两会:阜新八年棚改路

20140306 小丫跑两会:棚改拆迁进行时

20140307 小丫跑两会:村里有个幸福院

20140308 小丫跑两会:优化女性求职路/工人村里的安居梦

20140309 小丫跑两会:大数据折射大民生

20140310　小丫跑两会:南昌棚改破难题

20140311　小丫跑两会:晚年的依靠

20140312　小丫跑两会:草原上的养老院

20140313　小丫跑两会:社区里的养老期盼

20140314　疯狂的"短信车"

20140315　过期食品如此销售

20140316　3.15 追踪:过期食品的黑幕

20140317　3.15 追踪:尼康今还消费者尊严

20140318　大唐高鸿:我们的确存在不妥

20140319　谁在卖假化妆品?

20140320　微软 XP 之惑

20140321　水龙头里的秘密

20140322　来自春耕一线的报道:种粮大户的烦恼

20140323　来自春耕一线的报道:农民为何不种粮

20140324　来自春耕一线的报道:难以开始的播种

20140325　来自春耕一线的报道:麦田去哪了

20140326　来自春耕一线的报道:消失的双季稻

20140327　来自春耕一线的报道:南阳农田水利怪事多

20140328　揭开"金玉恒通"骗人的伎俩

20140329　围剿"冰毒第一村"

20140330　养老助残券为何用着不方便?

20140331　北京楼市:需求旺　消化难

20140401　杭州楼市:挡不住的降价潮

20140403　陕西神木:失落的楼市

20140404　秦皇岛楼盘为何打六折?

20140406　马航失联飞机追踪

20140407　贫困县里的豪华楼:湖北房县

20140408　贫困县里的豪华楼:黑龙江绥化

20140409　贫困县里的豪华楼：安徽利辛

20140410　贫困县里的豪华楼：河南固始

20140411　假化肥是如何"炼"成的？

20140412　又是一年卖菜难

20140413　暴雨下的城市面孔：深圳

20140414　广东东莞：城市排水为何三不管

20140415　江西南昌：城市下水的家底

20140417　我的户口去哪儿了？

20140418　准生证为何难产？

20140419　焦急的土豆

20140420　普洱疯抢老树茶

20140421　兰州水污染调查：地下管网的警示

20140422　黄金这一年

20140423　"猪周期"调查：养猪业跌入低谷

20140424　河南永城：空中楼阁调查

20140425　海南闲置土地调查

20140426　灾区春耕行：同江

20140427　火区春耕行：绥滨

20140428　灾区春耕行：新年盼销灾年账

20140429　聚焦网络安全：以假乱真骗钱财

20140430　聚焦网络安全：色诱的背后

20140501　《商战之电商风云》第一集　电商江湖

20140502　《商战之电商风云》第二集　用户之争

20140503　《商战之电商风云》第三集　价格之争

20140504　《商战之电商风云》第四集　生死时速

20140505　《商战之电商风云》第五集　品牌快跑

20140506　《商战之电商风云》第六集　资本暗战

20140507　聚焦网络安全：隐蔽的网络贩婴

20140508　紫砂江湖

20140509　成长！中国广告

20140510　小人物大收藏

20140511　手札缘何成新宠？

20140512　收藏里的财富机会

20140513　巴菲特"保守"的秘密

20140514　XP"裸奔"　挑战安全

20140515　靖江：说不清的水污染

20140517　山东公路："隐藏"的处罚

20140518　山西煤运：设卡收费　中饱私囊

20140519　公路三乱再回访

20140520　打击传销在行动（一）

20140521　打击传销在行动（二）

20140522　打击传销在行动（三）

20140523　打击传销在行动（四）

20140524　打击传销在行动（五）

20140525　打击传销在行动（六）

20140526　药肥"谷歌"坑农记

20140527　谁制造了进口车暴利

20140528　来自楼市一线的报道：北京

20140529　来自楼市一线的报道：宁波

20140530　来自楼市一线的报道：杭州

20140602　紫砂江湖

20140603　小人物大收藏

20140604　手札缘何成新宠？

20140605　收藏里的财富机会

20140606　来自楼市一线的报道：南宁

20140607　来自楼市一线的报道：温州

20140608　来自楼市一线的报道:惠州

20140609　聚焦地下管网安全　深圳:大雨浇出新挑战

20140610　聚焦地下管网安全　珠海:泄洪的思路

20140611　聚焦地下管网安全　赣州:千年不涝的秘密

20140612　聚焦地下管网安全　北京:待解的谜局

20140613　聚焦地下管网安全　尴尬的共同沟

20140614　聚焦地下管网安全　封堵跑冒滴漏

20140615　聚焦地下管网安全　被"瘦身"的管材

20140616　聚焦地下管网安全　探访美国地下管网

20140617　聚焦地下管网安全　危险的井盖

20140618　夏收纪实(一)

20140619　夏收纪实(二)

20140620　夏收纪实(三)

20140621　夏收纪实(四)

20140622　来自棚改一线的报道:攀枝花破解"融资难"

20140623　来自棚改一线的报道:太原巧解安置难题

20140624　来自棚改一线的报道:内蒙乌海:化解矿区棚改的用地难题

20140625　来自棚改一线的报道:伊春林区:走好棚改"梅花桩"

20140626　来自棚改一线的报道:洛阳:工业老城的新棚改

20140627　来自棚改一线的报道:棚改智慧在民间

20140628　来自棚改一线的报道:三线企业:棚改的创新尝试

20140629　来自棚改一线的报道:北京:矿区棚改进行时

20140630　谁帮药农走出苦夏?

20140701　泔水桶里的浪费(上)

20140702　泔水桶里的浪费(下)

20140703　创业季:大学生的"吃"生意

20140704　创业季:成都毕业生商海掘金忙

20140705　创业季:创业不忘家乡情怀

20140706 创业季:义乌有个创业学院

20140707 创业季:相信团队的力量

20140708 创业季:小市场里的大机会

20140709 创业季:原生态里找商机

20140710 创业季:科技前沿有商机

20140711 创业季:创业的爱心支点

20140712 创业季:他们用爱就业

20140713 创业季:当上村官之后

20140714 玉米遭遇"肠梗阻"

20140715 村庄创富记:蜀绣新篇

20140716 中国经济半年报

20140717 村庄创富记:画虎村的"虎"经济

20140718 村庄创富记:小核雕大产业

20140719 村庄创富记:"草柳村"今昔

20140720 村庄创富记:铁匠村的"花梨梦"

20140721 "有想法的"中国机器人

20140722 中国盾构机:从学徒到教练的逆袭

20140723 村庄创富记:古玩村的致富经

20140724 村庄创富记:老毛笔写出新财富

20140725 村庄创富记:丝瓜架上结"金瓜"

20140726 村庄创富记:兰考县里的乐器大生意

20140727 村庄创富记:菏泽牡丹"食"来运转

20140728 浙江医改破冰百日

20140729 甘肃:医改新探索

20140730 暴雨侵袭凤凰古城

20140731 海南:"威马逊"台风抢险记

20140801 15 级台风下的生死救援

20140802 广东:抗击"威马逊"台风

20140803 直击重庆抗洪一线

20140804 光伏：从屋顶到沙漠的占领

20140805 北京压减燃煤换蓝天

20140806 新火烧出新陶瓷

20140807 化肥产业遭遇大考

20140811 直击陕西干旱

20140812 云南鲁甸地震救援纪实（上）

20140813 云南鲁甸地震救援纪实（下）

20140814 干渴的河南

20140815 速度背后的装备制造

20140816 防控"埃博拉"

央视财经频道《经济半小时》栏目节目案例

播出时间：2014 年 1 月 5 日

片　　名：《天价金丝楠　价高为哪般》

导　　视

解　说：

一张条案6 000万

是真实价格还是炒作

金丝楠历来皇家专用

到底是真是假

同期 1：

这个标准的6 000万

6 000万？

嗯

解　说：

原料源源不断

市场上却处处宣传稀缺

记者调查走访

是谁制造了金丝楠神话

同期 2：

有的人急功近利

这个急功近利想暴利

实际上他在摧毁这个行业

解　说：

《经济半小时》揭秘天价金丝楠，欢迎收看。

（插入栏目片头）：

在国家统计局公布的数据中，宏观经济形势仍然是大家关注的焦点……很多地产企业的资金链已经非常紧张……其中一部分中小企业正在想办法解决他们遇到的困难；在今年 CCTV 经济年度人物评选当中，中国创造仍然是最重要的主题（栏目片头由一系列记者出镜报道的剪辑串联而成）。

演播室主持人：各位，晚上好，欢迎收看《经济半小时》，我是主持人雨霏，今天我们要关注的是金丝楠。继红木、紫檀、黄花梨等家具收藏热之后，近年来北京又出现了收藏金丝楠古典家具热，"一克楠木十克黄金""金丝楠只能皇家独享"等等说法更是在媒体、网络上层出不穷，甚至有人把金丝楠称作"吸金楠"。金丝楠市场到底在上演着什么样的传奇呢？我们先到北京的家具市场去看一看。

小标题：市场走访金丝楠　千万价格为哪般

解　说：为了了解市场的销售情况，记者首先来到了位于北京的一家金丝楠艺术馆。在这里，你很远就能看到这样的宣传：中国楠木第一家。不过，虽然声称第一，但里面的顾客并不多，记者的到来，接待的销售人员非常热情。（使用偷拍暗访的方式）

北京室雅楠香金丝楠艺术馆销售人员：做一件少一件，物以稀为贵。它成材的量周期比较长，现在就算是成材的木头，国家已经列为二级保护物种，也不让开采了。金丝楠木只是产在四川，特别稀少，跟海黄差不多的概

念。(使用偷拍暗访的方式)

解　说： 在介绍的过程中，这位销售人员说得最多的话，就是金丝楠的珍贵。他告诉央视财经记者，金丝楠现在存世量非常稀少，堪比海南黄花梨，价格自然也是非常昂贵。

北京室雅楠香金丝楠艺术馆销售人员： 这是一个柜子，我们现在这个柜子的标价是 240 万一个。

解　说： 看上去只是随便摆放的一个顶箱柜，价格高达 240 万元。但就是这样的价格，在这里也很平常。据这位销售人员介绍，他们这里专门销售金丝楠木家具，很多都是几百万上千万元的价格，甚至还有上亿元的，件件堪称"国宝"。由于其"尊贵"身份，一楼展厅只是接待普通客人，而真正的精品在二楼。

北京室雅楠香金丝楠艺术馆销售人员： 我们是打工的，给您看我们也不损失什么，但是门口就是摄像头，如果看的话我们老板会说我们的。

解　说： 几经努力，最终这里的副馆长接待了我们，表示可以破例带我们去二楼参观。她首先带我们见到了现在店里面最贵的一件家具。

北京室雅楠香金丝楠艺术馆副馆长周燕君： 这个标准的 6 000 万，这个也是镇馆之宝。

央视财经《经济半小时》记者： 6 000 万！

北京室雅楠香金丝楠艺术馆副馆长周燕君： 嗯。

解　说： 单从外表看来，这也就是一件普通的条案，为什么它的价格会要到 6 000 万元的高位呢？

北京室雅楠香金丝楠艺术馆副馆长周燕君： 它的料是到明代，就是有考证的，明代(就)已经上千年，放到现在一千多年的料，而且它存的时间也很长，放的时间越久，金丝越多，然后越漂亮。

解　说： 销售人员告诉央视财经《经济半小时》记者，这件条案之所以昂贵，是因为它的原料用金丝楠的明代老料，颜色美观、手感好，在二楼展厅，她向记者介绍的家具几乎每件都在几百万，甚至于上千万，而且以后还可能越来越贵。

北京室雅楠香金丝楠艺术馆副馆长周燕君： 就是从原材料，源头的这个

（开始涨价）。摆了一段时间,过完年就要往上提一提。

解　说: 交谈中,周燕君反复强调金丝楠的增值,她告诉记者,这几年金丝楠增值极快,几乎是一段时间一个价。但记者查阅资料发现,近两年来,北京室雅楠香的这张条案的报价其实一直没变。在两年前,室雅楠香当时的销售经理也是报价6 000万元。

(资料)北京室雅楠香销售经理李小博: 前两天有人出到5 500万元,我们都没有卖。现在金丝楠木家具价格天天都在涨,因为大家都知道,金丝楠木现在已经绝迹了,就算跑到原产地再收,基本上找不着了。

解　说: 整整两年过去了,这张条案还是安静地摆在这儿,忍受着有价无市的寂寞。金丝楠的市场价格究竟是多少? 它真的会那么昂贵吗? 带着问题,央视财经《经济半小时》记者又赶到了位于南三环的红博馆家具市场。这是一个专营古典家具的市场,其中也有一些经营金丝楠家具的。记者在这里看到了一张条案,与前面看到的那张款式相差不多,便问了问价格。

北京红博馆商户刘敏: 销售价格的话,是2 600万。

价格为2 600万的金丝楠木条案

解　说：刘敏介绍说，这个报价 2 600 万元的条案，原材料是阴沉木金丝楠，所谓的阴沉木金丝楠，是指桢楠木在远古时，由于地质变化而将其深埋地下，在特定的条件下，经过几百上千年不朽而形成的。这样的品种，现在也受到很多人的热捧。

北京红博馆商户刘敏：当时一棵树是 500 万，当时也是试试看的心理。就是赌运气，像赌石一样，因为它挖出来的时候，是黑糊糊的，什么也看不出来，后来我们就把外面的皮给剥掉，然后再进行切割，结果就切出来这么漂亮的一条案子。

北京红博馆总裁曾永杰：桢楠一般的，像一对椅子，也就是两三万元钱，一对书桌，也就是十万、八万，这个我想呢，普通百姓，只要少而精的，寻找适合自己的。

解　说：李菁，北京一家古典家具会所的技术总监，多年来，他一直与金丝楠家具打交道，说起这个行当的起伏变化，他感受得很真实。

北京菁木宝通古典家具技术总监李菁：这有几套沙发，都卖出去了，也是朋友订货。这个是前年就卖了，当时卖它的时候，这套沙发是卖了他 30 多万吧。

解　说：李菁告诉记者，这是他三年前卖出去的一套沙发，原材料是金丝楠的老料，他认为按照时下的成本核算，还是应该有个合理的涨价幅度。

北京菁木宝通古典家具技术总监李菁：（现在）怎么也得卖个 50 万左右，保守的说，因为现在金丝楠各家卖的不一样，有的卖一套沙发上百万，这个东西我觉得，如果超过了 80 万以上了，有点超了。

解　说：李菁坦言，自己做了多年的古典家具生意，但是和紫檀、黄花梨等价格稳步上升相比，金丝楠木近来却处处透着"诡谲"二字，这让他也感到看不懂，而对于市场上关于金丝楠已快绝迹的论调，李菁却是给出了不同的说法。

北京菁木宝通古典家具技术总监李菁：但是我认为，有时间你可以去四川，市场还是相对正常的，没有像你们看到的那么糟糕。

演播室主持人：有六千万一张的条案，也有几十万一套的沙发，这金丝楠的价格确实让人有些看不懂了。按照国家标准，金丝楠其实只是紫楠的别名，而在现实当中，把有着类似绸缎光泽的紫楠、桢楠都称为金丝楠。金丝楠主要出产于我国的西南,其中四川木质最佳,成都周边的一些县城,也成为时下金丝楠最主要的原材料供应地,也最能够反映出金丝楠的价格和市场。我们再来看看记者的调查。

小标题:楠木产地求真相　业内人士道究竟

解　说:所谓的阴沉木金丝楠,是指桢楠木在远古时,由于地质变化而将其深埋地下,在特定的条件下,经过几百上千年不朽而形成的。对于阴沉木,市场一般都习惯的叫做乌木,它主要产于四川盆地。因为产地优势,四川省芦山县也成为阴沉木交易最活跃的地区之一。近年来,随着云南、贵州、重庆等地的出土乌木不断流入,这里已成为国内最大的阴沉木交易市场。由于这里主要是以销售原材料为主,前来购买的消费者并不多,倒让市场显得有些冷清。一个商户正在处理刚刚买回来的阴沉木金丝楠。

央视财经《经济半小时》记者:看您都是刚收的吗?

四川省芦山县阴沉木市场商户:对,刚收的。

原料集散地收购的金丝楠木原料

央视财经《经济半小时》记者:收了多少啊这一次?

四川省芦山县阴沉木市场商户:这一次啊,就是这么多。

央视财经《经济半小时》记者:这一块?

四川省芦山县阴沉木市场商户:对。

央视财经《经济半小时》记者:这些您大概多少钱买的?

四川省芦山县阴沉木市场商户:十几万,接近二十万那样。

央视财经《经济半小时》记者:十几万?

四川省芦山县阴沉木市场商户:接近二十万那样。

解　说:这位商户告诉记者,这一堆的阴沉木是她昨天刚刚收购回来的,成本接近二十万元,感觉品质还算不错。

央视财经《经济半小时》记者:那这一次您是赚到了吧?

四川省芦山县阴沉木市场商户:还没有卖,还不知道,做生意这个事情都是有风险的。

解　说:这位商户担心的风险,不仅来自于她的阴沉木花纹是否漂亮、材料是否珍贵,还来自于市场里越来越多的商户,和不断挖掘出来的阴沉木。竞争对手的增多,让已经收到手的材料随时可能面临价格竞争的风险。在与这位商户交流的过程中,记者注意到一位正在挑选材料的收购商。

阴沉木收购商:检验真伪。

央视财经《经济半小时》记者:怎么检验,谁来检验?

阴沉木收购商:买东西的检验嘛。

央视财经《经济半小时》记者:您是来买的,是吗?

阴沉木收购商:还有味道呢。

解　说:原来,这位收购商来自温州,正在检验着这些阴沉木是否属于金丝楠。在基本确定之后,他与商户谈妥了价格。

央视财经《经济半小时》记者:一共几根,十几根是吧?三万五。这个价格是高还是一般?

阴沉木收购商:这个价格一般,也不算高。

解　说:据业内人士介绍,现在国内其他地区的阴沉木金丝楠主要是从这个市场流出的。在市场里,到处都是大大小小各种形状的阴沉木原材料,价格并没有像记者之前了解的那么昂贵。

四川省芦山县根雕协会会长刘毅恒：我们这边的话，都是根据材料，买这个材料然后以市场价再卖的。我们的话一般好点的就是卖一个十几万、二十几万的，这种比较常规的，到目前也没有，没卖过上百万的数。

解　说：刘毅恒是这个市场比较早进入的商户，据他的了解，在四川芦山，阴沉木金丝楠的存量还是比较多的，依据品质的不同，阴沉木金丝楠的销售价格也就是从几万元到十几万元，他还从没有听说有上百万元的交易，他认为外地一些天价的金丝楠家具存在着过度炒作。

四川省芦山县根雕协会会长刘毅恒：有很多的炒作氛围在里边。它有些完全是有价无市，它就挂个价在那边，估计也没人成交。我感觉那个价格太离谱了。什么动辄几千万啊，我的感觉就是，标价几千万的那种我看了照片，都不是什么精品。估计也就是几十万的，也有几万的。

央视财经《经济半小时》记者：几万可能都够了？

四川省芦山县根雕协会会长刘毅恒：有些嘛，有些东西几万也能买到。

解　说：刘毅恒的回答让记者感到非常意外，有些标价上千万的金丝楠家具，在当地可能几万元就能够买到，这种说法也得到了当地很多业内人士的支持。

央视财经《经济半小时》记者：这一套报价多少钱？

四川资深金丝楠经营者黎京辉：这一套报价是 36 万。

央视财经《经济半小时》记者：全部是阴沉木？

四川资深金丝楠经营者黎京辉：全部是阴沉木。

解　说：一整套品质不错的阴沉木金丝楠做成的圈椅，黎京辉给出的报价是 36 万元，价格还可以再商量，这与记者之前在北京调查的价格之间差异巨大。另外，一套老料金丝楠做成的家具也很便宜。

四川资深金丝楠经营者黎京辉：这个报价一对是十六万八。

央视财经《经济半小时》记者：全价才十六万八是吧？

四川资深金丝楠经营者黎京辉：对、对。在清代、明代，像这种阴沉木非常少，根部材料的使用也非常少，我们通常意义上的金丝楠实际上就是指这种。

解　说：采访时，很多四川当地的业内人士同样表示，现在金丝楠家具价格的高起，事实上与产地的价格没什么关系。

成都市神木轩总经理廖应永：北京、上海、广东、福建都进入了这个炒作者的行列，大家击鼓传花一样，你卖到100万，卖给我200万，我卖到300万。

演播室主持人：按照四川省芦山县根雕协会会长刘毅恒所说，有些在北京市场标价上千万的金丝楠家具，在四川可能几万元就能买到，这一说法确实让人吃惊。那么，刘毅恒的说法到底准不准确呢？所谓的金丝楠老料，市场存量到底多不多呢？广告之后，请您继续关注我们的报道。

主持人演播室：欢迎回来，前面的节目中我们看到，在北京金丝楠家具市场，要么是高达6 000万一张的条案，要么是几十万一套的沙发，金丝楠家具价格真是让人看不懂。不过我们的记者在四川的金丝楠原料集散地却看到，金丝楠并没有想象中那么稀缺，可它的价格又是怎么暴涨起来的呢？

解　说：12月25日，记者跟随刘毅恒前往雅安市名山县的山区，他今天的目的是要去那里的村子里面看看能否收购到合适的金丝楠老料。

四川省芦山县根雕协会会长刘毅恒：这是一个老房料，板子。

村　民：老房料，这是楼板板。一吨大概三万左右，一吨，就是十五块钱一斤这样的。

四川省芦山县根雕协会会长刘毅恒：我估计，这段时间不是很好卖。

村　民：嗯，不是很好卖。

解　说：在这里记者了解到，所谓的金丝楠老料，主要来自当地老房子拆卸下来的柱子和房板，也有的是旧的金丝楠家具和生活用品。刘毅恒一进院子，就注意到一批拆下来不久的老房料，一番讨价还价之后，他对这批老料价格有了基本的了解。

四川省芦山县根雕协会会长刘毅恒：像现在这种老房料的话，主要是看它的直径大小，如果都是十几公分以内的话，估计在两万多一吨，两万多到三万一吨，如果有二十几公分的大柱头的话，那个估计要七到八万。像这个老房料拆下来的老板，它一个是看年代，它是几十年的就便宜点，如果是几百年的价格就高，还要看这个尺寸大小，尺寸越大越贵。像这种小的，估计就是三万多、四万块钱一吨。

解 说:这批老房料因为尺寸不大,柱子和板子的价格大约是每吨三四万元。看到刘毅恒的兴趣不大,这位村民又从屋子里面拿出两块自己认为还不错的精品。

四川省芦山县根雕协会会长刘毅恒:这个多少钱?

村 民:这个拿给你,要2 800块钱。

四川省芦山县根雕协会会长刘毅恒:两块一起?

村 民:两块一起要,我们也是老熟人了,就7 000块钱了。

解 说:熟悉金丝楠市场的人都知道,对于老房料,根据尺寸和花纹的不同,价格会区别很大,所以往往要根据每块料具体的品质单独谈价。随后,刘毅恒又去了另一个农户家。这里品种更多,从家具到窗花,甚至还有菜板,不过价格却涨了很多。

四川省芦山县根雕协会会长刘毅恒:几十万不敢买。几十万拿回去做不出来,成本太高。

村 民:这个千万中选一的。

四川省芦山县根雕协会会长刘毅恒:像以前我们买的话,估计一两万能拿出来。估计北京的什么福建的敢买,就花个一二十万,二三十万买一张。

解 说:这一家的品质明显要高出很多,不过对于刘毅恒来说,十几万的成本对他来说有些高,他不敢轻易出手购买。

四川省芦山县根雕协会会长刘毅恒:它这种老房料算是极品。

央视财经《经济半小时》记者:这是极品了,这是传说中的极品?

四川省芦山县根雕协会会长刘毅恒:对。如果越宽的话,价值越大,如果它有六十公分,做一套画桌的话,在北京标个一千万也可以。

解 说:眼前收购的这块金丝楠木板,对于刘毅恒而言就是极品了。他认为这样的材料,做成家具,到了北京就能够卖到上千万元了,而事实上,这个收购商给他开出的价格是30万,但是他还是感觉风险很大,最终没有出手购买。而在与这些收购商交流的过程中他告诉记者,这些年来,北京、福建直接来这里的客户越来越多,价格也是在直线上涨。

四川省芦山县根雕协会会长刘毅恒正在与老房原料商进行交谈

四川省雅安市名山县前进乡尖峰村金丝楠收购商杨傲：当时，卖得比较便宜，卖两千多、三千一吨，就是两三块钱一斤。2011 年就炒高了，炒到大大小小都要卖到四五万块钱一吨，后来 2012 年就一般的普通料也就是四五万块钱一吨。

解　说：随着价格的一路上涨，村里面的老房子一个个被拆掉变成了金丝楠原材料，剩下的也就越来越少了，杨雅林就惦记上了这其中的一个老房子。

四川省雅安市名山县前进乡尖峰村金丝楠收购商杨雅林：这个树质全是金丝楠木的。

央视财经《经济半小时》记者：来过很多人了。

四川省雅安市名山县前进乡尖峰村金丝楠收购商杨雅林：来过很多人了，用刀把它削皮就看看它是不是。

央视财经《经济半小时》记者：你看这些柱子全是。

四川省雅安市名山县前进乡尖峰村金丝楠收购商杨雅林：全是，你看，都削了皮，就是验证一下，是不是金丝楠。

解　说：这个老房子的房主已经在建新房，前来他家鉴定这个老房料是否是金丝楠的人也就络绎不绝。杨雅林告诉记者，这个房子能拆出来的金丝楠比较有限。

四川省雅安市名山县前进乡尖峰村金丝楠收购商杨雅林：这个房子应该有个三四方这样子。

央视财经《经济半小时》记者：您认为您的成本价大概多少？现在的市场价。

四川省雅安市名山县前进乡尖峰村金丝楠收购商杨雅林：现在的话，应该也会是十多万这个样子。

四川金丝楠经营者黎京辉：比较好的这种柱子，像我们去买基本要十来万一条了，像这种比较完整，没有那种眼，这个是梁上的，比较大，比较完整，比较粗。像那种，就是打过眼的，相对要低得多。

央视财经《经济半小时》记者：这几根现在多少钱？

四川金丝楠经营者黎京辉：我们去买，这五根就 50 万。

央视财经《经济半小时》记者：10 万一根？

四川金丝楠经营者黎京辉：对。

解　说：在成都附近的一个仓库里面，记者见到了黎京辉多年来储存下来的金丝楠老房料，而类似的仓库他还有三个。由于他的存量主要是为了维护正常的生产，所以存量并不是很大，现在很多资深的金丝楠藏家手里都会有不少的存货。

北京菁木宝通古典家具技术总监李菁：这陆陆续续有小 20 年了吧，因为当时修三峡的时候，库区有一部分拆掉，因为我做金丝楠还算比较早。我当时囤料的时候，几乎没有人囤。

解　说：不仅是在四川有着大量的原料仓库，在北京，记者也见到了李菁位于北京郊区的一座仓库，仓库里存满了各种金丝楠老料。由于在 20 年前金丝楠成本还非常低廉，所以李菁目前囤积的金丝楠木料很多。

北京菁木宝通古典家具技术总监李菁：上千方应该有，其他的地方还有,总体应该有四五千方。

解　说：虽然做的是古典家具的生意,但李菁还是很诚实地告诉记者,事实上,金丝楠远没有到达绝迹的程度,是一些关于金丝楠稀缺的论调,在一定程度误导了市场。而对于什么是金丝楠木,目前界定得并不是很清楚。在国家质监局1997年发布的《中华人民共和国国家标准·中国主要木材名称(1997)》中,金丝楠是紫楠的别名,但在市场上,只要是解锯剖面显示出金丝状木纹的楠木木料,一般都叫金丝楠。这些知识,一般消费者并不掌握。李菁告诉央视财经《经济半小时》记者,商家诚信经营很重要,消费者多掌握一些知识,多了解一些木材的真实情况,也是很关键的一个因素,这样的市场,才会发展得既红火,又有理性,不会跑偏。

北京菁木宝通古典家具技术总监李菁：叫金丝楠也不是一种错误,但是金丝楠是一种泛称,咱们一定要是把它独立地说出来,桢楠是产自四川的,属于樟木科的一种材料,是中国传统的建材和家具的木材。

解　说：在许多业内人士看来,金丝楠家具确实有着独特的卖相和优势,但一些人对金丝楠大力渲染,效果只能是适得其反。目前被市场热炒的就有所谓的虎皮纹、水波纹、山峰、云海、波涛等二十余种花纹,但这些与传统文化其实并无关系。

北京菁木宝通古典家具技术总监李菁：用金丝楠做面板,因为它跟红木有基本的特性,还有一类就是做家具,但是过去做家具都是要上大漆的,现在你看不见了,上面罩着一层漆,因为它的特性防腐,胎质不像其他的木头容易朽,它不朽,这样使用更长久,故宫很多大漆的家具胎都是桢楠的。

解　说：李菁说,一些所谓业内人士宣传的金丝楠皇家气派更是在讲故事,故宫内现存的金丝楠家具都是要上大漆的,这就是说根本看不到所谓的花纹,这些花纹的概念完全是近年来商家的一个炒作点,而与此同时,金丝楠中所谓的极品——阴沉木金丝楠也与中国传统家具没什么相干。(节目采访的人士较为权威,他们的观点也比较理性、客观。这些专业人士的讲解,可以让观众对现在非理性的、被商家过度炒作的金丝楠市场有比较理性的认识。)

金丝楠木家具

四川资深金丝楠经营者黎京辉：我甚至可以讲，阴沉木的金丝楠跟我们传统的家具、明清的家具没有一点关系，你到故宫去看，或者我们现在能够找到的一些记载，没有是阴沉木金丝楠做成的家具。

北京菁木宝通古典家具技术总监李菁：石头和木头来结合的话，是结合不了的。既然结合不了，它就没有中国古典家具选材的特性，它很容易变形。

解　说：采访时，业内人士普遍表达了这样一种观点，金丝楠的确是被过度炒作的一个品种，各种错误的所谓热点诱导着盲目的消费者，如何早日使这个品种走向理智才是当务之急。

北京菁木宝通古典家具技术总监李菁：有的人急功近利，实际上他在摧毁这个行业。中国有很多的行业，我觉得都要规范，对行业要负责。你想干，你喜欢这个行业，就要维护这个行业基本的原则，让它良性的发展。

演播室主持人：事实上，现代研究已表明，楠木中有类似绸缎光泽现象，也就是被称为"金丝"的,只是楠木材质的一个偶然现象,和细胞的排列秩序、剖解角度以及后期加工做色有关,并没有真假和价值高低可言。金丝楠树种现在依然存在于我国的多个省份,生长 60 多年便可进入迅速生长成材期,资源并不稀缺。自古以来,金丝楠只是建筑级别的用材,远不像紫檀、黄花梨等名贵木材那样价值出众。金丝楠该卖什么价钱,这本应由买卖双方决定,旁人无可厚非,但是如果有意识地用皇家气派、资源稀缺去讲故事,那么事情就完全变了味。我们除了提醒消费者增强分辨力外,更重要的是希望相关职能部门、行业协会也能切实负起责任,积极发挥作用,营造一个健康理性的市场环境,让市场上少一些故事,交易多一些透明。

好,今天的节目就是这样了,感谢您的收看,接下来请您继续观看中央电视台财经频道的其他节目。再见!

片尾字幕

主　编　袁柏鑫　马　超

编　导　姜龙飞

摄　像　贡　存

配　音　赵　晟

策　划　杜昌华

责　编　李卫华　温　红　赵建华

制片人　李彬彬　柴哲宏

监　制　韩　青　陈红兵

总监制　郭振玺

评　析

这期节目是针对目前火热的、非理性的金丝楠市场的"冷思考"。记者不仅调查了北京的金丝楠家具市场,还追根溯源,到金丝楠原料产地四川省芦山县、名山县进行调查,并对多位木雕、家具界人士进行采访。通过前期扎实的实地调查、采访,记者确认了这样一种观点:金丝楠是一个被过度炒作的木材品种,各种错误的所谓热点诱导着盲目的消费者。

节目也向观众传达了这样的信息:现代研究已表明,楠木中有类似绸缎光泽现象,也就是被称为"金丝"的,只是楠木材质的一个偶然现象,和细胞的排列秩序、剖解角度以及后期加工做色有关,并没有真假和价值高低可言。金丝楠树种现在依然存在于我国的多个省份,生长60多年便可进入迅速生长成材期,资源并不稀缺。自古以来,金丝楠只是建筑级别的用材,远不像紫檀、黄花梨等名贵木材那样价值出众。金丝楠该卖什么价钱,这本应由买卖双方决定,旁人无可厚非,但如果有意识地用皇家气派、资源稀缺去讲故事,那么事情就完全变了味。节目在提醒消费者增强分辨力的同时,也呼吁相关职能部门、行业协会切实负起责任,积极发挥作用,营造一个健康理性的市场环境,让市场上少一些故事,交易多一些透明。

央视财经频道《中国财经报道》栏目往期节目选题

20120102　论坛:中国楼市风向

20120103　中国财经报道论坛 中国楼市风向

20120107　突围"资源枯竭"之困

20120114　爱上"草根"的银行

20120204　钢铁链的寒冬法则

20120211　探秘欧亚新商道

20120218　移动互联——颠覆下的布局

20120225　蓝海生存法则

20120303　解困食用油

20120310　参价高涨的背后

20120317　保障房管理难题如何破解

20120324　云南的"渴"望

20120407　服装之都：如何破解用工之困

20120414　拿什么留住你，新生代农民工

20120421　中国纺织如何突破生存困局

20120505　2012春茶玄机 天价茶寻踪

20120512　2012春茶玄机 资本问茶

20120519　2012春茶玄机：从名茶到品牌

20120526　玉米过热了吗？——疯长的背后

20120602　玉米过热了吗？解析玉米三大怪

20120609　打开经济问号：探访温州，金融变局

20120616　蒜你狠又来了

20120630　私人飞机大淘金（二）

20120707　私人飞机大淘金（一）

20120714　经济生活再调查：压力下的机会

20120721　打开藏地财富密码

20120728　开放的创富力量

20120804　包装业 被忽略的金矿

20120811　包装业 敲开金矿之门

20120818　明天我们如何养老：没有围墙的养老院

20120901　明天我们如何养老：这些年，我们一起变老

20120908　断裂的冷链

20120915　困局下的突围——价格之痛

20120922　青海：沟里乡"草原新政"

20121013　未来城市：幸福在哪里

20121020　聚焦房产税

20121027   北大仓的秋天

20121103   调控下的楼市
20121110   家电业转型调查
20121117   皮革业内销增长的启示
20121124   租车业 成长的烦恼

20121201   如何堵住建筑能耗"黑洞"
20121215   葡萄酒醒 2012（上）
20121222   大桥下的冬天
20121229   艺术品市场调查：雾里看画

20130112   中国楼市新亮点
20130119   葡萄酒醒 2012（下）
20130126   谁爱种地？

20130202   谁来为我贷款？

20130302   寻找没有残缺的阳光
20130309   改革在途：国企攻坚何处着手？
20130323   逆生长之谜
20130330   "身后"的烦恼

20130413   再访"空置房"
20130420   云里雾里云计算

20130504   睡的危机
20130511   谁来种地？
20130518   春耕进行时

20130525　冷链的冷遇

20130601　勿让地膜成"地魔"
20130608　保卫水源地
20130622　"三包"元年 车市变局
20130629　谁在看空黄金

20130706　看不见的城市
20130713　钢铁业:春天在哪里
20130720　经济生活半年追踪:涨涨跌跌的背后
20130727　求变——从制造到"智造"

20130803　东莞的阵痛
20130810　煤炭变局
20130817　纺织业:增速回落下的挑战
20130824　"涨升"中的楼市
20130831　大水之痛

20130907　玉米保卫战
20130914　追踪"温州试验"
20130921　私人飞机:"钱途"与"迷途"
20130928　消失的书店

20131012　出口大户再调查:伞都风雨
20131019　曹家巷的秘密
20131026　老茶之谜

20131102　批发市场荆棘路
20131109　人参价格高涨的背后

20131116　地沟油变身困局

20131123　大国重器:守望未来

20131130　大国重器:核心突破

20131207　家电变局:渠道暗战

20131228　快递江湖

20140104　大水后的冬天

20140111　《新城记》——土地生金记

20140118　《新城记》——我是新莞人

20140125　《新城记》——乡村大改造

20140215　《新城记》——市场大驱动

20140222　蒜乡之变

20140301　掘金大数据

20140308　大调查——倾听 2014

20140322　宽带的"钱"途

20140329　寻找事故真相的故事

20140405　小微企业的跨国试验

20140412　来自春耕一线的报告:尴尬的最低收购价

20140419　来自春耕一线的报告:新拓荒人

20140426　来自春耕一线的报告:恢复地力的持久战

20140503　来自春耕一线的报告:寻找"老推"

20140510　楼市"深呼吸"

20140517　艺术品市场何寻真功夫

20140524　攻坚棚户区

20140531　朗润园的改革先声

20140607　寻找唐卡真价值

20140614　开往世界杯的中国列车

20140621　地下管网的挑战——新城突围

20140628　城市的另一张面孔 地下管网的挑战——改造之困

20140705　玉米压仓的尴尬

20140712　玉米商道何处梗阻？

20140719　医改新"药方"：浙江医改

20140726　医改新"药方"：从甘肃到上海

20140802　聚焦国家工程——打通中国能源大通道

20140809　聚焦国家工程——探秘港珠澳大桥

20140816　聚焦国家工程——南水北调如何"解渴"

20140823　聚焦国家工程——创新掣肘如何击破？

20140830　揭秘冬虫夏草价格玄机

20140906　最强大脑 中美对决

20140913　众筹之惑

20140920　虚拟课堂掘金战

20140927　养老产业"金矿"怎么挖

20141011　医改新药方：逼出来的改革

20141018　寻找开发新动力

20141025　收获季 看市场 棉价新政"破茧"

20141101　震后普洱追踪

20141108　与智能金刚打交道的人

20141115　"铁老大"能否改写物流版图

20141122　冲上云霄——珠海航展揭秘

20141129　楼市怎么看

20141206　沪港通来了

20141213　目标价能否激活大豆市场

20141220　激发农业新活力 玉米渠道如何打通

20141227　绿松石蹿红的秘密

20150101　解密阿里巴巴(上)怎么让生意不难做

20150103　解密阿里巴巴(下)还有什么生意可以做

20150110　南红还能"红"多久

20150117　谁来服务中国经济

20150124　飞来的财富

20150131　纺织业绝地反击

20150207　出神入化 修复也是大生意

20150214　修复也是大生意——绝技出高墙

20150228　经济带上新商机何处寻

20150307　意想不到的大数据

20150314　2015 我想对你说——突破

20150321　2015 我想对你说——机会在哪里

20150328　2015 我想对你说——民生难题怎么破

20150404　春茶遭遇倒春寒

20150411　互联网＋租车行业缘何任性烧钱?

20150418　全面深化改革进行时 看病那些事——"看病难"药方怎么开

20150425　全面深化改革进行时　看病那些事——"看病贵"药方怎么解

20150430　解密中兴(上):生存之道

20150502　解密中兴(下):求变之路

20150509　农业新样本:看住粮袋子

20150516　农业新样本:新延安　新南泥湾

20150523　迈向制造强国——解密《中国制造2025》

20150530　农业新样本:抗旱之水哪里来

20150606　生态文明建设前沿报告　水污染治理进行时　天上的水——
　　　　　人间的湖　太湖篇

20150613　生态文明建设前沿报告　水污染治理进行时　天上的水——
　　　　　人间的湖　滇池篇

20150620　农业新样本:机器种地

20150627　跨越山寨的逆袭

20150704　互联网＋:移动支付大战

20150711　股市七月进行时

20150718　多肉植物呆萌传奇

20150725　养鱼达人的跨国生意

20150801　跨越"山寨"的逆袭

20150808　小玩意大市场:珠串大买卖

20150815　寻找劳动关系新平衡

20150822　走进中航工业(上):国之重器

20150829　走进中航工业(下):航空新世界

20150912　"农业共营"怎么赢

20150919　房价上涨后劲在哪里

20150926   玩赚旅游

20151010   楼市调查:新变化下观冷暖

20151017   穷乡变福地的秘密

20151024   酷老头创业传奇

20151031   感受中国制造 2025——机器人的世界 你懂吗?

20151107   玩转邮局

20151114   感受中国制造:超级机器何时能有"中国心"?

20151121   感受中国制造:车轮上的新鲜生意什么样?

20151128   感受中国制造:谁能赚到未来的钱?

20151205   感受中国制造:上天入地还有多少大生意?

20151212   小玩意大市场:沉香传奇

20151219   秸秆的故事

20151226   乙未农村纪事:盘活土地大能手

20160102   乙未农村纪事:种植"飞地"生金记

20160109   乙未农村纪事:造田高手的秘密

20160116   大病保险"保"什么?

20160123   解密联想(上):舞动 PC

20160130   解密联想(下):创造企业生命力

20160206   年货新鲜事

20160220   年货大赢家

20160227   感受中国新动能:免疫细胞对抗癌症

20160305   感受中国新动能

20160312   感受中国新动能:我的飞行梦

20160319　百年信使新起点

20160326　感受中国新动能：新材料里的秘密

20160402　抢占高端制造制高点

20160409　黄金工程挑战世界难度

20160416　丝绸之路上的好生意

20160423　土豆的机会来了？

20160502　压仓玉米怎么销？

20160507　"甜蜜产业"怎么才能甜蜜蜜

20160514　楼市去库存"减法"怎么做？

20160521　来自创新一线的报道：下一站机会

20160528　来自创新一线的报道：下一站机会

20160604　国家公园试点破冰

20160611　来自创新一线的报道 下一站机会

20160618　来自创新一线的报道 下一站机会

20160625　VR 的钱好赚吗？（上）

20160702　VR 的钱好赚吗？（下）

20160709　跨界造车 谁会是赢家？

20160716　"膜患"之忧如何破解？

20160723　灾害之年的田间故事

20160730　全面深化改革进行时 医改"手术刀"该动向哪里？

20160801　解密中核（上）

20160802　解密中核（下）

20160806　跃上科技制高点

20160813　跃上科技制高点

20160820　跃上科技制高点：核之重器

20160827 跃上科技制高点：核能大生意

20160903 跃上科技制高点：智能先锋

20160910 跃上科技制高点：用手机管理一座城市

20160917 跃上科技制高点：种植里的智慧

20160924 电改启示录："水火难相容"的背后

第一财经频道《波士堂》栏目节目案例

片 名：《爱康国宾张黎刚：互联网医疗的革命》

主持人袁鸣首先对这期节目的观察员进行介绍。

观察员：

复旦大学的李若山教授

著名演员海清

奇正沐古咨询董事长孔繁任

袁 鸣：商道即人道，财经也人文，各位好，欢迎收看由更好板型、更好夹克的劲霸男装冠名播出的《波士堂》，我是袁鸣。坐在我们观察员席上的，首先是要介绍复旦大学的李若山教授，欢迎您再次到来，第二位要给大家特别介绍一下著名演员海清小姐，欢迎。好，第三位也是我们的老朋友，奇正沐古咨询的董事长孔繁任老师，欢迎您。

袁 鸣：一年前我们这位 BOSS 也来过波士堂。那次在波士堂里，他说我要做行业第一，一年之后，他真的带领他的企业登陆了纳斯达克，成为中国体检的第一股。在抢第一的战争中，他是如何后来居上，而又如何将他的诺言——变成现实的呢？首先来看大屏幕，他的介绍。

人物介绍小片：在中国医疗改革集结号吹起的时候，有一个人，他正在用互联网革新医疗，用大数据管理人们的健康，试图打造医疗界的阿里巴巴，他就是爱康国宾董事长张黎刚，1979 年出生于江苏江阴的一个小村庄，求学于复旦大学生物系、哈佛大学遗传系，1998 年在互联网第一波大潮中，他放弃哈佛大学医学博士学位,接受张朝阳邀约,担任搜狐产品总监,一年后和朋友创办艺龙网,从那个时候开始,互联网基因就一直引导着他的创业。2004年,他开始把专业和理想结合,创办爱康国宾前身爱康网。创业不易,撬动传统医疗产业更不易,他在不断的舍得之中,坚持梦想,调整战略,2014年,爱康国宾终于越洋找到突破口,成功在纳斯达克上市,成为中国体检第一股。站在资本盛宴与新技术的制高点上,张黎刚将以何种姿态再出发,又将如何用互联网思维管理好你、我、他的健康。《波士堂》正在关注。

（返回演播室）

袁　鸣：海清,你是爱康国宾的代言人,这国民媳妇,请问你对健康的理解是什么呢?

海　清：就是不生病。

袁　鸣：是,太重要了。

袁　鸣：你觉得体检对一个人重要吗?

海　清：非常、非常重要,因为以前没有这个概念,后来步入三十岁以后,说三十岁的人是一定要体检的,每年要体检一次,然后的确是在每年体检的时候,去关注自己这些指标。

袁　鸣：那会不会因此特别紧张啊?动不动这个三高啊,你就会被弄得这个也不敢做那个也不敢吃。

海　清：我倒不会,因为我觉得有一些数据在,每一年看到医生会告诉你,在这个范围值之内的变化,都是正常的。我一直说身体是个机器,你会对你这台机器有比较好的了解和掌握,这样你才能更好地运转。

袁　鸣：两位老先生,请问你们有这种积极健康的养生观念吗?

复旦大学的李若山教授：没有,我觉得我现在过得(挺好)。

袁　鸣：生命在于不保养,对吧?

李若山：随心所欲,过度地关注指标,每天看这个养生之道,看到最后不知道该怎么活了,保持一种健康的生活方式,可能比你天天去关注那些数据,可能活得更幸福。

袁　鸣：一年前,张黎刚坐红沙发的时候,你也是观察员。

李若山：对啊,因为我跟他较劲了很久。

袁　鸣：今天人家已经成功登陆纳斯达克了,你觉得你心中的这些疑惑解除了吗?

李若山：更忧虑了,他不知道到纳斯达克上市了以后,一大群鳄鱼怎么样猎杀他,因为包括俞敏洪也好,包括江南春也好,现在他们这辈子最后悔的事情是什么? 就是到美国去上市,所以我认为他做了一个不明智的决策,不相信三年五年以后看。

袁　鸣：所以你今天是不是想问他,啥时候准备退市啊?

李若山：对。

袁　鸣：人刚上市你就问。

李若山：因为江南春已经准备退市,已经退得差不多了。

袁　鸣：孔老师,你今天是来挑战的,对不对?

奇正沐古咨询董事长孔繁任：他要做中国健康检查的阿里巴巴,但是我看到的数据是他无非线下有四十几家的体检中心,这些体检中心应该说都不赚什么钱,上午忙下午空,恨不得都改去洗脚了,这个如何去做阿里巴巴呢? 有一点困惑。

袁　鸣：听听他今天打算怎么做? 来,掌声请出我们今天的 BOSS,爱康国宾的张黎刚先生,欢迎您。李若山教授记不记得,有一个非常精彩的 BOSS 秀,健身操,还跳吗?

张黎刚：现在时间不多了。

袁　鸣：上市以后跳不动了。你的动作还标准吗?

张黎刚：要找老师了。

袁　鸣：好,老师不用找,现场就有。我们海清专业舞蹈出身,我们来试一下,你摆两个姿势给他看看,学得像不像。

海　清：我每次见到张总都想说,老板,你好。

袁　鸣：来来来,你回应一下,老师,你好。来,你试一下。

张黎刚：海清老师好。

海　清：老板你千万别这么说。我来两个芭蕾动作吧。

……

第一财经频道《头脑风暴》栏目节目案例 1

片　名:《特斯拉旋风:电动汽车时代来了?!》

栏目片头

本期节目导视

切入演播室

主持人马红漫:让头脑进入风暴,让风暴改变头脑,欢迎来到我们今天《头脑风暴》的节目现场。我是主持人马红漫。在上海的街头,我们看到很多的大巴车都在用电做能源。对于电动车,如果换另外一个词,你可能会有点陌生,也会有点新奇。它的名字叫做特斯拉。自从有了特斯拉这样一个电动汽车之后,很多人说汽车的产业发生变化了。汽车产业被一分为二,一类叫做汽车,另外一类叫做特斯拉。那么特斯拉到底有没有这么牛? 它到底对这个产业带来什么样的颠覆? 对于中国来说,特斯拉的出现,会给一个产业带来什么样的格局变化? 中国的电动汽车产业能不能因此被兴旺带动起来呢? 我们今天《头脑风暴》就来关注特斯拉的话题。

插入小片:

2003 年,一家纯电动车制造公司,在美国硅谷诞生,2014 年,它的总市值突破 300 亿美元。它旗下的产品电动车 Model S,力压奔驰 S、宝马 7 系、奥迪 A8 等,成为北美豪华车销量冠军。从布拉德·皮特、乔治·克鲁尼等大明星,到谷歌创始人拉里·佩奇、谢尔盖·布林等知名企业家,它的客户名单几乎就是一张全球富人榜。它就是特斯拉,被誉为"汽车界的苹果公司"。与它齐名的是它的联合创始人,新一代的硅谷巨星伊隆·马斯克,以及他身上一连串耀眼的创业经历,全球最大的电子支付平台贝宝、私人火箭公司 Space X、高端纯电动车特斯拉、太阳能发电公司 Solar City,每次创业都是颠覆传统。

2014 年,特斯拉旋风刮到中国,订单持续增长至五六百辆。马斯克表示,由于需求很高,今年都无法完全满足中国用户需求。那么,在巨头林立的汽车行业,特斯拉为何能取得令人惊叹的成绩,《头脑风暴》邀请汽车产业上下游代表干频(上汽集团新能源事业部总经理,2012 年上汽自主研发的纯电动车荣威 E50 成功发布)、章瑞平(一嗨租车董事长、CEO,毕业于复旦大学计算机系,后赴美留学,曾在硅谷创业,一嗨租车是中国首家实现全程电子商务化管理的汽车租赁企业)、汽车咨询机构孙健(科尔尼咨询全球合伙人)、曾志凌(LMC 汽车市场咨询上海有限公司总经理)、媒体评论员罗锦陵(《轿车情报》《汽车与配件》总编、资深汽车专家)、钟师(独立汽车分析师,2012 年国内最早实地探访特斯拉总部和工厂的媒体人)、张鹏(《商业价值》杂志出版人、极客公园总裁)。风暴即将开始。

主持人:特斯拉为什么就这么火、这么酷呢? 我想请各位来写一下题板。章总写好了,章总先来。智能汽车,说白了它就是汽车,关键点在智能上。

章瑞平(一嗨租车董事长、CEO):我个人感觉特斯拉,它实际上是汽车跟高科技、当代的科学技术一种完美的结合,它不是简单的四个轮子一个汽车。它是把来自最新的科技的技术,融合在一起,成为非常有意思、非常特殊的一个产品。如果要把它比喻一下的话,就相当于当年苹果作为一个电脑的制造商,设计和制造商,到音乐播放器 iPod,到后来 iPhone 这样对手机产业的一个改革和颠覆。

主持人:但我们知道章总,您曾经有机会开过这个车,您见到这个车,包括驾驶过程中有什么感受呢?

章瑞平:我觉得最大的感受:第一,就是这个车非常安静,就是你坐在这个车里它没有一点震动,因为它不是用传统的汽油发动机和整个变速箱等等,所以没有一点震动;第二,我感觉这个车非常的干净,你开的时候把窗户打开,它没有尾气;第三,就是加速非常的快,从零到每小时百公里速度的话,应该就 5.7 秒,这相当于是跑车的级别,像法拉利、保时捷这种车的性能了,所以这三点是我最大的一个体会。

主持人:那您没讲到您所谓智能的概念?

章瑞平:在它里面有一个放大的屏幕,就像电脑一样,触摸屏,这里面也可以有无线网络,也可以上网,然后整个一个地图,能够提示你附近最近的充电站,包括各种可以上网的功能。当然不是开车的人上网,也许是坐副驾驶的人上网,或者后座的也可以有这样的一个功能,而且你可以用自己的手机对它进行操控,所以这些方面都包含了很多高科技的一些元素。

主持人:张鹏,你也开过这个车,给我们讲讲。

张　鹏(《商业价值》杂志出版人、极客公园总裁):我写的基本就这么三点,首先就是说这个车整个的思路是与众不同的。那个十七寸的大触摸屏,传统汽车厂商全部都认为这是错误的,但是它坚持,然后用户很喜欢,用户第一眼就被这个东西抓住了,而且用户很喜欢在这上面去操纵很多直观的东西。还有一点我刚才补充,我们说的智能这个概念,就是这个车它自己很多系统级的东西是可以远程通过无线网络更新的。它可以每周发一个更新包过来,你的系统就会升级一个版本,你的车就会比原来更智能一些,更好开一些,甚至未来它还有这样的计划,刚才说开起来没有声音,我可以定制一个法拉利的声音搁到你的车里。

主持人:这个是你想象的还是真做到了?

张　鹏:因为我跟他们特斯拉的人交流很多,他们自己就做过类似这样的事情,而且客户有这样的要求,就可以实现,所以在这个层面,它跟传统汽车完全不一样。用户极度地热爱特斯拉与众不同的想法所带来的这种全新体验。我一次驾驶之后就被征服了,就觉得现在的汽车行业做的那些车我都觉得没意思。这个真的是事实,而恰恰是因为它捕获了很多这样的人,让人觉得好像说一下就把这个行业颠覆了,但是从销量上其实远远没做到。所以这有时候叫粉丝的力量、用户热爱的力量。

主持人:正常不正常这种状态?

钟　师(资深汽车专家、独立汽车分析师):科技时尚总是在初期可能会吸引很多的粉丝,当然随着它高大上的用户慢慢接受了以后,对社会造成一些辐射作用,会向中级购买力或者普通的购买者慢慢辐射。但是汽车媒体除了我好像没第二个人去过,可能特斯拉不太喜欢。它营销方式很奇怪的,它不随便对媒体投广告,也不需要任何媒体进到它里面,因为你媒体在里面会心甘情愿地,像宗教崇拜一样一轮一轮帮它免费在推广。它何乐而不为?

……

评 析

这期节目的开头,讨论的话题是美国高端电动车的情况,节目设计让各位嘉宾写题板,然后表达自己对特斯拉电动车的观点,之后开始群言式的讨论。在这个过程中,嘉宾表达的观点和认识是多元的。接下来,节目讨论的话题是:如果特斯拉到中国来,它会不会有竞争对手? 这期节目中,请到现场的嘉宾有汽车制造领域的人士、媒体领域的人士以及汽车咨询领域的专业人士。节目中,他们对于电动汽车的观点在不断碰撞。节目通过对国外的电动车高端品牌特斯拉的讨论,进而引导观众关注国内电动车技术、电动车企业的情况。随后大家讨论为什么中国也有科技园区、汽车工业园区,但为什么中国却没有特斯拉。在场的几位嘉宾一致提出是体制的问题。随后,嘉宾们在主持人的引导下开始讨论特斯拉品牌的拥有者马斯克其人。其中一位嘉宾提到:美国有容忍创业者失败的文化,如果一个国家没有这种创业气氛,大家都嘲笑一个人的话,这个国家永远不可能有创新者出现。

节目还设计了现场观众调查环节。所调查的问题是:如果你要购买一辆新能源电动车,什么原因会阻碍你购买? 调查结果统计为:A. 续航里程短(16%);B. 价格高(14%);C. 技术不安全(25%);D. 充电不方便(45%)。通过对现场观众的调查,主持人归结:充电不方便是现场大多数观众拒绝选择纯电动车的关键理由。但在节目录制中,现场观众基本是担当观众和投票者的作用,并不直接参与节目话题的讨论。

接下来,主持人提出另一个问题请嘉宾发表自己的观点:你如何看待影响中国电动车规模化发展的瓶颈? 对此,有的嘉宾提出是地方保护主义,有的嘉宾认为是政策缺乏延续性,有的嘉宾从产品质量与基础设施(充电桩)的保障、国家标准,还有消费者对于整体消费成本的考虑。

片尾字幕

制 片 人　蔡如一

策　　划　石述思

导　　演　顾倩倩

责任编辑　王　征

编　　导　王汇语　罗宇翔(实习)

后期制作　王　挺　陈　莉

摄像统筹　唐佳婕

摄　　像　王晓波　周建杰　李亚林　余　佶

监　　制　陆天旗　蔡如一

总 监 制　汪　均

第一财经频道《头脑风暴》栏目节目案例2

片　名:《走进新加坡——问道城市化》

主持人:城市化一直是我们《头脑风暴》所关注的一个持续性的话题,今天我们的节目组特别来到新加坡。因为对于新加坡来说,它是一个独特的案例,它既是一个国家,又是一个城市,而且它的整个核心城市的建设和它的经验值得我们去汲取。今天我们《头脑风暴——走进新加坡》特别节目就来关注城市化之路。

小片解说:亚洲崛起,它如何在一个方寸之地创造令人侧目的经济奇迹?中西合璧,它如何在全球经济大格局中,找到自己的精准定位?新加坡,名列"第四大国际金融中心",跻身亚洲四小龙,是多元而和谐的花园城市。在文化传统上,中国和新加坡有很深的渊源,在双边关系上,中国也是新加坡第二大贸易国。在打造国际金融中心、航运中心方面,既有合作,亦存竞争。新加坡的创新经验,对中国企业家有什么借鉴?竞合之间,又如何做大共赢格局?第一财经《头脑风暴》,带领中国企业、智库共赴新加坡,展望亚太经济未来,探寻创新持续之道。

小片解说:新加坡是举世公认的"花园城市",也是世界上城市化率最高的国家,城市人口基本达到100%,在一个相当于北京五环内市区的面积上,居住着500多万人口,人口密度比北京高出约50%。但当你行走在新加坡,却并不会感到一般大城市那种拥挤的感觉。新加坡的城市管理和规划,已成为全球城市的标杆,而在中国,城镇化之路已走过三十余年,中国社科院发布的《2012 中国新型城市化报告》显示,2011 年中国城市化率已经突破50%,新一轮的改革把城镇化提到一个新的战略高度,提出城镇化是中国实现经济结构战略性调整的重点,也是扩大内需的最大潜力所在。中国的城市化能从新加坡模式中学些什么? 其中又蕴含着怎样的机遇和挑战?《头脑风暴》即将展开。

小片解说:《头脑风暴》邀请中方嘉宾倪建达(上实城市开发集团董事局主席、上海市房地产行业协会会长)、罗欣(浙商会副会长、金海岸融资租赁董事长)、宓建栋(绿城电子商务有限公司董事长)、孙立坚(复旦大学经济学院副院长)、何万篷(上海前滩新兴产业研究中心主任)。新加坡嘉宾:曾宪达(曾兄弟集团总裁)、程天富(新加坡国立大学房地产研究所所长)、陈英杰(盛邦国际咨询助理副总裁)、范文琚(全美世界集团总裁)、赵力涛(新加坡国立大学东亚研究所资深研究员)。

主持人:对于新加坡发展,大家比较公认的是它城市化发展的成功,另外一个值得大家提倡的新加坡的优势,在于它对于中华传统文化的提倡,所以我们在现场的大屏幕上出现了一个"家"字。这个"家"字是中国人感觉最温馨的一个字眼,但是很多人也发现,随着经济的发展,以中国为例,中国经济建设飞速发展让家的概念变得越来越淡漠,很多年轻的子女都到外面去打工,或者在辛勤地工作,而父母则在自己的故乡。那同样是儒家文化大范畴中的新加坡,如何来看待家文化和城市化发展的呢? 他们觉得城市化、核心城市的经济发展,到底对于家文化来说,带来的是好处还是坏处?

……

评 析

第一财经《头脑风暴》的这期节目带领中国的企业精英、智库共赴新加坡,探寻中国的城市化能从新加坡学习什么经验? 花园国家新加坡经验能否复制? 主持人在节目中介绍,之所以选择新加坡来讨论城市化问题,是因为这个国家城市化的过程中有很多值得借鉴的经验,如被称为花园城市,人们的幸福指数很高。节目中,国内嘉宾与新加坡嘉宾用汉语进行对话,探讨的核心话题是城市化过程中中国传统文化的继承问题。节目进行中,有的嘉宾提出自己的观点:城市化让传统的"家"文化变淡了,冲击传统"家"文化。嘉宾倪建达是来自房地产开发企业的代表,他提出,在城市化过程中文化的传承的确很重要。还有嘉宾提出,不好的城市化表现是大拆大建,简单地把农村人口搬入城市。在这期节目中,全美世界集团总裁范文琚提出:在新加坡非常鼓励工作、生活的平衡。新加坡政府这方面做得很好。新加坡盛邦国际咨询助理副总裁陈英杰提到,新加坡是一个人口急速老化的城市,生育率位于 1.2%~1.3%。在住屋政策上面,政府鼓励子女挑选靠近父母的那些房子,政府还会给予高于 4 万新台币的津贴,大概 18 万人民币。

第一财经频道《头脑风暴》栏目节目案例 3

片　名:《2014:中国楼市涨还是跌》

主持人:有人说如果在中国要找一个让大家一起又爱它,又恨它的东西,那就是房地产。

本期嘉宾:

倪建达:上海房地产行业协会会长、上海城开集团有限公司董事长

郝　帧:富力地产集团上海分公司总经理、杭州分公司董事长

梁伟平:安居客集团董事长兼首席执行官

专家学者:

蔡为民:复旦大学房地产研究中心地产运营研究所所长

华　伟:华东师范大学房地产系主任

风暴评论员:

陈　晟:中国房地产数据研究院执行院长

王珏林:住建部政策研究中心研究员、教授、老年宜居环境委员会主任

节目开始首先对现场观众进行调查,其中 7% 的现场观众认为目前房价高涨的主要原因是开发商托市,47% 认为是政策不利,30% 认为是地价上涨,6% 认为是市民炒楼。然后请嘉宾就房价不断上涨的原因表达自己的观点。

陈　晟(中国房地产数据研究院执行院长):第一个问题是在我们 18 亿亩耕地红线不动的情况下,特大城市土地供不应求的局面是会持续存在的。第二个问题是我们现在 M2(广义货币)的余额是 100 万亿左右,我们把所有中国人的房子测算过,大概也值 100 万亿。也就是说,如果不是房子承载了这些通胀,或者是投资需求的话,我们现在吃的鸡蛋或者喝的水大概都是十块或者二十块。

华　伟(华东师大房地产系主任):第一个问题是政府越位,现在十八届三中全会告诉我们,政府不越位了;第二个问题是市场失衡,如果市场做百分之八十,那政府制定游戏规则监管市场,剩下的该市场决定。既然如此,我们就不要去关心,宏观调控是对的,调控楼市是对的,但以单一的房价指标来调控,那恐怕就有问题了,所以救火是对的,但得拎水,不能拎油。

王珏林(住建部政策研究中心研究员、教授、中国老年宜居环境委员会主任):我认为这段时间上涨的原因:第一个方面,是我们外力太大,就是我们发展的外力,就是经济发展的动力太足。第二个方面,我们的市场发展这个阶段决定的,所以都讲市场供求关系。第三个方面,现在主要平衡的是投资和消费,如果我们家庭存款有比它更好的地方,我们这块就轻松了。如果我们企业投资有更好的产业,更稳定的,我们这一块也轻松了。第四个方面,住房也有个基本保障问题,我们住房分配制度没有完全建立起来。

蔡为民(复旦大学房地产研究中心地产运营研究所所长):我们的调控始终不讲原则,只讲利益。不讲原则的意思就是说,你既然要调控房价,而我们都知道房价之母是地价,怎么可能说,我们今天地价用市场经济,价高者得。地价,我们现在各个地方政府就是用这种市场经济的方式在处理地价,可是房价走计划经济路线,你不能说面粉随便卖,而面包你要卖低,要限价、要限购、要限售、限贷,这当然就使得老百姓的心理预期不断膨胀,导致房价不断追高。

倪建达(上海城开集团总经理)：蔡老师的观点是解决了一个问题，就是他觉得调控是一个问题。我写的是不确定的预期，就是说当我们生活在恐惧中的时候，你手上总要抓住点什么。能抓什么？抓钱存银行里面，抵不过通胀，投股市，股市也会让你从富翁变成"负翁"，到什么地方去呢？就觉得房子比较靠谱，这是一个原因。第二个房价上涨的原因就是投资渠道和金融政策的不明朗，当大家觉得很辛苦、很努力地去挣钱，而你挣来的钱是面临巨大贬值的时候，你做什么选择？现在大家可以告诉我，除了买房子，你有更好的选择吗？

郝　桢(上海富力房地产开发有限公司总经理)：作为民营开发企业的代表，我觉得我们生活的这个年代，这样一个时代的背景，才是真正造成这个行业的快速发展，包括它价格上涨的一个根本性原因。

　　……

附录 B

国内知名电视财经栏目制片人访谈

《中国财经报道》原制片人姜诗明访谈

访谈对象：央视财经频道《中国财经报道》原制片人姜诗明
访谈时间：2015 年 11 月 14 日
访谈地点：北京市宣武医院住院部

蔡：姜老师，您是国内从事电视经济新闻业务时间比较长，从业经验丰富，非常知名的人士。您觉得国内做得不错的电视经济栏目有哪些？

姜诗明：我觉得上海的第一财经，它比较专业，然后就是中央台了。广东台、浙江台的经济栏目也不错。现在我们的电视经济栏目总体上做得都不太好。电视的娱乐化现象比较严重。栏目不在多，关键在于你要搞清楚定位。当然，就我们而言，原来没有叫财经频道，它是栏目，是一个日播每星期六档的节目。当时我是比较看好，因为和市场、和产业、和社会发展大趋势都是吻合的。但是做来做去，后来发现，不管是频道领导也好，还是栏目的从业者也好，他们自己都不相信，这个东西到底能走多远。但是我觉得在做经济节目的理念上，只要方向对，只要路子对，不应该怕路远，因为这个市场肯定是需要这种栏目的，问题在于你做什么。如果你没有独特的优势，你做着做着就觉得没意思。当年湖南台做过《财富中国》栏目，现在大家知道湖南台是以娱乐为重心的，但是当时要在财经上走下去，能不能走下去呢？我觉得也不一定能走下去，也不一定就走得多坏，问题在于你有没有这个优势，湖南台现在可以把海内外的娱乐资源都调动起来，它做《财富中国》的时候可能没有这个能力，但是上海和北京有这个能力，也就是我们有这个优势，专家、学术资源、包括企业、市场、信息，都在其中，那你就具备条件了。你看中央台的财经频道它已经慢慢形成影响了。你仔细研究一下，其实二套曾经红火一时的娱乐节目慢慢就不行了，真正活下来的还就是比较好的财经节目，像《中国财经报道》，这19年还在。当然，我作为一个栏目制片人，我不在意它能做多大，就在意它能做多长。你看我们栏目的从业者其实挺感谢我的，因为他们不用到处找工作啊，因为过去的栏目开两年，黄了，栏目组就解散了，栏目重新定位、研讨，刚两个月，又弄完了。但《中国财经报道》一直还在，我们这个栏目就一直走到现在了。

就《经济与法》来说，咱们曾经的电视思潮是强调讲故事，结果一个讲法制、讲经济的栏目，看了半天只看到一些剧情、一些悬念，或者一些所谓的噱头，就看不见法，说来说去都是为了吸引人，讲了半天，但不知道你讲的是哪方面的法。所以这些节目慢慢就同质化。

我觉得经济节目要有理性的态度，我把《中国财经报道》定位为研究型报道，就是说你做节目要有一个科学的态度、严谨的逻辑思维，不能仅仅是为了热闹，结果很多东西违反常识。

蔡：《中国财经报道》的选题往往不是一个经济事件，而是某方面的话题。

姜诗明：对。作为栏目，你不能依赖于发生了的事件去生产，你要策划，要有预见性，要有前瞻性，而且你要有总体的指导思想，你告诉他这个栏目核心的追求是什么。我给栏目说的四句话，聚焦争议话题，解密市场玄机，关注重大变革，剖析典型案例。我说，你有这四个象限，你看世界上的事情，哪些能纳入其中。聚焦争议话题，为什么要聚焦争议，因为争议的问题里，它必然充满了矛盾，所以我这个栏目的定位叫"打开经济问号"，就是所有的问题最终都是要抱着一个问题深入下去。

蔡：所以我看有的选题，你们的记者在全国范围内做调查，到实地，到企业去了解情况。

姜诗明：对。我觉得经济节目真要有耐得住寂寞的态度，因为只有时间长了，你才能真正搞懂一些问题，时间长了，看待经济问题，你才能有一套相应的思维逻辑。当然，也不能完全陷入在从专业到专业当中，因为电视毕竟是大众媒体，更重要的是结合大众的兴趣点，怎么样能给他们一些启发。经济节目还有一个重要功能就是要有发现功能，你得早于市场，你得有预见性，得搞清楚后面的关系。要相信常识的力量。做房地产的那期节目，实际上我们就提出一个怎么样思考房价的思路，不能简单地归结为需求旺盛，供给不足。

蔡：如果要对经济栏目进行分类的话，可以把它分为几类？

姜诗明：我觉得是资讯类的、服务类的、深度报道类的、调查类的。经济节目有内容定位和形态定位，还有目标定位。我做这个节目是给谁看的，这个很重要。你要研究观众需求，你才能开发出适合不同观众需求的产品。你看真人秀，现在真人秀火是很多企业有需求，它植入产品。广告主它会想，节目的受众是谁。

蔡：我现在主要关注了三个频道，央视、一财、北京台财经频道。

姜诗明：对。我觉得是这样，如果你要研究栏目的话，你应该研究这个栏目的选题类型、形态，这个形态和它的栏目到底什么关系，得把栏目的理念搞清楚。因为观众需求也在不断被提升，有些栏目升不了级就被淘汰了。有个栏目叫《理财》，做完之后叫我去看了，准备做日播，他们做了三期样片。我去看了，我说这三期节目都不错，我说你这是日播节目，那你第四期的选题是什么？第四十期呢？这日播节目，你得闭上眼睛一想，随意就可以生产，才可以报。你想，《新闻联播》有全世界支撑，每天半个小时，你们这几个人，想每天半个小时的理财节目，你就根本找不到米下锅，你不能只想到做个样片就完了，你要保证它的可持续发展。

蔡：姜老师，您是二套的老人了，现在二套的几个知名栏目，比如《经济信息联播》《经济半小时》《对话》《中国财经报道》，它们现在的处境是什么样的？

姜诗明：总体来说，都是下降的趋势，现在的观众收看电视的方式变了，但是从它们内容来说呢,我觉得还都在提升,包括它们的内容、表达方式,是不断在成长的。

蔡: 是不是也面临着观众流失、老化、收视率下降这些问题?

姜诗明: 对。但是你这个书要想有点新意的话,应该不仅仅局限于研究这些栏目的状态,还要研究一下现在电视的传播方式,现在接受电视节目的终端这些都值得关注。电视现在要解决必看性的问题。

蔡: 像《经济半小时》《中国财经报道》这样的栏目,观众构成是什么样的呢?

姜诗明: 我们还好,我们的观众群特别稳定,我们这么些年,收视率没有大起大落。

蔡: 你做过《经济半小时》《中国财经报道》的制片人,那您觉得在管理上,这两档栏目有什么不同吗?

姜诗明: 日播节目重要的就是生产组织,选题安排,你不能靠天吃饭,要有一定的连续性,策划要跟得上,还有,你不能要求太高,不用刻意去打磨,只要这个节目思路比较严谨,就可以了,要求快,每天半个小时。《中国财经报道》也是,人更少,但是周期要长,这就要求你更要有一定的前瞻性,不能特别强调时效性。春耕快到的时候,我们可能不做春耕,我们做去年农民的收益到底怎么样,那就可以做一个这样的调查,那就能体现出农民今年能做什么样的决定,那这样的话,就有很多东西可以挖掘。你不能到春耕的时候去看看,种不种地,种什么。另外,中国很多产品都有周期,比如猪有生长周期,你不能等到猪肉价格涨了,再去关注。一些重点的选题,我们有观测点,我们长期跟踪他们,看他们的行为,我们就知道可能6个月以后猪肉会涨价。为什么?原来养猪大户他都不养了嘛,出去打工去了。而他是有代表性的。他越放弃,预示着市场会出问题。这就需要有这样一种长期的意识。重要的就是你要了解大的趋势,要了解经济规律。人民币升值那段时间,我们就做了一个《出口大户调查》,因为人民币升值的过程中,影响最大的就是出口企业,那价格就没有优势了,那传统的出口企业肯定要受影响,那他们在想什么。那么你这个节目就得有的放矢。有些我们要提前做一些问卷调查,同时,我们再做实地调查。

蔡:问卷调查的面会广一些,实地调查会做得深入一些,这样可以做到广度与深度的结合。

姜诗明:我们还做"经济生活大调查",今年是第十年了,这是通过与国家统计局、中国邮政合作,来获取新闻、发现新闻的手段,按照我们的议程设置来,我们调查幸福感、投资消费、满意度,这个数据我们获取之后,可以发布。我给它的定位叫感知中国心,再小的声音都能听见,通过这个东西,老百姓都能有机会参与。

蔡:现在面临着新互联网、新媒体的冲击,作为栏目,除了做好内容,您觉得还应该有哪些考虑?

姜诗明:我觉得还是做好定位,做好内容,因为路多,需要的车才多呢。现在路很多了,但都是同质化的内容。越是在传播渠道丰富的时候,其实越需要优质的内容、独特的内容。你比如说定制,大家肯定定制自己喜欢的。所以,你怎么开发出既有个性,又符合大众需求的节目。

蔡:您在管理栏目的时候,会不会考虑用现在互联网传播的一些形式去扩大栏目的影响力?

姜诗明:网络传播的特点一个是方便,一个是互动性。像现在日播的节目,你要考虑现在互联网的特点,能够即时、互动。你只要考虑到互动的空间、大家参与的便利,或者通过微信征集选题、评价选题。

《中国财经报道》制片人李洋访谈

时　　间:2015 年 12 月 18 日
地　　点:央视新台址
访谈时长:2 小时

李洋:我接手这个栏目实际上也只有两年时间,之前姜老师(姜诗明)一直是我们这个栏目的第一制片人。我从进台就是跟姜老师学习。

蔡:您是哪一年进台的?

李洋:我是 1997 年。我从进台就一直在这个栏目,跟着姜老师学习,那时姜老师已经是制片人了。从全台来说,我们这个栏目是一个相当老的栏目了。

蔡: 像这样有深度的、严肃的栏目一直生存到现在还是挺不容易的。

李洋: 是的,主要是栏目的名字我们没有改过,像有的栏目是一直有,比如《消费主张》,原来是叫《生活》,都改过名字,我们栏目是没有改过的。

蔡: 但是栏目形态变过。

李洋: 我们栏目的形态变过。我们栏目是1996年7月1日,党的生日那天成立的。我是1997年进台的,那个时候正好是我们一周年改版的时候,我来的。那个时候我们是做新闻。实际上承担的是现在《经济信息联播》的那个角色。

蔡: 主要是一些消息?

李洋: 消息、资讯类的,然后改成短的、带评论的专题节目。经过几次改版,改成短的专题加评论的节目,资讯加演播室评论,有点像现在的《央视财经评论》,20分钟,日播,但那个时期很短。之后就又改版,最后一次比较大的改版是2006年,我们改成一个小时的大专题节目,那个过程在当时其实是很痛苦的。因为当时我们的部分记者是做资讯的,是短新闻的思维。

蔡: 难度提升了很大。

李洋: 难度提升了很大,因为它的思维方式不一样,做资讯的思维方式,就是咱们做新闻的思维方式。

蔡: 要求编导对片子的驾驭能力也不同?

李洋: 是的,对电视节目的驾驭能力,对财经内容的驾驭能力,完全是不一样的,即使是到现在,我们的一些老记者还是在不断摸索和调整。因为我们后来发现,新闻思维它太根深蒂固了。你如果用做新闻的思维去做专题节目,或者做一个深度节目,是远远不够的,不是说新闻思维不对,记者要驾驭大的主题的时候,那个新闻思维会容易只想着前头两层。但我们的栏目口号是"打开经济问号",你起码要提到第四层、第五层、第六层的问题,而且要提好问题。做新闻容易去设问,其实你希望受访对象答什么,你脑子里是有的。

蔡: 但是不是去探寻。

李洋：对，我们现在做这个节目就是去探寻。因为你实际上是要问好问题，甚至是谁都不知道的问题，然后你想办法给出我们经过探索得出的一些观点和答案，不一定是一个准确的答案。这是跟新闻思维完全不一样的地方，也是我们现在要想找到一个特别适合我们栏目，来了就能用的编导比较困难的原因。

蔡：这样的人就是要具有驾驭视听语言做专题节目的能力，同时还要懂经济。

李洋：关键是要能提好问题的记者。一般做新闻，提好问题你只需要提一层就够了，对于一个经济问题的理解，它不需要你真的像一个专家似的。你看像我们现在做的节目的难度。举个例子，我们现在在改一个下周要播的，"农村纪事"的片子，它其中提到了一种新的品种，叫"美香梨"，记者做到这一步，说了"美香梨"是个新品种，说了它对土壤的要求高，你觉得好像可以了吧。但我就接着问了记者好多个问题，因为我觉得这些是信息点。这些问题包括为什么它对土壤的要求高？高到什么份上？像这种特殊的品种，为什么原来种不了，现在就可以种了？

蔡：沉香那期节目中是不是也有这种思维？

李洋：有，有，有很多，沉香那期节目，包括这周我们马上要播的这期《秸秆的故事》。关于秸秆，我们调查的时候，记者已经调查到了东北的农民为什么要烧，是因为这个秸秆埋下去以后，一年耕不了地。一般做新闻做到这一步就可以了，但我们还要接着问：国家鼓励的秸秆还田的方式，就是自然分解，为什么埋下去，一年的时间就耕不了地。

蔡：那就得探寻原理了。

李洋：对，就得把原理给大家讲清楚，而且还得用最简单的、大家能听懂的话，还不能长篇累牍，不能用上课的方式来讲，你还得把它变成特鲜活的话。这可能对有些农民来说，他都明白，但是不同地区的农民、城市里的人完全不懂。但是你做财经类的节目、或者专业类的节目，就是要深挖到这一步才行，就是要穷尽这个问题。至少在我们这一层你不要留疑问，观众看到这儿，一定会提出问题的。如果观众看你这个节目，他不停地提出问题，你没给他解释，时间长了，他就不看了。因为他想获取的知识在你这里得不到,或者他想获取的信息在你这里得不到,他就不看了。我们为什么要这么做,我们每期节目,每周播出的时候我们都对着看,拿着收视率的数据,一分钟、一分钟地对着看。所以,凡是我刚才说到的诸如此类的问题,你能够深度剖解的,不留问号剖解的,而且是新的信息点有没有做到。你知道刚才我跟你说为什么这个秸秆埋下去一年不行? 我们真的是查了论文的,就是秸秆自然还田的论文,我们找了好几篇,然后就是要把这个问题弄明白了,为什么埋到地里一年就不能耕种了。

李洋:你一查,其实它有好多原因,我们就截取了和我们调查有关系的那部分。比如说,秸秆埋下去以后,它要有一定的温度和湿度,它才能快速分解,但是东北天寒地冻,它就是得需要一年的时间,温度、湿度才能保证,否则它就自然消解不了。中国这么幅员辽阔,各个地方的地质、温度条件全都不一样,南方可以,但是东北不行。对东北农民来说,就会面临这个问题。这个秸秆埋下去之前,要把它打得很碎,30公分以内,它才能自然分解,打碎它需要机器,还要深埋,最关键还得施肥,因为秸秆分解需要土地里有养分,要单独给它一种氮肥,它才能分解,但是对农民来说,一亩田就要增加30块钱。我们还真的去问了,把这些都做到,他们的成本需要增加多少,看着不多,但东北农民家里的田地每家每户不少,而且它是农活之外的额外的工作量。

蔡:他们可以用一种更加简单、经济的办法来处理。

李洋:对,是的,所以说我们做这期节目的时候,并不是说这就不对,因为你要解决这个问题不是"禁",就包括我们提出这个观点也是,你光去禁止没有用。它其实是有它的机理在里面的,就为什么这个事情弄不动呢? 你看就说烧秸秆这事,为什么大家要烧? 总要给大家讲清楚,如果我们变成舆论监督节目,就去抓谁烧了,或者怎么样,我觉得没有意义。对我们栏目来讲,就要说到栏目理念的东西。我们原来做报道、做新闻就是做一个信息的传递者、信息的搬运工,告诉大家最新的事情,就足够了。但是现在这个时代不是了。现在大家有大量的、足够的渠道去获取这样的信息。我们传递给大家什么东西才是有价值的? 这是我们要找的东西。我一直在跟我的同事们探讨,对于《中国财经报道》这样一档栏目,它的价值在什么地方?

蔡：说到这个,为什么会做这样一种转型和定位的变化呢?就是由原来做消息,转变为做深度报道?不知现在深度报道的收视状况怎么样?刚才您说到的这些,是从社会精英的角度来看问题的,如果从普通大众的角度来看,是否有大量的观众有观看这样的深度报道的需求?

李洋：先说为什么改。这个跟整个电视台对栏目的安排、设置是有关系的。我们 2006 年为什么转型做大深度的报道?那个时候是要恢复经济信息联播,就是在《中国财经报道》还没有之前,最早成立的时候的一个老栏目,后来停了,又要恢复成跟一套《新闻联播》似的。这是我们栏目没法决定的,台里对频道和整个栏目格局有这么一个大的调整,那我们也就跟着走,其实它是在台里改革的过程中出现的一个变化。

蔡：就是由上而下的一种变化。

李洋：这是要求,就是要求你改。但至于你能改成什么样,你们往哪个方向去改,这个你们自己想。所以那个时候我们一版一版做样片,一版一版找我们的方向,包括我们现在做这个节目,最早出来也不是现在这个形态。去看我们 2006 年那个时候的片子,我的形容片子就是论文体。论文体就是提出问题,然后进行调查,最后给出答案。这样的节目比较呆板,每次节目的最后 20 分钟就是没法看的。或者差不多吧,前三分之一,后三分之一,最后的 15 分钟“水”的问题,我们很长时间没能解决,最后那 15 分钟没东西了,就是专家采访,然后贴画面,就是专家一段一段地说,所以那个时候的节目收视的尾段,完全就是没有人看的。我们自己看也没意思,专家说的问题,他说第一句,你已经知道他后面要说什么了。你觉得不用看,他的观点你都知道,而且你在各种地方也都看到过。不是说不用专家,而是你怎么把他们用好。就是你能不能让他们说出有价值的东西。后来我们发现,包括企业家,他是要有对手的,你提的是个普通问题,他就给你的官样回答,你只有真的能跟他对话,他才愿意来跟你探讨,激发出他跟你一起来探讨的这种欲望,他才可能说出有价值的东西。或者你提的的确是一个没人问过的问题,而且这个问题恰恰是他心里觉得你问到点子上的问题。比如,我们当时做南水北调那个节目,采访了一位院士,是南水北调问题方面的一个专家,他说话语速极慢,大家开始觉得这样的镜头绝对没人看的,但最后看收视率,所有他讲话的部分收视率是涨的。当时我们做的"聚焦国家工程",那期节目做的收视最高点就在那,跟我们想象的不一样。不是说到专家,收视率就会掉下来,关键是你提什么问题。我们让专家回答的全是非常实的问题,比如说:您给我们算算账,为什么做南水北调和海水淡化相比,海水淡化算起来似乎更经济。他算账算得很清楚,收视率就往上增长。其实记者要问到那种让观众问他问不出来的问题,就这个问题问到点上,观众就会想听。包括我说到的跟采访对象的对话,这周一我去采访柳传志,做一个季播的项目,叫"解密",解密系列是我们这个栏目在操作的一个项目,第四个马上要播的节目就是《解密联想》。老爷子去年生完病后,每天留给他工作的时间最多只有一个半小时,他身体坚持不住,但是我跟他整整聊了3个小时,他精神矍铄,中间休息了几次,但他一直愿意跟我聊。他说:"我看了你的采访提纲,我就认真准备了一上午。"因为我给自己的要求是所提的问题是比他在其他地方已经回答过的问题要更加深入的。所以这3小时,我们谈企业的经营模式,企业的创新之路应该怎么走,他在过去的那些时间节点,到底是怎么想的,秉承的是什么样的方法。当时整个组采访完之后,他们负责公关的那个总监,说他跟了柳总20多年,很多东西他是头一次听到。

蔡:那这个前期你们是如何来准备的呢?

李洋:很细啊,自己要看大量的书、看大量的材料。做"解密"这个系列节目,关于联想的书,我们选了3本来看,完完整整看下来,基本上他接受专访的文字材料和视频材料,我们是全部看过一遍的。在过去30年,他这些问题是怎么回答的,我们心里是有数的。当然我们还不能说现在所有记者都是这么做的,但这是我们的方向。就是你要站在至少跟他平等的位置,你才可能跟他对话。平等是什么意思,至少他知道的你知道,他准备好的,你也准备好了,他所说的一切你都了解,你才能跟他对话。他说到一件事,你都不知道他这个企业发生过这件事,那就完了。其实这个难度是非常大的。

蔡:像这样的一种操作难度,我不知道栏目现在是有几位编导?

李洋:我们现在全部加在一起有25个人,然后这里面还有两位老同志。实际上真正在一线的记者,大概是10个人。我们最近这段时间人手就非常吃紧,我们手头带着一个季播的项目,带着一个纪录片,还有一个活动。

蔡:像这样的话,那你们播出的压力是不是非常大?

李洋:很大,非常大。

蔡:这样下来,一年一个编导有几期节目的任务量?

李洋:我们的工作量是一个编导一年 5-6 期节目,才能完成任务,我们定的实际上是 6 期,但有编导会去做大项目,等于就抽出来了,他就不太可能支撑栏目的日常生产。我们等于一年 52 期节目,分到 10 个人身上,平均每个人 5.2 期,才能支撑这个栏目的正常播出。

蔡:栏目现在的收视状况是什么样的?

李洋:刚才说到了收视的情况,如果和栏目 3 年前的收视相比,我们的收视是降了,但从这一两年的情况看,收视是很稳定的,因为即使是在收视水平整体下降的情况下,我们基本上维持的是 3 年前的水平。栏目收视我们分析了,今年比去年还有 8%-10% 的提升。各个季度不同,二季度稍微低了点,一季度、三季度、四季度都比去年好很多,都有 10% 左右的提升。

蔡:这个栏目的观众是不是相对稳定一些?

李洋:我们栏目的收视人群和整个频道的收视人群还不太一样。频道偏生活服务,它大部分的观众以女性为主,中年以上的女性占很大的一部分。我们栏目服务的是 22-55 岁的男性,其中今年增长得特别突出的是 35-44 岁的男性,城市观众比农村观众要多。从职业上看,看我们节目的很多观众是理财精英、时政达人、科技达人、知识分子、军事迷。但是如果从学历上看,我们的收视人群主要是初、高中的,不是绝对的大学以上,观众职业以学生、个体私营企业主为主流,就是小老板,尤其学生是占了很大一部分比例。如果你说他是一个绝对的精英人群,也不能这么讲。还有一部分就是公务员,今年分得比较细的时候,我发现主要还是初级公务员,不是那个绝对的领导层。就是初级公务员的观众增长是比较快的,所以我觉得它还是一个大众的平台,就是观众还不是在财经界的那种 20% 的精英人群。而且我们了解了一下,和我们接触的这些大企业负责人、精英阶层,他们真的不是从电视上来获取他们需要的信息的,他们看我们的节目主要还是回放,或者是在网上看的。

蔡:是不是口碑传播,某期节目不错,他们才会去找这期节目看?

李洋:是的。他们没有时间。真的精英人群,他们不是追着我们节目看,看了上周节目还看下周节目的,留存率也就30%。追着节目看的是刚才我说的那些人。所以我们也在分析,这些观众想要获取的不是简单的信息,而是具有指引性的信息,或者是知识性的内容,他们每周都会定点看电视。我的理解,观众不是绝对的精英人群。

蔡:那这样的话是不是与栏目的观众定位有些错位?

李洋:对于观众的分析我们一直在变。你以前节目中有煽情的段落、有催人泪下的段落,这是拉收视的,今年我们又试了多次,但收视是断崖式地往下掉。

蔡:这说明后面的观众变了。

李洋:对,观众变了。观众需要的东西也变了。你研究它是什么样的东西是特别有意思的一件事情。我们前段时间做了一个《感受中国制造》的系列,什么样的时段收视是往上涨的?讲到制造的细节,收视是往上走的,讲到梳理这个领域发展的过程,收视表现都不错。我们报道中国制造业的现状,就是我们反映现在中国制造业的真实情况。我们现在给栏目的一个定位就是前瞻、预测、倡导,带有引领性的东西。节目给观众看的,不一定是制造业的全貌,但是我们要告诉你往哪走。因为我们接触了大量的企业主,尤其是私营企业主,还有中小企业的创业者,我问他们想看什么,他们说不想看宣传类的东西。另外,这个行业他们非常清楚,他们想知道应该往哪里走,能往哪里走。今年召开的企业主座谈会,他们就表达了希望中央电视台的节目是具有引领性内容的愿望,希望通过节目了解国家的支持方向是什么。或者从中央级媒体的视角来看,我们的观点是什么。当然,我们肯定跟国家是一致的,就是观众想看到你的解读,你能给观众一个方向性的东西。或者你让他们看到,在这个方向上,别人在做些什么。

蔡:所以这对栏目的管理者以及具体做片子的编导来说,都是很高要求。

李洋:是,非常高的要求,它要求你对这个产业和它的发展的认识要很深入。我们一直在说,做研究型报道。我们做财经观测点,很多选题一旦纳入我们的财经观测点,我们就会一直追,即使我们平时不报,但隔不长久我们就会通电话,询问对方在做什么,现在进展怎么样,维持着这种联系。我们关注他们的任何一个比较大的动作,他们也会主动和我们说,包括他们的困惑,我们也会及时了解。所以做研究型报道,前面说到的案头工作,那是我们要做的,但实例也是我们要持续关注的,要跟踪这些企业的典型案例。你看有的种粮大户,我们跟踪了七八年,从他 2006 年开始创业起,就一直关注着他的发展情况。

蔡:我不知道栏目有没有设专人来负责这一块的工作,建栏目的选题数据库?

李洋:那种大型的数据库,它的维护需要人力的投入。我们也曾经想过,把这些选题集中起来,做比较规范的观测点的跟踪,后来发现一旦操作起来,不是很容易,因为真正了解情况的是编导、记者。

李洋:现在我们主要由编导来执行。它实际上就变成每个观测点分到每个人,每个人主要观测的每年的选题方向有那么几个。

蔡:也就是编导要有几个比较专的领域?

李洋:对,就是相对来说有专长。但是我们没有完全做到,因为产业很多,专题类的分口不可能像资讯类节目那样,只能是做观测点的跟踪,实际上就是跟这个人,种粮大户有名有姓就是他,就是跟住这么一个点,非常细的一个点。当然我们也关注村,但这个村还是具体集中在这么一两个人身上。然后你就了解他,他的日子过得怎么样,所以它跟获取资讯不是一回事。

蔡:不知《中国财经报道》的选题产生机制是什么样的?是否有稳定的一个选题标准?

李洋:有,有非常明确的标准。

蔡:你们的节目大部分我都看了,你们栏目每期节目的选题我也都收集到了,但是我很难从往期的这些节目当中找到一个清晰的选题走向。

李洋:你这样的感觉是对的,这也是我们的一个无奈,因为这个选题我们差不多得有一半的时间是有任务的,指令性的宣传任务,方向是给你定了的,比如说赶上"中国制造"这个阶段,那就是围绕五中全会之后,会有宣传经济建设成就的要求，反正这个阶段你要拿出东西来，你总要有一个既符合你栏目定位的东西，又能够切上主题的东西。比如说到环境日的时候，那就是有统一行动的，接下来的农村工作会议，我们下周开始，我们有一半的时间要完成任务、规定动作。然后又有一些偏软的选题，我们有固定的记者在跟的，比如说投资理财，像收藏类的，我们有这方面的专业记者，他又做得很深，如果他自己有这个意愿去报这个选题，我们也会做。因为我们去做，你会发现，它与《消费主张》《一锤定音》还不一样，是从产业角度和市场角度切入的。我们不能把一年的东西，甚至是一个季度的选题都规划好。我不能完全按照栏目的想法去规划。如果没有规定动作，完全由我们自己规划、布局，那我们就会有自己的一套节奏和安排，就是每个季度会怎么去释放、怎么跟热点，但是现在这一点不太容易做到。还有就是为什么会探讨一些偏软的选题，比如说暑期的时候我们推"小玩意，大市场"那个系列，做的养多肉植物、鱼这些选题。

蔡：总体上感觉这类的选题跟中央电视台财经频道的定位好像有所偏差。

李洋：你要说有偏差好像也不是，你这个知识阶层的所需要的信息大概是这一类，如怎么剖析国家政策、金融，高端的比如说商战，你觉得应该是这样的、政经、产经，应该是今天讲钢铁，明天讲纺织，应该是这样的节奏在做的，是吧？但是从大众的视角看，这两年创业者和私营企业主，他需要的是找机会，或者是他通过看你做别的产业的节目，能启发他的思路，使他产生新的想法。还有一个就是我们的播出时间，我们是一个周六晚上播出的节目，跟我们同时段播出的节目是什么？是《一年级》、是《中国星》，大型的唱歌、跳舞、真人秀，还有体育频道的赛事，六套是"佳片有约"，七套播的是《乡约》，农村相亲节目，河南台有《武林志》，一个武打的真人秀节目，然后我们台一套是同时跨着《晚间新闻》《新闻调查》，《新闻调查》会跨一部分，四套是《中华情》，这是我的生存环境。所以，如果我在周六的时候完全是那种特硬的东西，就完全和当天晚上的调子不符。按理说，咱们都是知识阶层，周六的晚上你想看一场什么样的节目？或者说你能接受一档什么样的节目？这个从我们的生存角度，选题定位是一个方面。所以栏目的定位后来我们觉得应该是放在内涵和理念方面。就是这个栏目的大体气质是稳定的,选题可能是五花八门不一样的,但视角和眼光,还有我们要传递的感觉,它相对来说应该是一致的,包括它的叙述风格,它看起来应该是一个栏目的节目,虽然关注的选题在变。还有我们不希望给观众一种感觉,你这个栏目就是专门做这个类型的节目的,你会丢掉很多观众的。

蔡: 我在研究节目的时候,感觉会不会是现在栏目的收视压力比较大,逼着制片人和编导去这么做?

李洋: 我们是有收视压力的啊,所以我们会做一些相对灵活一点的选题,偏市场的选题,去拉收视,这个的确是现实。不过我觉得我们今年的选题没有太大的收视压力,就是最低的收视也能到 0.08、0.09,现在平均 0.12、0.13 这个都没问题。

蔡: 说到这个,现在频道对您本人、对栏目是怎么考核的?对编导、记者又是如何来进行考核的呢?除了定量的考核指标之外,有没有设置一些定性的考核指标?

李洋: 频道对于制片人的考核,就是主任对于制片人有一个考核,你这一年任务完成得怎么样,唯一的死指标就是收视率,给你栏目有一个季度目标,每一个季度都有一个目标,看你能不能达到。但那也不是绝对的,因为现在也不唯收视率论。实际上它还是看你节目的品质,还有口碑,主任能听到我们这个圈子里对这个节目的反馈。然后,台里有一套综合评价指标,它分成如创新力、影响力、专业性,那个东西对我们压力就很大。你的感觉是我们做的东西偏软,但是从台里的评价指标来看,给我们的信息永远是说能不能全做大众。如果你讲深了,比如说你讲产经、金融,他们看不懂,你就讲点沉香,这个我看得懂。如果它正好抽的是这一期节目,就会认为你这一个季度的节目很好。所以你看它各种评价指标不一样,台里对你提出的要求不一样,所以你看我们的选题排布似乎没有一定之规,和这些都是有关系的。因为我要取中,找一个平衡点,我既能达到台里的要求,也能达到频道的要求,我既得考虑观众的要求,还得考虑我们现实的生存状况,还有我们自己栏目的追求。只能在这四者之间去找一个平衡点。当然,理想状态可能是做一个类似《经济学人》那样的媒体,从频道来说是做布隆·伯格,但是你的机制和你的评价体系混杂在这。那我们对记者的考核也有一套综合的评价指标,基本上就是工作量和收视率,两个加权。

蔡:两个都是定量的指标?

李洋:对,都是定量的指标,以前我们也设过给节目打分,其实主任每周是对节目打分的,后来我们考核的时候就尽量去掉了所有的主观评价指标,尽量让它保持客观,因为主观的评价总有个人判断的东西在里面。其他栏目也有相对主观一点的指标,但我们栏目现在没有主观指标,尽量让它变成全部客观的,因为这个评价指标决定了大家的绩效和实际收入,所以越公平越好,什么最公平? 指标越客观就越公平,反正这个客观指标都是一定的,收视率就在那,你的工作量就在那,实际上它就是一个底线。那至于说你这个节目做得好坏,我们的记者每周去审片的时候,是要陪着主任一起来审的,主任对这个节目的评价,记者是听得到的,你哪个地方做得到位,哪个地方做得不到位。包括我去审片的时候,每周也是在一起一边讨论、一边来看这个片子。我提过一次的问题,再提第二次,第三次,那就是你的问题了。跟你说过的问题你不改,或者跟你说这个地方该怎么去深入、这个地方应该怎么编,就是不听,跟你说了不要叠化了,还在那反复用叠化,那肯定就是编导的问题了。时间长了,一个栏目的管理和运营,更关键的是在观众那里你倡导些什么,在栏目内部其实也是这样的,我倡导一个什么东西,把目标放在那儿,大家往那儿去,而不要提一些技巧性的指标,你越提技巧性的指标,编导会越追求技巧。比如说画面,以前打分,你真正执行起来的时候,主观指标就会有很多问题,你说这个是摄像没拍到,还是导演没有讲? 还是他们俩之间沟通有问题? 而且,什么叫画面好? 怎么就叫好? 它和内容是紧密相关的。和你的设计、和你在现场的思考,和导演的调度是相关的。为什么我们说主观的评价指标,它总有问题。包括在栏目内部,你带着编导们往前走,我不希望我们的导演最后全是在技巧上来提高,尤其是年轻导演,他如果太在意技巧的话,会忽略掉对内容的追求。

蔡:现在观众的欣赏口味也提高了,尤其看这种严肃、深度的节目,观众可能更在乎的是节目说了什么,传达了什么?

李洋:对,就是节目真正有价值的内容是什么。我还是来说说老院士那段采访,其实什么技巧也没有,就在他的办公室,什么道具也没有,一个白发老者,就坐在那里讲,但是你能给大家提供的货真价实的内容是什么。我们说电视手段,当然我们去做一些辅助性的技巧,不是说不对,肯定对,但是不要一味追求技巧。你做这个特技,它跟内容的关系是什么?我们强调综合两者。

蔡:您说到这个现象,是不是现在编导身上存在这个问题?

李洋:是的,尤其是年轻的编导,他过于期望的是用特技、动画或者是类似的视觉方式来呈现,从形式上来刺激观众。你看现在像真人秀,的确是用了一些很新鲜的手段,做花字、加音效,我不反对,但是它要跟你的内容有关系。

蔡:要跟栏目的气质相吻合。

李洋:对,作为编导,你要告诉我,为什么要用这个技巧,它跟所要渲染的主题、诉求之间有什么直接的关系。如果你说不出来,只是为了用一下试试,看看对收视有没有提升。那我们已经试过了,没有提升。形式上的技巧对于刺激收视是没有太大帮助的。

蔡:作为继姜老师之后,《中国财经报道》的制片人,您觉得未来您会如何来引领、规划这档栏目的发展方向?有没有设定的一些目标?

李洋:其实这个问题我一直在考虑。我们栏目从姜老师那里已经制定了一套非常清晰的栏目的价值观,包括我们自己的定位,包括选题的四个象限,聚焦争议话题、解密市场玄机等,其实我们已经有很好的一个基础了,包括选题怎么精准化,包括栏目的价值观,我们要相信常识,回归历史,逆向思维、系统思考,这些都是我们研究的一些方法。这些东西我觉得都不用变。姜老师当时给我们定的思路,就是打开经济问号,非常清晰,但是打开的是什么问号?这是我们要探讨的。是谁的问号?是什么样的问号?在多大程度上打开这个问号?这些其实是我们希望再进一步聚焦的东西。还有就是你说这个栏目的气质。如果说选题在短期内我无法做到自我操控排布选题的情况下,我们如何去打造栏目的气质。让观众一看,他对这栏目的认识是相对稳定的,不能有这种跳跃的感觉,而是一看,它就是《中国财经报道》。只要你一说话,或者一写字,这就是你的风格,它应该形成这样一个统一的形象。那好，我们就围绕这个打开问号。实际上我觉得，至少在未来的几年之内，要把我们的节目做两个方面的梳理和聚焦。第一个就是在价值方面，我们的节目要做到对未来经济发展的前瞻和预测。如果每期节目里，你仍然看不到这些东西，就失败了，为什么？你是叫财经报道，经济最有价值的就是预测，我们做这么多经济节目，有很多人他说不太清楚，经济是什么。经济它最大的价值在哪里？经济就是做预测，你为了做预测，所以才要做历史性的研究，才要寻找规律，才能做出趋势性的判断。这个不是我自己总结的，这是所有学经济的人都知道的。而且这一条，也是被经济学人放在第一位的。就是我们的报道要对未来的发展做出前瞻和预测。第二个就是我们每期的话题要有对重大事件或这个产业的重大事件和议题的梳理。我发现这个工作，现在的媒体真正能扎下去把东西做好的很少，而这个恰恰是我们的优势和能力。重大议题的梳理为什么重要？你得把这个事情的来龙去脉能勾勒出来。你只有勾勒出来才能服务于所要做的那个前瞻。这是一个花功夫的事情。

蔡：你们之前是不是做过一期与黄金相关的节目？

李洋：对，做过。

蔡：当时还用到国外一个学者，他梳理的黄金价格的走势。

李洋：这是一类梳理，还有就是比如说政策，我们去年做的一个关于粮食价格政策的节目，就是目标价改革，然后我们就倒回去把整个的新中国成立以来的粮食政策的沿革给大家讲一遍。所有的东西都不是孤立的，任何一个政策出来，它都是有来龙去脉的，它为什么会变成今天这样，你把这个东西给大家讲一下，要做一个历时性的梳理。而且这个议题梳理，历史维度的、科技维度的、观点性的和国际维度的，它实际上是一个多维度的大梳理，然后你摘取有用的东西出来，形成一个你的叙述，其实这个是一个观点性的表达。这也是延续姜老师说的那个常识。我们说打开问号，你得有打开问号的方法，我不把这个东西的来龙去脉讲清楚，怎么打开问号？

蔡：这个方法还是有点学术研究的意味在里面，只是它最后不是以论文形式呈现出来，而是以节目形式呈现出来。

李洋：是，我们梳理过的一个东西，我告诉观众就是这么回事。

蔡：这就是为什么我个人挺欣赏这档栏目的一个原因，尤其是现在到处都是真人秀、娱乐节目的情况下。

李洋：尤其做财经，它必须要严肃，这不是我们拍脑袋想它要怎么样，或者你凭空给它一个你个人的判断，绝对不是这样的，因为经济这个东西它是一门科学，你要用很科学的态度去对待它，而且我觉得很危险就在于现在的财经节目，很多人能做到前瞻、预测，但是这个前瞻、预测的基础如果是不对的，或者方法是不对的，你给出的结论就很可能是错的，就会误导观众。你如果观察一下我们的房地产报道，你会发现我们的房地产报道和别人不一样。所以我说要梳理，包括记者本人也要梳理。你看今年房地产我们做了两期节目，完全不是仅仅扎在房地产本身了。我们是围绕房地产的上下游产业链，全部去调查了一遍，至少全去看了一遍，然后再做判断。

蔡：但是我不知道这样的选题，栏目在操作的时候，是否也会有一种倾向在里面？就是在做了调查的基础上，在做节目的时候是否也是有倾向的？节目的倾向会不会出现那种与国家在这方面问题导向不同的情况？

李洋：我们还真没遇到过这种情况。以房地产市场为例，我们去年做节目要告诉大家的就是房地产市场发展的方向是分化，不是靠一个简单的结论就概括所有的市场。这个和政策一点都不矛盾。

蔡：那比如说现在国家领导人提出来要消化房地产市场的库存问题，这个时候如果节目让国民更加理性地来进入房地产市场，会不会与中央的精神不符？

李洋：我们现在还没开始做这方面的选题，这是这两天才刚刚提出来的，而从我们的角度去理解，所谓这个"消库存"不是通常大家简单意义上的那个消库存、拉动消费，包括我们现在提出的刺激消费的政策，它是个结构性的大布局，不是我们认为的就房地产说房地产，具体现在还有多少套房子，怎么去消库存，它不是这个概念，消库存是一个大的结构性的调整。它这个库存不是大家认为的还有多少套房子没有卖，所以这是一个解读的问题，资讯解读不了这个东西。如果我们要接着往下做的话，我们会给大家讲清楚，所谓这个"消库存"是结构意义上的，不是大家想的那样的就是摆在那儿的库存。我们对于政策解读、研究真的是不够。我们做粮价改革的那期节目，就是要弄清楚国家为什么补,不去研究国家粮食流通体制是做不好节目的。国家粮库本来就没有责任把农民的粮食都收上来。那你的市场在哪儿啊?现在已经变成市场没有弹性了,全部指望政策,这不对,这不是一个良性市场,国家也不希望变成这样。你看到的现象和实际它的背景,尤其是做专业记者、尤其是财经记者,要特别特别谨慎,你只是从表面去判断,粮库不收老百姓粮,尤其今年保护价还降了。保护价都降低了,你是不是破坏农民利益?中国的粮食到底是多是少?到底清不清楚?这些东西,如果记者不专业,不知道那些政策为什么会提出,你一定会出错的。所以刚才我们说,重大议题你一定要梳理。从另外一个收视的层面看,为什么要提议题的引领性?我一直跟我们栏目说,我想一个办法让大家明白,什么东西拉收视?就是你一定要给大家一个谈资,让大家,白领也好、学生也好,观众也好,他看完了节目之后,每天上班的时候,能够跟自己的老板、同事,有那么一个可以聊的事。这就是栏目的影响力和你的价值,你能不能给观众一个这样的话题,然后,他从中获取了他想要的东西。议题设置其实是很简单的一个事情,说成老百姓能够理解的两个字就是"谈资"。就是你能不能给老百姓一个有价值的、有品位的"谈资"。所以,从这个角度看,就不是我们现在做产经这个领域的东西了。观众真正需要的是什么?你去想想他需要什么?

蔡: 说到观众需求这个点,栏目是否做过专门的受众调查或者研究?

李洋: 我们都是用我们的样本点,但是这个是不准确的,如果你要想特别清晰地知道观众的需求,那就是看我们样本框的需求,反正每次调查结果上来都不一样。

蔡: 刚才您说到采访中小企业主,询问过他们的需求,他们的需求是什么呢?但是如果换了是其他的观众群体,这种需求是否会跟他们重叠呢?

李洋: 当你去问大量的普通观众的时候,他们其实是没有特别强烈的某方面的需求的,就跟逛商场一样的道理,他并没有那种我要从你这个柜台上买一种什么东西的那种需求。我们问过很多学生,他们为什么喜欢看这个节目,就是每期节目能够从你这里学到点知识。那好,知识性就是他们的需求。

蔡: 对,而且这还拓展了同学的视野。因为记者会到一些企业、部门的现场去做调查,而这些环境,尤其是企业生产的环境,普通人很难有机会去近距离接触它们,比如黄金市场调查那一期节目展现的内容。

李洋:对,观众平时不会进入那样一个领域。你要想说选题的丰富性,这个真的跟人有关系,我们现在人不够,就是说如果我们有足够多的记者就好操作。今年整个一年的情况就是选题等人。就是我们有了想法,这个选题可做,但是没有人,都在干活,你找不着一组,可是等人换出来之后,这个热点可能过了,我们就只能放弃。你看我们今年唯一跟的一期快时效的就是股市的那一期节目,那基本上是调了半个栏目的人力,任务分解,分解完了一周把它做出来。以前一年我们都会做上两三期这样的节目,但今年做得少了。做得少的原因就是人手不够。人手非常非常缺。所以,我们要找的打开经济问号的方向就是我们想做变革和创新的倡导者。就是每期节目你给大家一种变革的理念、一种创新的理念,要倡导一些方向性的东西,不是说绝对的答案,但是你要给观众开出一扇窗,打开一扇门,告诉观众有这样一种可能,而且已经有人这么干了。我给观众看到已经在往前走的人,也许他在这上头摔跟头了,但是没关系,那是一种状态,而且是一种引领性的状态。我们的观察,在这个领域的前端,有这么一些人在做这样的事情。我呈现给你看,就是要倡导和引领。而且是要做变革和创新的引领者,栏目总要给大家一些变革的感觉。我觉得就是这个栏目从大的气质上和价值的体现上,一定让观众从每期节目中看到一个很前沿的东西。

蔡:前面说到政策的演变什么的,是让人感觉到这个栏目的厚重,而刚才说到的创新是让人感受到这个节目的引领作用、前沿。

李洋:如果只做到前面的那种状态,它就是个学究,但是如果你有了后面的这种东西,它是新锐的,至少它是一个年轻的,始终站在潮头的一种感觉。我觉得这应该是这个栏目的气质。如果说我们做不到的话,别人也很难做到,这其实是我们一直在追求的。我要说很具体的,我们最近一直在研究的是大数据的可视化表达,也是数据的可视化表达。我们一直想的是内容的数据化表达。数据咱们通常讲画图表,这个不叫大数据,就是你能够通过用图和动态的东西,展示出状态,不是说给人一个结论,去年百分之多少的人怎么样了,这只是传统方式的数据表达。我们希望的是综合的把数据做成一种模型,能让你看到就像双十一的图一样。为什么大家会对那样的图感兴趣,它给的不是一个结论性的东西,它让你看到的是趋势。我用图示的方式让你看到过程和趋势。我觉得这个部分是现在的财经新闻或者经济类的媒体需要去探索的,但是现在我还没有看到一个探索得特别特别成功的国内的例子,有过一些小的产品出来,像腾讯就做到了,我觉得还是比较接近的。

蔡: 但你说到的这样的形态,是不是更适合在电脑终端上来呈现,在电视上要呈现它的话是否合适?

李洋: 所以明年开始我们要对演播室进行改造,现在我们是以片子为主,演播室只是一个串接。未来几年我们打算把演播室改造成一个向观众推送视频的中枢,是它来给你素材,演播室它本身是一个像库一样的东西,我们的片子也是一种素材,数据解读可能也是一种素材。把演播室作为一个主要的场,从这个场升华出很多东西出来。现在我们用的小片只是其中一个元素而已。就是慢慢变,但这变起来也很难。

蔡: 这对主持人的要求也要相应提高了。

李洋: 对,因为他不再是一个念串词的人,他要理解你每一段素材为什么要在这个地方抛,怎么抛?而且他还要明白数据解读的方式。因为我们觉得做财经新闻,除了现在我们能在片子里做到的知识性的、道理性的、来龙去脉型的这种研究之外,现在的这个时代,它需要对信息深度的解读和对数据的解读,就是说一个数据拿来之后怎么看。我发现现在大部分的媒体就只是用,但是一个数据来了之后,我怎么看这个数据?这个数据可以有很多种解读方法,我们想在怎么去解读数据这个方面做点探索。因为我们有这个空间,资讯类的它倒不一定有这个空间去做这方面的开掘。再加上我们有"大调查"那样一个节目,其实我们已经对数据研究做了十年的分析了。我们觉得这个地方真是很有意思,可以做大量开拓性的工作。

蔡: 这对于专业的财经节目发展来说,应该是个方向。

李洋: 是,我研究了一下像《纽约时报》《华尔街日报》,就是开始往网络上去发展的。这些国外媒体,他们都在做大量的可视化呈现。甚至把内容都变成可视化的东西。它不是简单地做一个统计学的梳理,而是通过多维度的数据综合之后,给你画出状态来,还有很多互动。它研究一个就业问题的时候,它不是简单给你一个今年的就业数字,而是一整张美国地图,然后上面每一个城市的就业数字全部都有,你随便点哪一个都能点得出来。

蔡:这样一来的话,跟现在相比,对记者、编导的素质能力都要有一个巨大的提升。

李洋:对。

蔡:或者说你有另外的一个团队来配合、实现这些编导、记者的意图,如果靠既有的人员来实现这样的功能,就是传统的电视工作者来实现这个功能,是很难的。

李洋:但是我们还是想尝试着往前走一走。我们可以找合作方,我们现在也在跟一些大数据的公司交流,它们对媒体不熟,但它们解读数据的能力很强,一组数据来了之后,他们知道用什么样的视角来看。很有意思,能开拓你很多思路。我们为什么一定要做,在媒体中,你不做,就一定会有人来做。这是一个跨界的东西,很多用在商业领域,但是说用在媒体领域,一定还是要懂媒体、懂传播,知道内容最后怎么呈现能够吸引大家的眼球。

蔡:这需要两个团队的融合。

李洋:我只是觉得,我们现在既没有这个人手,也没有这个人力,但是如果政策放开了,机制有了,有足够的人来做这个事,我觉得也可以和大家一起来探讨这个东西怎么做。

蔡:那咱们摸索了多年的叙事模式、形态是不是也要随之发生改变?

李洋:大的方面我觉得不会有太大变化。叙事风格上肯定会有变化,但是那些内涵是不会变的。

蔡:我现在对于这个栏目的整体感觉是现场的调查很多,调查对象也很丰富,总体上它还是带着观众走出去的。它不像有的节目,比如说股市的节目,它是把一些专家请到演播室,会使用 LED 的屏幕,进行数据的解读、观点的碰撞。我们这个栏目它还不是这样的。

李洋:是,这一部分不会减弱,调查和在现场的记录仍然是我们的主体。纪录式的调查节目,这个风格我们还是要坚持的。前一段时间我还在说,我们的理想就是打造一档财经纪录片,因为做纪录片的人不见得懂财经,做财经的人做纪录片又做得很好的也不多,所以我们希望把它做成一个周播档的、常态化的一种财经纪录片栏目。这是我们想追求的一个方向。我们觉得这个方向不会变,只不过是说增加了演播室,演播室只不过是一个调度中心,调度中心并不会破坏这个栏目的纪录式风格,它只是给我们的纪录式风格做一些专题性的补充。比如到这一段了,我就是要讲讲这个概念了,我就是要把这段数据强调出来。

蔡:对,这个时候用传统的电视画面去呈现它还不方便。

李洋:我们现在做的演播室方案都换成全虚演播室了。在演播室的数据呈现上、数据解读上,它就是为了我们想做的这些节目做辅助服务的,包括主持人和大屏的互动。你说用电脑屏幕很好展现,是,我们把电脑屏幕搬到大屏上去,在那里去实现。所谓互动的感觉,我用电视屏幕是做不出电脑屏幕那种互动的效果的。但是我觉得主持人至少可以在屏幕内部,你看到的是有一个人他可以互动,而且能替代观众做这个互动。这个东西如果再搬到线下,实时的你也可以做到。它实现了电视+和互联网+。所以数据化解读那一块是我们现在特别想做的一个方向,因为这样才能变得跟大家真正互动起来。节目内容是很难跟大家互动的,但是我们的数据解读、我们的知识化的处理和重点专题,我们可以做成在线上的一些产品,它才有可能跟观众互动起来。传统的互动,大家只想到的是提个问题,然后我们跟观众互动,这不现实。只有实时的内容,同样的状态、同样是分析这个数据产品,我们屏幕内部是主持人的一个角度,它才是有互动感的。大家就可以拿着它玩,每个人都可以在上面说自己的观点,它跟你的节目内容密不可分,但是它相对来说又是一个独立的产品。

蔡:这是符合现在媒体发展趋势的一种很好的探索。

李洋:就是怎么去延展你的话题,还有形成一些观点。

蔡:对于传统的节目形态来说,也的确是一种变革。

李洋:前头那一端,引领性,我们要做,因为观众就指望着你带着他走,你带的这个方向他不认你,那就不可能。所以我们说做前瞻、做预测、做议题梳理,你才能带动观众。剩下来一段就是你怎么把观众拉进来,跟你一块玩。财经其实是个很好玩的东西,你怎么让观众对你的内容进一步感兴趣,你要给观众一些我们可以一起来玩的东西。而且这个一起来玩,绝对不是我提个问题,你参与一下。咱摇个奖你参与一下,你跟我摇一摇,然后我给你点奖品,这是第一层次的。我觉得看财经类节目的人,至少他是有这种决策需求的,有这种投资理财的需求,有这种获取知识和想知道政策方向的需求。他不是一个特低层次的娱乐性需求。星期六晚上,放着那么多娱乐节目不看,观众追着你这个节目看,这样的人,他不是简单的娱乐消遣性的需求。你要想带观众一起玩,要给他呈现高级一点的东西,让他能够接受这样的一些方式。所以我觉得可视化的数据和内容的一些互动产品的推出是很重要的。你能够让观众觉得想要和你一起探讨问题,而且在这个过程中观众发现这个将来能够滚动起来,我还可以把线下的、大家讨论的问题再拿到电视里去呈现。观众还会有成就感——你看我说的这个观点,电视台很认可。大家就是要获取在社群里的认同感。它其实就是我的观点和我的社会价值被人认可。那好,我们电视怎么去实现一种对观众的认可?你对观众的认可实现了,那观众对你这个栏目的黏性就慢慢提高了。你如果能把这些人形成一个社群,其实你的观众群体就变得非常清晰。这些人具体的职业,原来如果说做不到,现在互联网是能够做到的。比如说你想知道我的观众在哪儿,我贴个二维码在后头,请你扫我的二维码进来,非常容易就知道了。一是电视台的机制有问题。二是你把它收集起来做什么?你看我们现在还没走到这一步,我还没想好,把这些人都聚在一起一块儿玩点什么,否则你把观众拉进来,过一段时间,观众对你这个栏目还是会失望的。你说的互联网的影响,其实我觉得不必担心,认可你的观众,只要栏目保证节目品质不掉,观众就会关注你。不过如果你要想和观众进一步拉近距离,你就要想到我用什么方式维系住和观众彼此之间的认可。我们栏目从做节目的角度来说,现在我们也得尊重观众。观众不是傻子,他们看你的节目看得非常清楚。观众的知识量是很大的,你节目里稍微有一点常识性的错误,都会被观众发现。你看我们讲到一个电机,你看上次我无意之中看知乎,就有人在上传我们节目的视频,就讲我们第一期永磁电机的那个事情。有一个人问有没有永动机,就有另外一个人回答,我不知道有没有永动机,但是我知道有永磁电机,然后说什么是永磁电机。那个人就把我们的节目视频放在网上，然后很多人在讨论这个电机是怎么回事。你看似非常非常偏的东西，它仍然会有一个社群在讨论。你看我们做飞机的那期节目，一群飞机迷、军事迷、爱好者在讨论一个发动机的问题，我们呈现完了，他们再进一步讨论，然后还讨论那马赛克底下打的是什么。所以，互联网有意思也在这儿，你不用怕你给的这个信息是不是太偏，它总能拉住一个小的群体。而且我觉得有意思的地方是，你做的节目越多，你会慢慢地找到你的观众是在哪儿。最近我在分析，我们节目的受众可能真的有很多是理科男，而且是做工程的、技术类的人。而且我说这类节目做多了也不好，做多了以后，你突然之间做一个别的选题，观众就接受不了。所以，不用怕你不知道观众在哪，只要你这个东西有价值，你就永远有观众。今年我们好几个地方做的预测，不是像以前所说的，把这个东西做成碎片化、拆分，你的传播力就高。我们台也做了这个调查，长视频的观众忠诚度比短视频高。所以，我觉得这都是我们的优势。其实最终拼的是节目的价值，节目能不能真的把有价值的东西给观众。再说白点，你的这个节目有没有启发性。人看电视的需求是什么？你想想，大礼拜六的晚上，我坐在家里看一档财经节目，咱就想咱自己。如果我坐在这里，我是想看一个把这个事给我调查一遍，然后就完了吗？难道就是把这个事说一遍？你去想象一个观众礼拜六的晚上坐在电视机前，想看点什么。

蔡：像《新闻调查》，有的选题它要把结果说个一清二楚，可能存在难度，但说到经济话题、或者财经话题，这个难度是不是要相对小一些？

李洋：对、对。我们力求的还不是给人一个准确答案，或者一个标准答案，除非我们很肯定。政策方案就是这样的，更多的我们看的就像看门道，而且我们一直提倡的是给内行看热闹，给外行看门道，这个是不一样的概念，不是说给外行看热闹，给内行看门道，尤其是经济类节目。而且内行看热闹不是简单地看热闹。你看上次我跟柳总去探讨他那个商业模式，我就跟他讲植物学的共生理念来解释他的商业模式，他就觉得有意思，原来你是这么想问题的。这其实就是内行看热闹，你去分析他的商业模式，你怎么让他觉得有兴趣，这其实就是电视人的思维了。我会用另外一种相对来说通俗的、具象化的、大家能明白的一种思维来解读很多东西。内行看的就是这个,这就是他们的东西。那好,外行,你也能用这种方式让他看懂,就是他看懂这个门道。所以,咱们过去说要给外行看热闹,给内行看门道,我们理解这是不对的,如果你真的这么做,可能最后两头都不满意。人家外行想获取门道的,没得到,因为它只看了个皮毛,看了个热闹,内行的话他会觉得你不懂,你没把这个事讲深、讲透,他也不认。这也是我们摸索了很长时间归结出来的。

蔡:这样操作起来有什么难度呢?

李洋:知识面要很广。我们一直在努力,说得很热闹,但你说要期期都做成这样,也不是,但这至少是一个我们想努力的方向。比如说我们拼命地在强调怎么做类比、打比方,而且要一听就懂,就像趴在别人耳朵边说话的感觉,一听就明白,把一个特别复杂的概念,用极其简单的一句话给他说明白,这个确实很难。但是我觉得所有做财经节目的人,要往这个方向努力,而不是说一大堆专业词汇。

蔡:我们有时候做节目是需要依托业界、行业的资源,但也不能完全依赖他们。

李洋:对,就是你说出的每一句话,其实是有你的站位的。我希望我们作为媒体永远是独立的第三方的观察者,我既不站在这边,又不站在那边,都是站在观察者的角度,去讲我看到的东西,所以说你这个立场是很重要的。一句话出来,你的站位就已经偏向那边了,那你怎么谈得上你是服务观众的?在你的立场上你没有偏差呢?你调查的时候你跟这个圈子很熟,但你做这个节目的时候你得跳出来,客观地去说你看到的是什么。即使是做的政府的宣传,也是从我们的视角来解读为什么要这样。也不是说我要站在政府角度这么说,你只有跳出来你才能把这事说明白。其实我们后来发现我们做很多政策类的解读,比如我们做粮食价格的这期节目,粮食局特别认可,他说你懂,你知道我们这个行业内是怎么回事,然后我们写的粮食流通体制那本书里,用了一小段话梳理,他们看完节目之后,他们规划司的司长说,你做的这个节目,比在我们这里当了好多年的处长都能把这事讲明白了,我们这儿很多干部都讲不明白这个事情,对政策的研究没到那个份上,但是你们的节目这么一说,很多人就理解了。节目是有助于帮助大家理解为什么制定这个政策。我就说这个地方,你要说完全站在政府角度,你解读不了,因为你一定是站在它的立场,但是你是在另外一个角度,兼顾各方面的情况效果就不一样。你只有作为一个独立的第三方的观察者的角度才能把这个事情客观地陈述清楚,做财经好玩其实也在这个地方。所以我觉得专门做财经节目还是挺有意思的。我们最近也在研究明年之后的改版问题,往哪个方向去,所以刚才我跟你说的都是我们一些不成熟的想法。因为每天都还可能有新的东西在不停地看,所以也在研究。

蔡:但是方向应该还是比较明确的吧?

李洋:对,现在在移动互联的兴起之下,很多是先机性的东西,我们把自己放的位置也不是简单的财经媒体这么一个角度。就是做媒体的我们至少要尝试性地往那个方向去走,比如这种可视化的、互动的、图解的,做得比较极致的时候,它的新闻描述都是很短的句子,都是配着大量的图、照片和视频,来解构它,一小段一小段,它在网站上呈现都已经这样了。都不是那种长篇报道配图,或者是一个大视频配几句话,而且功能性极强,有互动,观众可以按自己的需要进行选择。我看过几篇《纽约时报》的东西,你即使有几个块儿不打开,不影响你对整个事件的理解,所以它的拆分是极其合理的。不同的人的选择,可能偏经济的,我就是点我一眼看上去跟经济有关的去看,偏八卦的我就去看那个偏八卦的信息。所以它做得其实是很精准的,而且它能够最大限度地把媒体想要的人群拉进来。也就是他们在这一部分已经做得很超前了。国内媒体至少目前我看还没有太多媒体可以做到,但是我觉得不用担心,关键是看你能不能变成那种表达方式。

蔡:发达国家的媒体做了这样的摸索、探索,其实我们也可以学习、借鉴。

李洋:对,其实是可以的。但是那是一个表达方式的变化,这个不是我们传统的学新闻学习的内容,那是完全另外一套表达方式。还有一个我觉得需要很强的理解力和思考性在里头,就是你的编辑、你的记者对于这个的把握。它其实是有一套它自己的理解的,它才能做出那样的拆分。

蔡:它虽然是拆分,但彼此之间是有结构的。

李洋:对,是有结构的,而且功能性很强。你都能看到,这一块就是给女性读者读的,一般男性读者绝对不会往那儿去。我们的节目现在就是一整块扔上去,它其实是可以开发出好玩的东西出来的。

蔡:就是现在是一个封闭的结构?

李洋:对,是这样。你变成一个开放的,才能把大家拉进来。我们做秸秆的节目,其实我特别想快速地收集到,各地的秸秆有没有好玩的用法。如果能利用互联网,真的能快速地收集起来。因为光靠记者去调查,你只能调查几个点。

蔡:如果把它变成一个全国性的话题的话。

李洋:那就好玩了。我是倡导性的,观众可以把自己觉得有意思的方法告诉大家。

蔡:这个是不是有待于一种机制的建立,比如说台网互动。

李洋:这也是让我们挺困扰的地方,互联网这个东西就是你要有有影响力的网站、能聚合更多人的网站才行。但是我们现在只能依托于央视网。央视网也很积极,但是它的思路大部分是编辑思路,你们有什么东西,我们帮你们放上去。他们也很用心地在想怎么用互联网语言把节目打扮得很花哨,能便于观众接受,但它仍然是一个包装的概念。我们觉得它是一个内容性的传播,是要把它变成一个内容的有机的切分和结合,甚至它能够为我们提供一部分内容,如果在节目中,除了在我们的调查之外,再给观众看看祖国四面八方的人、各种新鲜的有意思的事情,都是农民自己在表达,甚至有学生,也有企业主,把自己的东西往上放。那就是话题性的,而且它能有影响力,知道的人就会说,哦,原来这个东西还可以这么用,我们这里是不是也可以。

蔡:相当于以节目为主体,构建了一个沟通、交流的空间。

李洋:对,我觉得它有意思的地方是,我为什么强调引领、强调梳理,节目真正能够抛出有意义的话题,然后能够推动这个领域社会的进步,或者说是社会变革和创新的倡导,它才是真正有价值的。不是简单靠你自己再说一遍就完了,大不了再播一遍。真正的能让大家一起来探讨,能够给观众有意义的启发,这个事情怎么解决,财经节目它的价值就在这儿。能够推动社会的变革,能够把现在不合理的地方打通,可以用这种方式。所以我觉得,做点有价值的事,但现在大家可能太疲于奔命了。

蔡:现在可能应付栏目的播出都存在着压力,如果还要去做这样的探索,这的确是一个很大的挑战。

李洋:我们做节目接触很多大企业,腾讯、阿里巴巴、中兴、中航工业,现在又做联想,我们其实思考的问题都是一样的,而且我觉得怎么才能对中国经济有用,天天骂,天天就盯着那些不合理的东西,没有用,你怎么推动它才是关键。

蔡:建设性的。

李洋:要有建设性,但是你怎么才能出建设性的意见,你怎么才能给大家有价值的东西,有你对这个问题进行观察以后,你的思考。这样能够共同地推动中国的很多事情往前走。它才是有价值的。我们前年做的《大桥下》,讲农民工,我们其实做了一个调查,为什么他会住在大桥下面,是带着很强的关怀色彩的,但是做完这一步就完了。我们的节目之前只能到这一步,但是我们希望的是能够推动中国很多事情的发展。我们最近做的《感受中国制造》,里面会讲到一些转化、指南等,像工信部、科技部看到以后,感到在这方面得加大扶持力度,这就有用。但是这个仍然不够,我们希望的是它能够在线下再掀起一轮讨论,能够引起大家共鸣性的,大家都来关注,然后才能推动。而且我觉得需要这种善意,中国经济不缺批评,但是批评完了得给个建议吧。我们不是专家,但是我们可以起到组织大家讨论的作用。引导大家关注一些问题,而且大家不要只关注事的皮毛,最不济了,把这个事情探讨完了,真的是无解,至少达成了理解。因为我自己学经济的,我觉得要发展得平心静气,急功近利地往前推一定不行的。所有东西你认真做下来,你去分析,你知道它的苦衷、知道它的问题在哪儿,慢慢地往前推。你看我们采访柳总,他说,拐大弯,很多东西,我们认准那个目标了,但是得一点一点往前推。我觉得中国经济,不管是企业家还是媒体,都需要点这个劲儿。可能在我们这一代人身上,它可能只做这么一点,但是没关系,你们完成你们这一代人的使命就可以,但你总要一点一点做。说我们现在为了追求收视率,或者为了追求一种轰动效应,我做几个刺激性的选题行不行,一定可以,我今天做点这个,明天做点那个,但那样真的不长远。你做经济节目最终是希望这个国家好吧。从老百姓角度看,就是希望他们过上好日子。对国家来说,它能平稳发展,能够一直往前走,大家拧在一起往前走,这是很重要的。你一个节目能不能起到这种作用,这是往前看,大家认不认可你的节目就在这儿。我今天说个吸毒,明天说个扫黄,完全可以吸引眼球,短期之内收视率肯定会很好,但它对中国经济毫无意义,一点用都没有。

　　蔡:对,而且栏目的形象可能就因为这些内容而受到影响。

　　李洋:对。中国经济的问题,中国经济走的一条路是没有西方经验可以借鉴的路,包括我们现在所有的改革都是在探索当中的,你如果认得清这个大形势,你老是天天去"打"它干嘛。最重要的是我们大家能够坐下来,一起探讨这个事怎么办,不要动不动就随便搬出一个人家是怎么办的。那不符合你的实际,你怎么办? 现在很多网上的评论,你一看就发现,他真不懂,他对这个问题不明白。但是如果媒体再跟着这样,那就不对了,尤其是专业媒体要理性。前两天我还跟大家说,我们的煽情段落不占便宜,拉不了收视。不要煽情,但是要有情怀。你怎么把你的情怀做在节目里,这是一个很高的要求,你怎样真正把对它的感情融入节目里。

　　蔡:情怀是媒体的责任,但煽情是技巧性的。

　　李洋:我们很容易就能把采访对象说哭,他哭一鼻子,观众觉得很可怜,然后观众一骂,但是哭有什么用呢? 我觉得从我们这么大体量的一个报道版块来讲,我们和《对话》是两大版块,它们就是高端的人物访谈,我们就做纪录式这种大专题的调查。所以,我觉得这两个节目它应该是压得住财经频道的,财经频道有其他煽情一点、娱乐一点的节目,这个都没有问题。但是我觉得我们这两个栏目应该就像两个秤砣一样,它得压得住。然后就是央视的品质,因为我觉得我们保留的气质是和央视、财经频道的气质是吻合的,我们不要让它浮躁。就是它还是相对来说要纯净一点。然后是一个能压得住,稳重的,所有在这里的记者是有一种精神的,大家是希望为一个东西好,为中国经济往前走,来做一些建设性的、良性的、推动性的事情。所以你看我们的选题虽然也很杂,比如说偏软的一些选题。当时我们就做个暑期的试验,因为暑期是我们二套整个频道的收视低谷。那做点哪方面的选题可以改变一下这个局面,于是我们在暑期做了一个"小玩意,大市场"系列,收视率很高,而且是在全频道都低的情况下,我们这个系列连续三周收视都不错。你说如果是偶然的一周,那好解释,但连续三周都很高。我们在节目中跟观众讲,为什么很多领域都不景气,但这个看似普通的东西它是靠什么吸引住这个市场的。就讲这个做生意的门道,它到底跟什么东西有关。你看一个多肉植物,它跟休闲经济有关,它跟白领的减压有关。它背后的这些门道在哪儿?要把这些东西为观众抽取出来。所以,它不是一个简单的投资,它后面还有原理。我们告诉观众原理,包括沉香,为什么别的都不行就它行,背后的门道在什么地方。你看到最后,其实它是个新兴产业。

蔡:说实话,当我看到这个片名的时候,我就有一点失望,跟我的预期不符,我总觉得国家电视台的财经频道,角度要高一些,可能得盯住国家经济发展领域的关键性问题。所以,这种带有一定趣味性的题我就没有关注。但是,像先前说到的中航这样的题,它马上就能吸引我。

李洋:这个吧,我理解。从我的角度来看,我们也希望是偏硬的选题,但是整个大格局也不完全由我定。还有一个就是我手里的导演的支撑力,他足不足以期期拿下这样的选题。我只有10个记者,这10个记者中的主力现在全调到大项目里了。

蔡:我为什么设置这样一个问题,就是想知道栏目现在的人员构成情况。

李洋:现在能维持栏目日常节目的导演是三个半,就是从目前开始一直到明年3月份,我的人才能从大项目上下来。这其中有三个是老记者,一个年轻记者。沉香是年轻记者做的,他只能把握这类的选题。剩下的三个老记者,其中一个跑农业,另外一个是跑两个部门,医改、卫生部,另外一个是房地产,别的他完全不知道,所以我不可能给他派题。另外一个记者是可以的,就是可以按照派题走。我手头就只有这三个半人,那半个人就是能做那两个领域的那位记者。因为他的选题领域是固定了的,而且他只能做那个,别的他都不了解,你让他做也很费劲。这三个半人在选题上,你一定会觉得跳跃性很强,今天做农业,明天做医改,这个我就一点辙都没有。因为我要保持节目的安全生产,能一期一期顶上就已经很不错了。然后我们前面《感受中国制造》系列做了4期,4期节目一个导演做的,一个导演加一个主编,两个人,一期3个故事,共拍了12个故事。不同的行业领域,你要让他把每一个领域的情况吃得透透的,这个工作压力非常非常大。所以我说我们的记者很厉害,我已经觉得很知足了。就是一个人拿下12个不同领域的故事回来,而且做得还是个样,很难很难的,做完就病倒了。我们现在要做的事情已经排到了2017年,2017年的10月份要播什么,都排到那会儿了。有很多任务要完成,还得保持平衡,收视不能掉,经营不能掉,广告不能掉。

蔡:广告这一块儿,作为制片人,你们需要做什么呢?

李洋:首先,把节目做好,然后听广告公司反馈,广告商那边得到一些信息后对节目会提出要求,你都要平衡,都要考虑,头绪很多。虽然经营不作为考核我们的指标,但它毕竟是领导会关心的一块,就是你哪一块都不能掉,哪个部分都不能掉链子。如果是近期的收视不太好,或者是有点平,你还得想想办法,做点选题把它拉上去。而且我们不是日播节目,我们不能立竿见影,今天规划的选题,我得一个月以后才能做出来,效果就会很滞后。你怎么能及时地把收视弄上去,现有的节目你还得想办法把它改造出来,它是一个0.08水平的,你要把它改成0.12以上水平的,这个里面是有很多技巧的,编辑能做到,但是会很累。

蔡:如果不了解实际情况,就容易质疑,你为什么会这样,为什么不那样。

李洋:实际上,你一操作起来就会意识到,现实问题全摆在这儿,而且全都在考核你。我跟你说到的,你应该都能理解,我们的确有一些客观的制约因素。我们是不允许有重播的,要重播也是拿其他东西来改,得加东西,这是我们的硬要求。

参考文献

著作

1. 高鑫,周文. 电视专题[M]. 北京:中国电视出版社,2008.

2. 郭庆光. 传播学概论[M]. 北京:中国人民大学出版社,1999.

3. 贺宛男. 财经报道概论[M]. 上海:复旦大学出版社,2012.

4. 雷蔚真. 名牌栏目的策略与衍变:《经济半小时》透析报告[M]. 北京:中国人民大学出版社,2005.

5. 冷冶夫,张亚平. 21世纪的电视经营理念[M]. 北京:长征出版社,2002.

6. 李良荣. 新闻学概论[M]. 上海:复旦大学出版社,2014.

7. 孙凤毅. 电视经济新闻[M]. 北京:中国传媒大学出版社,2008.

8. 威尔伯·施拉姆,威廉·波特 传播学概论[M]. 陈亮,周立方,李启,译. 北京:新华出版社,1984.

9. 吴信训. 新编广播电视新闻学[M]. 上海:复旦大学出版社,2012.

10. 赵化勇. 中央电视台发展史(1958—1997)[M]. 北京:中国广播电视出版社,2008.

11. 赵化勇. 中央电视台发展史(1998—2008)[M]. 北京:中国广播电视出版社,2008.

12. 赵玉明. 中国广播电视通史[M]. 北京:中国传媒大学出版社,2006.

学位论文

1. 卞秀丽. 关于北京电视台财经频道《财富故事》栏目的调查报告[D]. 杭州:浙江大学,2013.05.

2. 石研. 中国财经媒体传播失灵现象研究[D]. 武汉:武汉大学,2010.05.

3. 谢米兰. CCTV-2财经频道专业化研究[D]南京:南京师范大学,2012.03.

期刊论文

1. 陈国望. 电视经济新闻的现状和发展解读[J]. 当代电视,2011(4):56-57.

2. 单文婷. 第一财经频道的"第一梦想"——访第一财经频道总监谢力[J]. 视听界,2011 (4):47-50.

3. 冯芸,张惺. 关注《对话》——一个高品位的栏目[J]. 新闻爱好者,2002(4):40.

4. 郭安菲.《对话》栏目的品牌发展之路[J]. 声屏世界,2008(3):36-37.

5. 国家广电总局发展研究中心. "第一财经产业价值链研究报告"摘要[J]. 现代传播, 2008(1):15-20.

6. 郭振玺. 央视经济频道品牌策略的"道"与"术"[J]. 电视研究,2007(11):5-7.

7. 韩斯霞. 从"第一财经"看频道专业化发展[J]. 中国记者,2004(1):71-73.

8. 郝雨,李灿. 全媒重构格局中电视与新媒体融合路径深层探寻[J]. 现代传播,2016(4): 118-121.

9. 雷蔚真. 中国电视经济节目的探索与转型——"经济半小时"15周年制片人访谈录[J]. 中国记者,2004(12):58-59.

10. 李勇,余敬中. 大众视角 实用落点——谈电视经济新闻报道的价值取向[J]. 电视研究,2004(11):26-27.

11. 吕振华. 浅析《中国财经报道》的"研究型报道"[J]. 电视研究,2011(5):43-44.

12. 罗良清. 全球化语境与我国电视财经频道的专业化——兼议央视财经频道的改版[J]. 电视研究,2010(6):35-37.

13. 沈毅. 改革开放30年来我国经济新闻报道的演进——以报纸和电视为例[J]. 中国社会科学院研究生院学报,2008(6):22-28.

14. 石长顺,徐运红. 我国电视财经频道的现状及对策分析[J]. 当代传播,2004(6):47-50.

15. 王曦. CCTV-2栏目解析[J]. 国际公关,2008(4):76-77.

16. 徐龙河,张蕴. 谈电视经济栏目的定位、定量与定式[J]. 电视研究,1998(5):17-18.

17. 俞海. 电视经济报道的实践与思考[J]. 电视研究,2012(5):45-46.

18. 赵文涓. "专业"和"大众":财经频道的组合拳[J]. 新闻战线,2013(2):61-63.

后　记

　　经过近四年时间的研究、写作,《电视财经栏目研究》这本著作终于可以交付出版社了。由于还得进行教学与其他研究工作,因而,本书的写作一直是断断续续地在推进。

　　为了完成相关的研究工作,我查阅了上百篇学术论文,包括经济新闻、经济媒体、财经媒体、经济频道、财经频道等。家里的电视频道也经常是在央视财经频道、北京电视台财经频道之间切换。一财网则成为我观看、研究第一财经频道节目的重要途径。

　　在进行相关文献研究、电视财经节目文本分析的同时,为了掌握一线电视财经栏目运作、管理的情况,在《新闻调查》原制片人张洁老师的帮助下,我对中央电视台财经频道重头栏目《中国财经报道》的前任制片人姜诗明老师、现任制片人李洋老师进行了深度访谈。姜诗明老师是在照顾自己生病住院的妻子的间隙,于宣武医院住院部接受了我的访谈。在央视新台址,李洋老师在百忙之中接受了两个多小时的深度访谈,与我分享了她对于电视财经深度报道的创作心得以及相关栏目的管理理念。这些内容对于本书的写作起到了重要的启发和指导作用。

　　毋庸置疑,在各类电视节目中,电视财经节目是创作难度较大的一类。因为它需要节目创作者用视听语言来阐述经济规律、描述经济现象以及讲述经济人物的故事。而经济领域的问题往往是较为抽象的,这就给擅长于具象化表达的电视带来挑战,也给电视财经节目的创作者带来不小的压力。在此,研究者要向那些坚守在电视经济节目创作一线,不断进行节目形态与内容创新的电视工作者致敬。正是因为他们的不懈努力,电视荧屏上才可能不断呈现高质量的财经节目。

当然,互联网的发展、新媒体的勃兴,也给传统的电视传播带来巨大冲击。对于电视财经栏目的管理者、财经节目的创作者,这是无法回避的传播变革与历史潮流。电视财经节目的创作者只有积极拥抱互联网,利用新媒体带来的传播平台,开发出更多适合在融媒体传播格局中进行扩散的节目形态与内容,方能让电视财经节目在当今的传媒生态中保持、扩大其影响力。

在此,笔者要对那些在前期研究和书稿写作过程中给予本人无私帮助的人士表达诚挚的谢意,要感谢中国传媒大学出版社对本书出版的支持,感谢编辑吴磊老师对书稿的认真审看和提出的宝贵修改意见。

蔡海龙

2018 年 1 月 20 日

图书在版编目(CIP)数据

电视财经栏目研究 / 蔡海龙著. —北京：中国传媒大学出版社，2018.3
（经济新闻报道研究丛书）
ISBN 978-7-5657-2100-7

Ⅰ. ①电… Ⅱ. ①蔡… Ⅲ. ①经济—电视节目—研究—中国
Ⅳ. ①G229.2

中国版本图书馆 CIP 数据核字(2017)第 197060 号

电视财经栏目研究

DIANSHI CAIJING LANMU YANJIU

著　者	蔡海龙	
责任编辑	吴　磊	
封面设计	风得信设计·阿东	
责任印制	曹　辉	

出版发行 中国传媒大学出版社

社　址	北京市朝阳区定福庄东街 1 号　　邮编：100024	
电　话	86—10—65450528　65450532　传真：65779405	
网　址	http://www.cucp.com.cn	
经　销	全国新华书店	

印　刷	北京玺诚印务有限公司
开　本	710mm×1000mm　1/16
印　张	16.25
字　数	260 千字
版　次	2018 年 3 月第 1 版　　2018 年 3 月第 1 次印刷
书　号	ISBN 978-7-5657-2100-7/G·2100　　**定　价** 69.00 元